MARIE BALVET

Le roman familial de François Mitterrand

PLON
76, rue Bonaparte
PARIS

ISBN 2.259.02510-2

SOMMAIRE

Deuxième Partie

LA BRANCHE MATERNELLE

TROISIÈME PARTIE

LA VIE FAMILIALE À JARNAC

« Ceux de mes ancêtres dont je porte le nom étaient bourgeois de Bourges. Notre généalogie, peut-être complaisante, prétend les suivre à la trace jusqu'aux brouillards du Moyen Âge. Deux d'entre eux furent prévôts de la ville au temps du roi de Bourges. Des autres on ne sait rien qui vaille d'être noté, sinon qu'ils vécurent, de génération en génération, là où ils étaient nés, entre Cher et Auron... » Dans les premières pages de *Ma part de vérité*, écrites en 1969, François Mitterrand se présentait à travers un rapide portrait de ses aïeux. Mais, s'il précisait que sa généalogie lui paraissait « peut-être complaisante », il avait d'autres préoccupations en tête que celle d'en vérifier l'authenticité au moment où le général de Gaulle abandonnait le pouvoir.

En revanche, celui qui, depuis, est devenu président de la République, a accepté d'emblée le projet que je lui ai exposé : essayer d'expliquer son « destin » à travers l'histoire de sa famille, comme je l'avais déjà tenté avec l'écrivain Drieu La Rochelle *. A cette recherche historique, François Mitterrand n'a posé nulle restriction, de même qu'il ne s'est dérobé à aucune question. Les seules limites à ce travail sont celles que je me suis personnellement fixées : ne pas pénétrer dans l'intimité des vivants, des frères et sœurs de François Mitterrand, n'utiliser que les publications de ce dernier et

* La comparaison entre ces deux destins m'a paru intéressante à plusieurs reprises.

ses propos recueillis au cours de plusieurs entretiens * afin de les comparer aux renseignements extraits des archives officielles.

Refuser la légende, reconstituer la véridique histoire des ancêtres de François Mitterrand permet d'observer des gens « sans histoires », qui n'ont laissé aucune empreinte dans les pages glorieuses de l'Histoire et qui, cependant, dans la routine de gestes quotidiens, ont contribué à tisser la trame de la France. Loin des palais dorés, des maisons décorées des riches marchands de Bourges, vivaient des Français ordinaires sur lesquels l'historien peut se pencher et noter ce qui, autrefois, pouvait paraître inutile à l'auteur de *Ma part de vérité.*

Cette recherche a pour objet, au-delà de l'enquête généalogique, d'observer comment s'opère l'évolution d'une famille au fil des générations, quelle stratégie, consciente ou inconsciente, s'accomplit sur un long cours ainsi que celle qui se produit à chaque fratrie, et de dresser une esquisse biographique pour la plupart de ses représentants.

Ainsi devient possible la confrontation de l'histoire objective de cette famille à celle qui, de génération en génération, a été conservée, travestie, oubliée, volontairement ou non. La mémoire d'une famille est toujours sélective et le récit qui se transmet jamais innocent. Ce qui intéresse l'historien, c'est précisément d'analyser l'*écart* qui existe entre la réalité consignée dans la plus stricte nudité des registres d'état civil et le legs qu'a reçu François Mitterrand, les éléments qui, depuis sa plus tendre enfance jarnacaise, n'ont cessé de le faire rêver, sont à l'origine de son projet d'homme politique.

---

* Ceux-ci, au nombre de sept, se sont échelonnés entre mars 1992 et janvier 1994.

Introduction

Comprendre un homme à travers le prisme de sa famille offre la possibilité de poser sur lui un regard différent, de compléter ainsi toutes les approches classiques, d'explorer non pas la face connue mais l'histoire immergée.

Première Partie

LA BRANCHE PATERNELLE

I

Du côté des Mitterrand, au cœur du Berry

De ses lointains aïeux, François Mitterrand privilégie ceux dont il porte le patronyme. C'est uniquement à eux qu'il fait appel dans ses *Fragments d'autobiographie pour une explication politique* comme s'il avait besoin, après les événements de Mai 68, de se ressourcer auprès de ses ancêtres. Ils lui servent de référence, lui permettent de mieux se présenter, d'inscrire son nom dans l'histoire de la France. C'est la raison pour laquelle il insiste sur les origines des Mitterrand, natifs du « Berri », le vieux duché dont il se plaît à conserver l'ancienne orthographe [1].

1. *Ma part de vérité, op. cit.*

Le Berry

La famille **Mitterrand** jusqu'au grand-père paternel

Les quadrisaïeux

Gilbert **Mitterrand** Vigneron † 1813 Bourges	Jean **Lesestre** vigneron † ? Bourges	? **Desjean** ? † ?	Aubin **Gauriat** laboureur † 1821 St-Baudel

Les trisaïeux

Martin **Mitterrand** 1773 Bourges vigneron	Marie **Lesestre** 1770 Bourges	Jean **Desjean** ? laboureur	Marie **Gauriat** ?
x 1793 Bourges		x ?	
† 1852 Parnay 79 ans	† 1847 Bourges 85 ans	† ?	† ?

Les bisaïeux

Charles **Mitterrand** 1810 Bourges éclusier	Augustine **Desjean** 1812 Saint-Baudel
x 1840 Bourges	
† 1886 Bourges 76 ans	† 1897 Bourges 85 ans

Le grand-père

Gilbert Théodose **Mitterrand**
1844 Audes

Cheminot Cie P-O

† 1921 Jarnac
77 ans

1

L'origine des Mitterrand : mythe et réalité

Le patronyme Mitterrand

« Il n'y a de Mitterrand que du Berri. Ce nom de famille est lui-même du terroir. Il signifie pour certains des miens qui préfèrent la poésie à la philosophie " milieu des terres ", et un champ qui se trouve, en effet, au centre géographique de la France... s'appelle le champ des Mitterrand [1]. »

Que ses ancêtres soient nés *au cœur* de la France a profondément touché François Mitterrand, l'a fortifié dans son aventure politique. Le point d'ancrage de ses racines se trouve dans le duché qui joua un rôle crucial au XVe siècle, lorsque la France était déchirée et occupée par les Anglais. Pour l'enfant jarnacais, ces précieuses origines étoffent les rêves d'avenir, confortent l'ambition naissante. Pour l'adulte qui aspire à la plus haute fonction de l'État, cette présentation en 1969 lui permet d'affirmer que son enracinement dans le sol français est bien ancien, fort légitime sa candidature.

Le « champ » – en fait le hameau – qu'évoque François Mitterrand est situé effectivement dans la forêt d'Allogny, en bordure de la Sologne. Autrefois ces forêts servaient de terrains de chasse aux rois de France, posses-

1. *Ma part de vérité, op. cit.*

seurs du Berry depuis le début du XIIe siècle. En 1230 est attestée l'existence d'un lieu habité nommé *Miterram*, entouré de terres, de prés, de vignes et d'un bois. Dans des temps antérieurs, une famille a pu vivre sur ce site avant d'essaimer ensuite dans la région [1].

Quelle est l'étymologie de ce patronyme? Milieu des terres? Cette définition a de quoi faire rêver, laisser présager une prédestination... Mais François Mitterrand se réfère aussi à celle que donne Albert Dauzat dans son célèbre *Dictionnaire des noms de famille.* Sans se reporter à l'origine géographique du nom, Dauzat observe que « Mittier » (« Mitier ») signifie en ancien français : mesure de grains; donc le mitterrand serait un mesureur de grains [2]. Explication moins poétique que la précédente mais que ne repousse pas l'auteur de... *La Paille et le Grain.* Au début de son premier mandat, lors d'un voyage officiel, le président de la République n'hésita pas à évoquer ses lointains ancêtres mesureurs de grains devant un parterre de céréaliers canadiens... Pourtant, aussi loin qu'il soit possible de remonter dans sa généalogie, aucun Mitterrand n'a exercé cette profession qui serait à l'origine du nom.

Plus récemment, Olivier Schiltz, un linguiste, a proposé une nouvelle interprétation de ce patronyyme à partir des racines germaniques : *mit*, « la récompense », et *hramn*, « le corbeau ». L'association ne signifierait pas la « récompense du corbeau » mais constituerait une marque de reconnaissance verbale, un signe de ralliement pour tout un clan. Par la suite, il serait devenu le patronyme d'une ou plusieurs familles du Berry sous diverses orthographes (Miterant, Miterrant, Mitterrand, Mitterand [3]).

---

1. Cf. *Contribution à la généalogie de Monsieur François Mitterrand,* étude dactylographiée de Jean-Yves Ribault et Philippe Goldman, Archives départementales du Cher, avril 1987.

2. Dans le *Dictionnaire étymologique des noms de famille* de Marie-Thérèse Morlet, on trouve : « *Mittier*, en ancien français, *moitier, mitier*, sorte de mesure de grains qui vient du latin *medietatarium*; latin médiéval (sud) : *meitarium, miterium.* Dér. : Mitterand, Mitterrand, surnom de mesureur. »

3. Étude dactylographiée, archives départementales du Cher.

Interprétation intéressante mais qui n'a nullement influencé l'imaginaire de François Mitterrand : il n'a pu en prendre connaissance qu'en 1992.

Des ancêtres, prévôts de Bourges?

En revanche, la certitude que deux Mitterrand furent « prévôts de la ville au temps du roi de Bourges [1] » est un des points forts de son roman familial, et ce n'est pas un hasard si François Mitterrand évoque cette illustre parenté dès les premières lignes de *Ma part de vérité.*

Au XVe siècle, en pleine tourmente, venant de Lorraine, Jeanne insufflait une énergie nouvelle au dauphin Charles. A Jarnac, ce récit fait rêver le jeune François. Oui, deux de ses ancêtres se trouvaient près du roi, prévôts de Bourges, le soutenaient au moment où le pays était particulièrement menacé, contribuaient à redonner confiance au souverain, à effacer ses doutes. Pour l'enfant qui se voulait « roi ou pape [2] », un tel exemple ne pouvait que soutenir l'ambition, d'autant plus que l'un d'eux se prénommait *François* comme lui.

Pourquoi aurait-il douté d'un fait rapporté par son père? Pourquoi en douterait-il encore aujourd'hui puisque Claude Manceron, Bernard Pingaud, et même le généalogiste Michel Sementery n'hésitent pas à l'affirmer dans des publications récentes [3]?

Pourtant, bien que les Mitterrand soient originaires du Berry, aucun d'entre eux ne fut prévôt de Bourges lorsque le dauphin Charles vint s'y réfugier en 1418, puis y demeura en tant que roi de France. En consultant une histoire de la cité berrichonne, il est aisé de constater que le prévôt à cette époque ne s'appelait pas Mitterrand... mais

1. *Ma part de vérité, op. cit.* Il a confirmé ce fait au cours d'un entretien en précisant même leurs prénoms : Pierre et François (entretien mars 1993).
2. Voir conclusion.
3. Claude Manceron, Bernard Pingaud, *François Mitterrand.* Michel Sementery, *Les Présidents de la République française et leur famille.*

Lambert de Léodepart. Venant du nord de la France, Léodepart s'était fixé à Bourges et avait conquis la confiance des marchands. Lorsque sa fille Macée fut en âge de se marier, il eut l'excellente idée de la confier à un jeune changeur ambitieux dont le nom allait bientôt dépasser les portes de la cité : il s'agit de Jacques Cœur et non d'un lointain ancêtre de François Mitterrand. A cette époque, aucun de ces derniers n'était encore installé derrière les remparts de la capitale berrichonne; ils vivaient fort modestement dans un petit village plus au nord où ils s'occupaient de leurs vignes.

Certes, à la fin du XVIIe siècle, Pierre Mitterant, le fils d'un riche marchand, est nommé consul en 1687 et en 1693, puis prévôt des marchands en 1697 [1]. Par son mariage avec Jeanne Robertet, il s'allie à une grande famille originaire du Forez, dont certains membres ont été secrétaires d'État et trésoriers sous Charles VIII, Louis XII et François Ier. Mais il s'agit d'une époque où la cité périclite, n'a plus le même rayonnement que dans le passé, n'incarne pas ce cœur vital pour la France, tout ce qui a entretenu les rêves du jeune François.

De toute façon, entre Pierre Mitterant et le modeste vigneron qui se fixe à Bourges quelques années plus tard, ancêtre réel de François Mitterrand, aucun lien de parenté ne peut être établi [2]. A moins d'imaginer que celle-ci remonte à des temps fort anciens, que ces deux familles soient issues du petit hameau Miterram. Mais comment l'affirmer puisque les registres paroissiaux n'étaient pas tenus avant le XVIe siècle?

Il semble donc que cette parenté relève surtout de la légende familiale qui a été transmise à François Mitterrand, et qui a contribué fortement à forger son destin national.

---

1. H. de Maransange, *Dictionnaire des anciennes familles, historique, généalogique et héraldique du Berry.*
2. Voir chapitre suivant.

LE PATRIOTISME DES MITTERRAND ?

« Mes ancêtres berrichons étaient patriotes comme ils respiraient, sans s'en douter. Ils sont assez souvent morts pour la France, autant que d'autres, pas plus que d'autres... Eux qui sont Français d'avant la France n'ont pas assez d'une vie pour prouver qu'ils ne le sont pas moins que les derniers venus [1]... » Affirmation totalement erronée comme le montrera l'étude de cette branche berrichonne. Non pas qu'aucun membre de sa famille ne soit « mort pour la France », mais ce n'est jamais du côté des Mitterrand qu'il faut les chercher.

Démonstration qui devient franchement étonnante par la suite : « Ah ! soyez lorrain ! N'est-ce pas Barrès ? On vous fera prince aussitôt. Prince lorrain, évidemment. Naître à quelques lieues de la ligne bleue des Vosges vous dispensera d'avancer la preuve que vous n'avez pas vendu de secrets militaires [2]... » Toujours le même souci pour l'homme politique en 1969 d'affirmer son patriotisme, d'en appeler à ses ancêtres qui ont gagné leur droit d'être autant français que les autres, plus même, du fait de leur implantation dans le vieux duché au centre de la France. Dans son ardeur à démontrer la profondeur de son attachement à son pays, François Mitterrand oublie qu'il est lui-même, par sa mère, un *Lorrain*, que ce patronyme qu'il a entendu tous les jours dans son enfance était davantage connu à Jarnac et dans les environs que celui qu'il tenait de son père.

Bien sûr, l'enfant charentais ne pouvait imaginer que son quadrisaïeul François Lorrain avait précisément vu le jour près de « la ligne bleue des Vosges ». Personne autour de lui ne le savait. Cependant, un tel patronyme était parfaitement évocateur de son origine géographique. Nul besoin d'aller se plonger dans de longues et difficiles

1. *Ma part de vérité, op. cit.*
2. *Ibid.*

études onomastiques pour en comprendre le sens. Mais le rêve ne prend consistance que sur ce qui est hors de portée. Le jeune François est entouré d'adultes qui s'appellent Lorrain, comblé de l'affection de ses grands-parents maternels. Il peut feuilleter des albums de photographies, observer les portraits exposés au mur de la salle à manger familiale, et en particulier celui d'un militaire; tout cela ne contribue pas à nourrir son imaginaire autant que les lointains ancêtres de Bourges perdus dans les « brouillards du Moyen Âge », ceux dont il est fier de porter le nom.

Des hommes épris d'absolu

Dernier thème cher à l'homme qui présente ses ancêtres en 1969 : ceux-là n'ont jamais eu peur d'afficher leurs idées et en particulier leur foi : « Ces Français de pleine terre n'étaient pas de juste milieu. Catholiques, ils priaient le Christ aux bras levés du jansénisme », ce Christ que son père conservait près de lui, à Jarnac, que Charles Mitterrand le bisaïeul, puis Théodose le grand-père, avaient toujours emporté dans leurs différentes étapes loin de la cité berrichonne. Ce Christ était le symbole d'une foi austère, rigoureuse, rejetant la quête des indulgences, une foi qui exigeait une attitude exemplaire sans aucune concession au devoir moral. Et si certains Mitterrand s'étaient détournés de Dieu, « ils militaient pour la déesse raison. Étaient-ils excessifs? Ce mot n'est pas berrichon. Ils aimaient l'absolu ».

Tel est le portrait élogieux qu'a dressé François Mitterrand de la lignée à laquelle il est fier d'appartenir. A travers eux, c'est surtout son portrait qu'il esquisse. Sans avoir cherché à vérifier les dires rapportés, à faire une enquête généalogique détaillée, il a accumulé quelques mythes qui l'ont aidé peu à peu à se définir, s'affermir, se faire une place sur l'échiquier politique, à imposer à la France puis au monde entier ce patronyme qui est le sien.

Des Mitterrand vignerons dans le Berry, il ignore tout parce qu'une rupture importante s'est produite au XIXe siècle lorsque son bisaïeul a renoncé, à l'instar de ses deux frères aînés, à cultiver la vigne et s'est éloigné de Bourges pour se mettre au service d'une grande compagnie. Un voile s'est alors posé sur les générations précédentes, voile qu'il faut soulever maintenant pour extraire des brumes de la légende familiale la véridique histoire des Mitterrand.

2

Les ancêtres vignerons

SYLVAIN MITTERRAND, AU TEMPS DE LA FRONDE

Le premier ancêtre de François Mitterrand dont la trace est attestée s'appelle Sylvain Mitterrand. Ce n'est pas dans la demeure cossue d'un riche marchand de Bourges qu'il a vu le jour en 1625 mais dans la ferme d'un modeste vigneron de Saint-Éloy-de-Gy, à une dizaine de kilomètres au sud du hameau qui est peut-être à l'origine du patronyme.

Sous le règne de Louis XIII, il ne fait pas bon vivre. En 1628, le pays est ravagé par la peste : plus de cinq mille personnes meurent à Bourges en quelques semaines. L'année suivante, la famine règne dans le duché à cause des intempéries. Sylvain a la chance de survivre à ces fléaux. Court répit : aux calamités naturelles succèdent les calamités humaines. Lorsque Sylvain devient adulte, il assiste aux ravages de la Fronde. Comme il l'avait été au siècle précédent lors des guerres de Religion, le Berry est cruellement déchiré par ce nouvel affrontement, le prince de Condé ayant été, comme son père, gouverneur et lieutenant général du duché. Les pillages commis par les soldats du roi qui viennent combattre dans la contrée les partisans du prince de Condé sont fréquents. Il faut faire face à toutes ces épreuves lorsqu'on est un humble, parvenir à traverser l'Histoire sans encombre; ce que fait Sylvain Mitterrand. Au cœur de la tourmente, il épouse – selon le rite catholique auquel est restée fidèle toute sa famille – la fille d'un vigneron de Vasselay, une paroisse voisine. C'est là désormais qu'il va vivre en s'occupant de son petit arpent de terre et en élevant ses enfants.

La culture de la vigne est fort ancienne dans le Berry, ayant été introduite par les Romains au cours de leur conquête. Dans ses écrits, Pline fait déjà état d'un cépage « biturien » réputé. La christianisation du pays, la nécessité de fournir le vin de messe, n'a fait que développer cette culture aux siècles suivants. Au moment où Sylvain Mitterrand se marie, les vignobles autour de Bourges sont assez étendus, et les vins de Vasselay particulièrement estimés.

Ainsi, le premier ancêtre connu de François Mitterrand est un modeste représentant de ces paysans taillables et corvéables à merci qui forment la trame de la France. Dès son plus jeune âge, Sylvain Mitterrand a observé les gestes qui se transmettent de génération en génération, gestes déjà fixés dans le livre des *Coutumes générales des pays et duché de Berry* datant de 1540. Comme son grand-père et son père, dès le mois d'avril, il « déchausse » les ceps en creusant autour de chaque pied un petit godet circulaire à l'aide d'une houe; ensuite il nettoie les mauvaises herbes, bine le sol, taille la vigne tout en scrutant le ciel avec inquiétude. Pour vendanger, il sait qu'il doit attendre l'ouverture de la bannie, lorsque les notables décident, en présence de quelques paysans, que le vin est arrivé à maturité.

A cette réglementation s'ajoute le droit de banvin qui interdit à certaines époques de l'année de vendre au détail sur le domaine du roi ou du seigneur d'autre vin que celui qui provient de leurs terres. Sylvain subit ces règlements, est écrasé par les taxes. Il maugrée comme les autres, et, sans y participer, n'ignore pas que les vignerons de Bourges se sont révoltés en 1664 contre l'imposition d'un droit supplémentaire sur ce produit [1].

---

1. *La Vigne dans le Cher*, Jean Rojat, Brigitte Perrichon.

Le règne de Louis XIV se poursuit avec ses fastes et ses guerres. A Vasselay, Claude, le premier fils de Sylvain, devient à son tour vigneron et épouse en 1680 la fille d'un vigneron de Vasselay. Un an après ce mariage, le 11 février 1681, naît un garçon prénommé Mathurin.

Mathurin Mitterrand s'installe à Bourges

Avec lui se produit un changement important dans l'histoire de cette famille. Au départ, pourtant, Mathurin imite ses ancêtres : comme eux, il devient vigneron et épouse à son tour, en 1704, la fille d'un autre vigneron de Vasselay, Marie Rouzeau. Rien de bien surprenant : à cette époque, il est fort rare qu'un jeune homme choisisse son épouse dans une paroisse très éloignée, à moins de s'être enrôlé comme soldat. De plus, ces mariages entre familles de vignerons permettent de maintenir, à peu près à l'identique, l'état des propriétés.

Mathurin subit également la rudesse de son époque. L'existence n'est guère moins éprouvante en cette fin de règne de Louis XIV que sous la Fronde. En 1684, l'intendant Séraucourt, installé à Bourges, présente un tableau alarmant de l'économie berrichonne, de la misère, des mauvaises récoltes, de la surmortalité des bestiaux. La situation ne cesse d'empirer. Le 6 janvier 1709 débute un froid glacial, à l'origine d'une disette effroyable dans tout le Berry. L'année suivante est aussi meurtrière [1]. De plus, les guerres ont ruiné le Trésor de la France et les paysans croulent sous le poids des impôts à payer. « Vos peuples meurent de faim... la culture des terres est presque abandonnée; les villes et les campagnes se dépeuplent... la France entière n'est plus qu'un grand hôpital désolé et sans provision. » Ce lucide constat que dresse Bossuet, Mathurin Mitterrand peut le faire à Vasselay : ce sont vraisemblablement des raisons économiques qui le

1. Émile Meslé, *Histoire de Bourges*.

conduisent à émigrer à Bourges avec sa femme et ses enfants.

La cité berrichonne n'est pourtant pas davantage épargnée que le reste du pays : les guerres de Religion, l'exode des protestants, la peste et la famine à plusieurs reprises, ont engendré une récession démographique. Pourtant reste gravée en latin, sur une des portes de la ville, l'inscription chaleureuse : « Entrez, vous qui aimez la candeur, l'affabilité dans les mœurs et la piété sincère : vous ne saurez plus vous éloigner. » Paroles encourageantes pour Mathurin qui s'y réfugie à la fin du printemps 1712.

En effet, il est encore à Vasselay au mois de mars et fait baptiser son fils Michel le jour de sa naissance. Quelques semaines plus tard, lorsque sa femme est remise de ses couches, toute la famille Mitterrand s'installe à Bourges. Mais le déménagement a été fatal au nouveau-né. Michel meurt le 18 juillet et est le premier membre de cette famille à être inhumé à Bourges. Décès au reste banal : un quart environ des enfants qui naissent à l'époque n'atteignent pas l'âge d'un an.

Pour Mathurin et Marie Mitterrand, la vie se poursuit d'abord dans la paroisse Saint-Ambroix, un faubourg au nord de la ville, puis dans la paroisse Saint-Médard située derrière l'ancienne protection des remparts, lesquels ont été rasés lorsque le pouvoir royal a définitivement dompté la cité rebelle. Cet exode n'a pas entraîné d'autre changement pour Mathurin : il continue de cultiver un petit arpent de vigne à la périphérie de la cité, espérant tirer profit de la proximité de clients plus fortunés, échapper aussi à certaines taxes. Les aides pèsent lourdement sur le commerce du vin : les vignerons doivent payer le transport du vin comme le droit d'entrer dans la ville, ce qui élève considérablement le prix de vente. La récolte se conservant mal, il est parfois plus rentable pour le producteur de jeter un vin frelaté que d'essayer de le vendre. A tous ces problèmes, Mathurin Mitterrand essaie tant bien que mal de faire face.

Rien de commun entre ce petit vigneron et la famille des riches marchands *Mitterrant*, installée précédemment près de la cathédrale Saint-Étienne. Lorsque Mathurin a décidé d'aller tenter sa chance à Bourges, il n'a pu demander de l'aide à celui qui fut prévôt des marchands à la fin du XVIIe siècle. A quel titre l'aurait-il fait? Tout les sépare. La coupure se confirme également par les choix des prénoms. Dans la famille des riches marchands se transmet, de père en fils, le prénom du fondateur de l'Église catholique, prénom inusité par les vignerons originaires de Vasselay.

Le dernier fils de Mathurin est baptisé le 18 février 1717 *Martin*, et non Pierre, dans l'église Saint-Médard, déjà mentionnée au XIIe siècle et classée parmi les plus belles églises paroissiales de Bourges. En ce début de Régence, après les épidémies, la famine et l'exode des protestants, la cité ne compte plus que 13 700 habitants.

Dès qu'il est en âge de tenir une houe, Martin devient journalier, les vignes de son père n'étant pas suffisantes pour permettre à ce cadet de travailler avec lui. Situation à laquelle il s'efforce de remédier en épousant, comme il se doit, la fille d'un « maître vigneron » au début de l'année 1738. Cultivant les terres de son beau-père, il est désormais « vigneron », qualité qu'il décline lorsqu'il fait baptiser son premier fils, Jean.

La vie de Martin Mitterrand se déroule aussi simplement que celle de ses aïeux, toujours dans la paroisse Saint-Médard. Jean, leur premier garçon, meurt l'année suivante, en décembre 1739, et est inhumé dans le cimetière de la paroisse. Qu'importe! Cinq autres enfants vont suivre : trois filles tout d'abord (la dernière morte à l'âge d'un mois), puis deux garçons.

Gilbert Mitterrand, un humble vigneron au temps de la Révolution

Le premier garçon qui naît après ces trois filles est le quadrisaïeul de François Mitterrand. Pour Martin, l'heure est aux réjouissances : puisse cet héritier vivre plus longtemps que le premier, prendre la relève sur les vignes et poursuivre la lignée.

Tout est fait selon la tradition pour cet enfant : le lendemain de sa naissance, le 20 septembre 1744, il est conduit à l'église Saint-Médard pour y être baptisé comme son père l'avait été. De son parrain, l'enfant reçoit ses deux prénoms : Charles et Gilbert, fort usités à Bourges. Dans la famille Mitterrand, c'est pourtant la première fois qu'un garçon est prénommé ainsi. Par la suite, le cas ne se reproduira que deux fois : en 1844 puis en 1949 [1].

Contrairement à la coutume qui veut que le choix se porte plutôt sur les grands-parents ou oncles et tantes du nouveau-né, le parrain n'est pas un membre de la famille Mitterrand. Charles Gilbert Bertrand est le fils d'un maître couvreur et entrepreneur de Bourges. Martin Mitterrand l'a choisi parce qu'il existe de solides liens d'amitié entre eux. En effet, lorsqu'il s'est marié en janvier 1738, ce n'est pas le curé de la paroisse Saint-Médard qui a célébré la cérémonie nuptiale mais François Bertrand [2], vicaire de Charenton-sur-Cher. Séjournant dans sa famille à Bourges, ce curé s'est déclaré heureux de présider au mariage de ses voisins et amis.

Les Bertrand habitent dans la paroisse Saint-Médard. Plus aisés que les Mitterrand, ils sont propriétaires d'une maison située à l'angle de la rue Saint-Sulpice et de la rue de la Sirène. Au reste, c'est dans cette rue étroite et charmante, appelée ainsi parce qu'à l'origine une sirène était

1. Son arrière-petit-fils et le dernier fils de François Mitterrand seront les seuls descendants à porter ce prénom; voir *infra* chapitre 5.
2. Il est peut-être le frère de Charles Gilbert.

gravée sur l'enseigne d'un cabaret [1], que les jeunes mariés vont habiter, peut-être même dans un logement que leur louent les Bertrand [2].

Gilbert grandit dans ce quartier auprès de ses parents et de ses deux sœurs aînées. Il a un peu plus de six ans lorsque vient au monde son petit frère. Lui aussi portera un prénom pas davantage en usage chez les Mitterrand et qui vient de la famille maternelle : *François*. Par la suite, il faudra attendre plus d'un siècle et demi pour qu'un autre garçon porte à nouveau ce prénom associé au patronyme Mitterrand et le fasse connaître dans le monde entier...

Dès que Gilbert est en âge de travailler, il aide son père et devient à son tour vigneron. Cependant, à la différence de ses ancêtres, il a reçu un minimum d'éducation, soit en fréquentant le modeste établissement ouvert par les frères des Écoles chrétiennes, soit auprès d'un membre de la famille Bertrand. Il est le premier de sa lignée à pouvoir signer son acte de mariage. Ce jour-là, le 10 juin 1766, il trace à la plume, maladroitement, sur le registre : « mitterran » (*sic*). Seul signe distinctif pour Gilbert qui, sinon, se comporte comme tous ses aïeux précédemment évoqués. Lui aussi épouse la fille d'un vigneron. Il a vingt et un ans accomplis mais est encore mineur suivant la coutume : il a donc besoin du consentement de ses parents. Françoise, elle, est majeure, ayant presque six ans de plus que son futur conjoint. Son père Jean Robert, qui est resté veuf, est sans doute rassuré de confier sa fille à l'aîné d'une famille honnête.

Françoise qui demeurait avec lui avant son mariage ne souhaite pas le laisser seul. Gilbert s'installe donc dans la paroisse Saint-Ambroix, située à la périphérie de la cité où se trouvent la plupart des vignobles. Sait-il que son

---

1. Roger Richet, *Bourges pas à pas.*
2. Cf. *Contribution à la généalogie de Monsieur François Mitterrand, op. cit.*

grand-père s'est d'abord établi ici, lors de son arrivée en 1712?

Gilbert peut s'éloigner de ses parents sans inquiétude : son père Martin est désormais aidé par François qui, en 1766, a quinze ans. Le départ de l'aîné allège un peu les dépenses du foyer : les vignobles ne sont jamais très importants et ne permettent guère de faire vivre beaucoup de monde en même temps.

L'histoire de Gilbert et Françoise se déroule aussi simplement que celle des générations précédentes, avec les naissances et les décès, tous les soucis du quotidien, les récoltes soumises aux aléas d'un froid trop rigoureux ou de la grêle. Comme elles, il proteste contre les taxes, toujours trop lourdes. A cela s'ajoute la crainte de l'incendie qui parfois ravage un quartier entier de la ville, en dépit des réglementations draconiennes imposant devant chaque maison des tonneaux de quinze à vingt seaux d'eau renouvelés tous les trois jours.

Gilbert et Françoise font partie du petit peuple berruyer composé de vignerons, de jardiniers, d'employés, de manœuvres et de chômeurs, vivant dans ces paroisses périphériques, parmi lesquels plusieurs Mitterrand qui n'ont aucun lien de parenté avec eux. Plus près du centre, se trouvent les corporations d'artisans et de commerçants plus aisés, puis une trentaine d'avocats et de notaires, et enfin, au sommet de cette société si hiérarchisée, les nobles (une centaine dans tout le Berry) dont beaucoup tiennent à résider une partie de l'année à Bourges. La cité, centre d'administration paisible, est fière d'avoir organisé en 1754 de grandes fêtes en l'honneur de la naissance du nouveau duc de Berry (le futur Louis XVI) et de célébrer chaque année une messe pour la conservation de ses jours. Mais la ville, moins bien reliée à la capitale que Nevers, Moulins ou Limoges, souffre de son isolement.

Loin de la vie fastueuse des grands, Gilbert soigne ses vignes et veille sur son foyer. A la différence de ses ancêtres – est-ce dû au peu d'éducation qu'il a reçue ? – il semble avoir pris conscience de la nécessité de limiter les bouches à nourrir. Lui n'aura que trois enfants : tout d'abord deux filles, Anne, qui naît un an après son mariage, et la seconde qui ne vit que onze mois ; puis un garçon qui restera son unique héritier.

La venue de cet enfant, le 27 février 1773, est une grande joie pour la famille. Surtout pour son grand-père paternel, Martin Mitterrand, qui, en tant que parrain, lui transmet son prénom. Dix ans plus tard, le 21 mai 1783, sans avoir jamais cessé de manier la serpe et la houe, Martin meurt à l'âge de soixante-six ans (soixante-huit ans, comme l'inscrit le curé de Saint-Médard sur son registre sans se soucier d'une très grande exactitude des âges !).

Est-ce la mort de son père qui amène Gilbert à retourner dans la paroisse où il est né, où il a passé sa jeunesse ? Il se rapproche de sa mère et de son frère François, emménage rue Saint-Médard, près de l'église où il a été baptisé. La rue est fort animée par le passage de nombreux voyageurs : là en effet se trouvent la si renommée « Hostellerie de la Cloche-Perse », ainsi qu'un bureau de diligences.

Sa mère Françoise meurt à son tour en 1789, au moment où le cours de l'histoire de la France connaît tant de bouleversements. Pour Gilbert, cependant, la vie se poursuit loin de semblables tourbillons. Comme tous les vignerons, il apprécie qu'aient été inscrits dans le cahier de doléances de Bourges la suppression des aides et leur remplacement par un impôt plus équitable sur la vigne. Pourtant les lendemains ne sont pas à la hauteur des espérances. Il souffre de l'appauvrissement de la ville où sévit un chômage de plus en plus dramatique, accentué par l'émigration des nobles. Cependant, son principal souci s'attache à son fils unique, qui va avoir vingt ans en 1793.

3

Martin Mitterrand et ses deux aînés : la rupture avec la vigne

La France de Lille à Marseille est bientôt follement agitée. La cité berrichonne, bien qu'isolée, n'ignore pas les grands événements qui bouleversent la capitale. Lorsqu'en 1792 la patrie est déclarée en danger, les jeunes Berruyers se mobilisent : leur contingent est proportionnellement le plus nombreux du Cher, département qui vient d'être constitué. Ils réagissent avec élan, spontanéité. Sur les champs de bataille de Wattignies, de Fleurus, leur bravoure est remarquée. Le 2e bataillon du Cher se distingue en particulier au cours du combat de Bitche, ce qui lui vaut un brillant éloge de la Convention.

Martin préfère le mariage à la patrie

Cet enthousiasme qui fait vibrer une partie de la jeunesse française ne touche pas Martin Mitterrand. Il sait que son père commence à vieillir, qu'il est seul à pouvoir assurer la relève dans les vignobles. Aussi ne songe-t-il pas à s'engager comme volontaire, à rejoindre un des bataillons du Cher. Lorsque François Mitterrand évoque dans *Ma part de vérité* d'ardents patriotes parmi ses ancêtres, il ignore que ce n'est pas du côté des Mitterrand qu'il peut les trouver. Aucune fougue militaire ne se décèle chez cette famille blottie au cœur de la France, loin des invasions, où les hommes ont cultivé leur arpent de vigne de génération en génération sans jamais éprouver le besoin de s'éloigner d'un sol qui ne semble plus aussi menacé que lorsqu'il fallait bouter les Anglais hors de France. Quant aux horreurs des guerres de Religion puis de la Fronde, elles ont appris aux Mitterrand à se placer du côté du vainqueur, du roi, de l'Église catholique, mais là encore sans prendre aucun engagement direct. Il faut vivre au jour le jour, assumer le quotidien et travailler la terre sans relâche.

Pourtant pèse sur la France la menace de l'invasion. La fulgurante victoire de Valmy ne l'a pas écartée. Les appels se multiplient dans toutes les villes tandis que circulent des rumeurs de plus en plus alarmistes.

Martin ne peut ignorer la dernière grande levée de volontaires qui a lieu en février 1793 : le 27 de ce mois, il fête son vingtième anniversaire. Âge idéal pour participer à la grande Histoire, devenir un futur « soldat de l'an II ». Cela ne tente guère Martin qui préfère se marier deux mois plus tard. Ainsi n'est-il pas concerné par le célèbre décret de la « levée en masse » lorsque, le 23 août suivant, la Convention montagnarde enjoint à tous les célibataires ou veufs sans enfants de dix-huit à vingt-cinq ans, sans exception, de partir sous les drapeaux et d'y demeurer jusqu'à la paix.

Pour échapper à ce décret, nombre de jeunes hommes manifestent un regain d'intérêt pour le mariage et se livrent à une véritable « chasse aux filles » : la demande dépassant les possibilités d'offre, certains n'hésitent pas à épouser des femmes qui pourraient être leur mère, voire leur grand-mère !

Ayant eu la bonne idée de choisir sa future au mois d'avril, Martin n'a pas eu les mêmes problèmes. Marie Lesestre a vingt-trois ans et est, comme il se doit pour un Mitterrand, la fille d'un vigneron. Cependant les revenus de ce dernier sont modestes : Marie est obligée de travailler. Elle est domestique chez le « citoyen Perrot », entrepreneur en bâtiment. Comme elle habite chez son maître, rue des

Cordeliers, elle a eu l'occasion de rencontrer Martin qui réside toujours chez ses parents, dans le même quartier.

Ce 22 avril 1793, à la Maison commune de la ville de Bourges, le « journalier » Mitterrand épouse la domestique Marie Lesestre en présence de leurs quatre parents, de la sœur aînée de Martin accompagnée de son époux, Charles Coulon. Pas question d'une bénédiction religieuse dans la vieille église Saint-Médard où son grand-père s'est marié, où son père et lui-même ont été baptisés. La vague anticléricale a touché le Berry. Les biens du clergé sont confisqués. Sur les quatorze paroisses existant à Bourges avant la Révolution, il n'en reste plus que quatre : Saint-Médard fait partie des paroisses supprimées. Les églises sont désaffectées : l'église Saint-Pierre sert de fabrique de salpêtre avant de devenir un magasin de fourrage. Quant à la vieille rue Saint-Médard, les résidents apprennent à l'appeler rue Socrate et rue Brutus, suite à la décision municipale du 29 brumaire an II.

Les jeunes époux Mitterrand vont s'y habituer comme les autres. Ils emménagent d'abord rue de la Sirène (dans la maison des Bertrand?), ensuite place des Amis, toujours dans le même quartier rebaptisé section Saint-Sulpice. Martin s'accorde maintenant le titre de « vigneron » tandis que sa femme a cessé d'être domestique pour se consacrer à son foyer et à ses enfants.

Les enfants de Martin et Marie Mitterrand

Pour son premier accouchement, comme pour les suivants, Marie a recours à la sage-femme du quartier au nom prédestiné de « Dame Pousse ». Dans Bourges, à la différence de nombreuses villes provinciales, cette profession était fort bien réglementée depuis plusieurs décennies dans le but de lutter contre la forte mortalité des parturientes. Les sages-femmes devaient subir deux épreuves : tout d'abord un examen pratique devant un médecin et un chirurgien-barbier qui délivraient un certificat de capacité « d'exercer le dict art de sage-femme »; ensuite un interrogatoire du curé qui donnait une attestation de bonnes mœurs et de catholicité, la sage-femme ayant pour mission de faire baptiser les enfants « notamment ceux qui naistront de pères et mères cy devant calvinistes ». Vers 1750, un maître d'accouchement avait instauré des cours sous la protection de l'intendant Dupré de Saint-Maur. Plus tard, il fit venir la célèbre maîtresse sage-femme, Mme Le Boursier du Coudray [1]. Ces cours se sont renouvelés en 1780 et 1782 et ont contribué à la formation de vingt-neuf sages-femmes qualifiées opérant à Bourges et se distinguant des matrones empiriques aux mains sales. Sans doute Dame Pousse a-t-elle suivi cette formation, car elle se présente fréquemment devant l'officier qui tient le registre de l'état civil pour déclarer les naissances qu'elle a assistées.

En femme experte, Dame Pousse pratique, dans les règles de l'art, le 25 pluviôse an II (13 février 1794), le premier accouchement de Marie dans l'appartement familial, rue de la Sirène. Autre différence avec les générations antérieures dans la famille Mitterrand : c'est un garçon qui naît en premier, prénommé Jean-Baptiste. Martin peut en être fier, lui qui était le cadet. De plus, son unique sœur Anne, qui a épousé un homme plus âgé qu'elle, n'a toujours pas d'enfant.

Martin et Marie ont encore un garçon, Jean, en 1798, puis une fille, qui meurt à l'âge de quatre ans au printemps 1804.

Tandis qu'à Paris les régimes passent, la vie se poursuit plus paisiblement à Bourges, du moins pour les Mitterrand qui ne modifient en rien leur comportement. Certes, la situation économique demeure difficile. Le chômage, des hivers rigoureux qui amènent parfois la disette, les nouvelles des guerres incessantes, n'offrent guère l'occasion de se réjouir. Martin continue patiemment à soigner ses ceps, élève ses deux garçons, s'efforce de leur trans-

1. Émile Meslé, *Histoire de Bourges, op. cit.*

mettre les gestes traditionnels du vigneron. Sous l'Empire, il n'y a que fort peu de changements, Bourges souffrant toujours de son isolement. Martin peut cependant profiter de la foire « au merrain et au cercle », qu'un décret impérial a instaurée en 1807 place Saint-Bonnet pour les vignerons et les marchands. Et surtout il est ravi par l'abondante récolte de 1811 qui coïncide avec le passage d'une comète, d'où le surnom de « vin de la comète » resté célèbre dans le pays. Récolte d'autant plus surprenante qu'au même moment la pénurie des céréales désole nombre de régions en France.

Un an avant cette récolte providentielle, Martin et Marie, bien que déjà âgés (elle de quarante ans, lui de trente-sept ans), ont un troisième garçon : Charles. Un écart important sépare cet enfant de ses frères aînés. Peut-être n'est-il pas attendu dans cette famille où grandissent déjà deux garçons bien vigoureux, prêts à prendre la relève du père pour s'occuper des vignes ? Lorsque ce nouveau-né paraît, le 27 mai 1810, Jean-Baptiste, le frère aîné, âgé de dix-huit ans, est presque un homme et Jean a douze ans.

L'enfant pousse son premier cri rue saint-Médard (qui a retrouvé son nom primitif), la rue si chère aux Mitterrand depuis trois générations, où ses parents sont venus se réinstaller. Son grand-père Gilbert vient déclarer sa naissance et lui donne son second prénom ; Charles est également le prénom de son oncle Coulon qui habite lui aussi rue Saint-Médard et a accompagné Gilbert à l'hôtel de ville, reportant une nouvelle fois sur ce neveu l'affection qu'il ne peut témoigner aux héritiers qui lui font défaut.

Mais grâce aux trois fils de Martin Mitterrand, le patronyme des descendants de Vasselay peut se maintenir à Bourges, tandis que cohabitent dans cette cité d'autres Mitterrand sans lien de parenté avec eux, tous d'extraction modeste, exerçant les métiers de jardiniers, journaliers, domestiques [1].

1. La famille des riches marchands Mitterrand a depuis longtemps quitté Bourges, vraisemblablement pour s'installer dans la capitale.

Trois ans après avoir assisté à la naissance de son troisième petit-fils, Gilbert meurt le 22 mai 1813, presque trente ans, jour pour jour, après le décès de son père. A cette date, il a soixante-huit ans mais l'officier de l'état civil inscrit « soixante douze ans » : en dépit des modifications de la tenue des registres, les âges et l'orthographe restent toujours aussi approximatifs.

Cependant, il y a un fait surprenant à signaler. Gilbert meurt dix jours après son cadet François, décédé le 12 mai à l'âge de cinquante-neuf ans selon les témoins (en fait soixante-deux ans) [1]. Pourquoi ces deux morts aussi rapprochées? Gilbert n'a-t-il pas supporté la douleur de voir son frère cadet mourir avant lui? Ou bien une maladie contagieuse les a-t-elle frappés en même temps : le typhus qui fait des ravages au même moment en Allemagne et en Belgique a pu atteindre une cité où circulent soldats et prisonniers étrangers? De plus, l'année 1813 est une année bien sombre : les rêves napoléoniens se brisent et la France commence à être envahie. Est-ce que cela a affecté les deux frères? Faute d'indications plus précises sur les registres d'état civil, impossible d'expliquer l'étonnante proximité de la mort des deux frères Mitterrand.

Jean-Baptiste, le cordier de Bourges

Étrange mois de mai! Deux jours après le décès de son grand-père, le 24 mai, Jean-Baptiste Mitterrand se présente à la mairie de Bourges qui vient d'être installée dans l'ancien palais de Jacques Cœur.

En tant qu'aîné, Jean-Baptiste a connu tout d'abord le

1. François Mitterrand a toujours été vigneron mais, à la différence de son frère aîné, n'a reçu aucune instruction et n'a jamais pu signer son nom. Sa première femme étant morte en 1794 sans lui avoir donné d'enfants, il s'est remarié quelques mois plus tard à l'âge de quarante ans, épousant la fille d'un vigneron décédé, qui a treize ans de moins que lui. De ce second mariage, il a eu deux filles mais aucun garçon.

même destin que tous ses ancêtres. Dès qu'il a été en âge d'aider son père, il l'a rejoint dans les vignes. Mais il se trouve bientôt confronté au problème qu'a connu celui-ci lorsqu'il était jeune. Ce n'est plus l'époque de la « levée en masse » mais celle tout aussi inquiétante où les armées de « l'ogre » dévorent les jeunes gens. Après chaque campagne, l'armée impériale a besoin de fraîches recrues. En février 1813, Jean-Baptiste fête son dix-neuvième anniversaire : les bulletins de la Grande Armée le laissent indifférent, comme son père l'avait été vingt ans plus tôt lorsque la patrie avait été déclarée en danger. Depuis l'instauration de la loi Jourdan en 1798, tous les jeunes gens à partir de vingt ans, sans exception aucune, sont inscrits sur les registres militaires et astreints au service. Par la suite, la loi a été un peu assouplie : un système de tirage au sort permet de désigner ceux qui doivent l'effectuer, en fonction du besoin de recrues; de plus, le remplacement par achat a bientôt été autorisé.

Imitant son père, Jean-Baptiste décide de se marier, avant même d'avoir vingt ans. Il a jeté son dévolu sur la fille d'un boulanger qui habite son quartier et n'a que quelques mois de plus que lui. Peut-on reprocher à Jean-Baptiste de songer, en ce printemps 1813, à fonder une famille, au moment même où meurt son grand-père, d'espérer échapper par tous les moyens à la conscription [1]? Nullement. Au reste, bientôt les récits de ceux qui, tels Olivier Lorrain ou Hyacinthe Hyenne [2], se sont laissé enfiévrer par l'appel du clairon montreront que le choix de Jean-Baptiste, à défaut d'être héroïque, est plus judicieux.

Peu de temps après son mariage, Jean-Baptiste abandonne son statut de vigneron pour devenir cordier. Il est le premier à renoncer à une profession qui caractérisait jusqu'à présent la famille Mitterrand. Les temps ont bien changé. Les vignobles possédés par Martin, que son père

---

1. Les registres matricules des conscrits du Cher ne sont pas conservés pour cette période. Il n'est donc pas possible de savoir si Jean-Baptiste en 1814 a tiré un « bon » numéro ou bien a pu s'offrir un remplaçant.

2. Voir *infra*.

Gilbert lui a transmis, ne sont pas très importants. Dans son testament, la sœur de Martin a noté qu'elle a reçu en héritage trente-cinq ares de vigne dans la commune du Doulchard, proche banlieue au nord de Bourges. Martin a vraisemblablement hérité d'une superficie similaire. Or il a trois fils : le partage désormais égalitaire réduira encore l'exploitation. De plus, les vignes entourant la ville de Bourges, qui pendant des siècles ont permis de fabriquer des vins consommés par la clientèle locale, sont désormais concurrencés par des crus provenant d'autres régions, de meilleure qualité, et que la progressive amélioration des transports rend plus abordables. Ces raisons ont vraisemblablement amené Jean-Baptiste à chercher un autre métier.

Dans les marais qui entourent la ville, la culture du chanvre a été développée au siècle précédent pour favoriser la fabrication de toiles et de cordages. Cela détermine le choix de Jean-Baptiste Mitterrand qui s'installe dans un petit atelier, à la périphérie de la ville, faubourg d'Auron, tout près de la rivière du même nom. Là, c'est à reculons qu'il fabrique des cordes : sa main file lentement la filasse de chanvre qu'il a fixée à sa ceinture. La mèche, accrochée au rouet, s'étire et s'enroule en un toron plus ou moins serré; peu à peu les torons s'allongent côte à côte avant d'être mêlés en une torsade régulière. Il ne reste plus à Jean-Baptiste qu'à faire au bout une épissure [1]. Cet homme avisé a compris qu'il fallait devenir cordier au moment où la demande de cordages est en forte croissance du fait de la construction du canal de Berry. Sans faire fortune, l'aîné des enfants de Martin Mitterrand échappera aux angoisses des lendemains toujours incertains liés à la culture de la vigne.

En revanche, contrairement à son père, Jean-Baptiste renoue avec une ancienne tradition familiale qui veut que le premier enfant soit une fille. Celle-ci naît onze mois

---

1. Daniel Bernard, Gérard Coulon, *Vieux métiers et pratiques oubliées en Berry et ailleurs.*

après le mariage de ses parents en avril 1814 et est prénommée Anne, comme sa mère et sa tante. Au moment où Napoléon est contraint d'abdiquer, l'attention des Mitterrand est détournée une nouvelle fois de la politique par des événements familiaux. La joie qui accompagne cette naissance est mêlée de tristesse comme en mai 1813. En effet, l'oncle Coulon est décédé la veille. Anne Mitterrand, sa veuve, peut au moins reporter sur la fille de son neveu son rêve, jamais exaucé, d'un enfant, d'autant plus qu'elle n'a aucun souci financier à se faire.

Quelques jours après ce décès, survient celui de Françoise Robert dans la maison familiale rue Saint-Médard. Elle n'a survécu que onze mois à son mari Gilbert Mitterrand. Désormais, c'est à Martin Mitterrand que revient le rôle d'ancêtre de la famille à l'âge de quarante et un ans, sous la surveillance de sa sœur aînée.

La naissance de cette petite fille est donc entourée de deux décès. Jean-Baptiste et sa femme vont veiller sur elle avec d'autant plus d'attention qu'ils n'auront pas d'autres héritiers par la suite. Anne Mitterrand grandira dans ce quartier de Bourges où son père exerce la profession de cordier et son grand-père maternel celle de boulanger. Lorsqu'elle atteindra l'âge de la majorité, en 1836, elle épousera un boulanger, François Joubert, lui-même fils de boulanger. Mais son destin sera assez bref. Elle s'éteindra le 16 avril 1849, quelques jours après avoir célébré son trente-cinquième anniversaire, laissant un mari éploré et surtout un père profondément abattu de perdre sa fille unique. Désormais Jean-Baptiste poursuivra sa vie de cordier auprès de sa femme, en portant ce lourd chagrin.

Jean, l'épicier

A l'instar de sa tante Anne, Jean, le deuxième fils de Martin Mitterrand, ne connaîtra pas dans son foyer le rire d'enfants et de petits-enfants ; comme s'il était inscrit dans le destin de cette famille Mitterrand d'avoir fort peu de possibilités de transmettre le patronyme...

Jean Mitterrand a quatre ans de moins que son frère aîné, étant né le 27 mai 1798. En mai 1813, il a tout juste quinze ans lorsque Jean-Baptiste se marie et se détourne des vignes pour devenir cordier. Jean prend la relève pour aider son père. Il continue à imiter parfaitement Jean-Baptiste puisqu'il se marie à son tour à l'âge de dix-neuf ans, en décembre 1817, et reste fidèle à la tradition familiale en choisissant la fille d'un vigneron. En dot, ses parents lui offrent trente ares de vigne situés sur la commune de Saint-Doulchard [1] et « six fûts de poinçons estimés à dix-huit francs », tandis que sa tante lui remet six cents francs. Sa fiancée est un peu mieux dotée : trente ares de vigne, un hectare treize ares de terres, plus diverses sommes pour un montant total de sept cent neuf francs et des rentes provenant de la succession de son père. Tout cela est fidèlement consigné dans le contrat de mariage qui établit la communauté de biens réduite aux acquêts pour les époux [2].

Mais en ce début de Restauration, posséder des vignes n'est plus aussi intéressant que par le passé. L'année qui vient de s'écouler a été particulièrement catastrophique en raison de douze mois de pluies incessantes. Les prairies sont inondées, les récoltes sont avariées ou ne parviennent pas à maturité. Jean renonce bientôt à cette profession de vigneron que tous ses aïeux ont exercée, ainsi que ceux de sa femme. Opère-t-il ce changement tout de suite après son mariage comme l'avait fait son frère aîné, ou attend-il un certain nombre d'années? Impossible de répondre avec précision puisque le premier acte où se retrouve la signature de Jean date de 1840, lorsqu'il sert de témoin à son frère cadet. Plus de vingt ans se sont écoulés depuis son mariage, un nouveau roi des Français règne et Jean Mit-

1. Ce détail montre que Martin Mitterrand avait agrandi ses biens, sans doute grâce à son mariage et éventuellement quelques acquisitions ultérieures.
2. Contrat rédigé par Me Labourin le 8 décembre 1817 (Archives départementales du Cher).

terrand est devenu marchand épicier sans toutefois changer de quartier : il s'installe rue Saint-Antoine, dans le prolongement de la rue Saint-Médard.

Le testament d'Anne Mitterrand

Trois ans après ce mariage se produit dans la famille Mitterrand un événement qui va apporter une aide précieuse aux trois fils de Martin. Leur tante Anne, qui avait très tôt reporté sur eux l'amour maternel dont elle était frustrée, se retrouve veuve pour la seconde fois. Comme elle sent sur elle le poids de l'âge – elle a soixante-seize ans –, elle se décide à coucher ses dernières volontés. Comme tout ce qui est conservé dans les études des notaires, le testament que rédige Me Balluraud à Bourges, le 14 février 1843, est un document fort utile pour l'historien [1] : il permet de connaître à cette date l'état des biens d'Anne Mitterrand et ce qu'elle va léguer à ses seuls héritiers, ses trois neveux. Pour le partage, pas de problèmes : comme le Cadet Rousselle de la chanson, elle possède trois maisons. Rue des Cerisiers, elle occupe une maison comportant trois pièces au rez-de-chaussée, une cave et un grenier, une cour, un petit jardin et un puits, maison acquise en 1810 par son premier mari Charles Coulon et qui jouxte celle où habite Jean-Baptiste, rue d'Auron [2]. Les deux autres maisons se trouvent dans le bas de Bourges, rempart Villeneuve – les époux Coulon les avaient fait construire sur deux terrains achetés auparavant. Au moment où Anne rédige son testament, la première de ces maisons est louée tandis que l'autre, un peu plus grande, avec un étage, est occupée par son frère Martin et sa belle-sœur Marie. Les jardins de ces deux maisons sont mitoyens de la corderie de Jean-Baptiste. Ainsi,

1. Également conservé aux Archives départementales du Cher.
2. Au début de la rue d'Auron se trouve un immeuble qui appartenait au père de Jacques Cœur et qui a longtemps été désigné comme la maison natale du célèbre changeur. C'est une des rues les plus étendues du centre.

à l'intérieur de la ville, les membres de cette famille (à l'exception de Charles) sont restés étroitement soudés. Depuis l'installation de Mathurin Mitterrand à Bourges, tous ses descendants ont vécu à peu près dans le même quartier, choisissant leur épouse sur place, comme autrefois dans les villages.

Anne, devenue veuve Leuillet, est également propriétaire de plusieurs petits terrains et arpents de vigne, acquis au cours de son second mariage, ainsi que des trente-cinq ares de vigne sur la commune de Doulchard – au nord de la ville – qu'elle a reçus de la succession de ses parents.

La vieille femme a divisé ses biens en trois parts – chacune étant composée d'une maison, d'un petit terrain et d'un arpent de vigne. Le notaire a scrupuleusement établi le revenu annuel ainsi que le capital représenté par chaque lot : 250 francs et 5 000 francs pour le premier ; 50 et 3 000 pour le deuxième ; 150 et 3 000 pour le troisième. Jean-Baptiste, l'aîné, hérite donc de la maison alors occupée par sa tante et dont il est le voisin. Le deuxième lot, au revenu annuel moindre, échoit à Jean qui n'a pas d'enfant. Quant au troisième lot accordé à Charles qui vient de se marier et a déjà une fille, il comporte la maison où habitent ses parents et les vignes héritées des ancêtres.

Naturellement, Anne se réserve l'usufruit de ses biens jusqu'à sa mort et, en tant qu'aînée, veille sur son frère cadet. Aussi enjoint-elle à ses neveux, lorsqu'ils hériteront de ses biens, de verser à leur père, « conjointement et solidairement », une pension alimentaire annuelle de 500 francs, pension réduite à 300 francs si c'est Marie Lesestre qui survit à son mari. Anne s'efforce de penser à tout et fait même inscrire au notaire cette ultime clause caractéristique d'un siècle où le linge, provenant du trousseau, a une importance extrême : « Je charge mes trois neveux comme condition du legs que je viens de leur faire de donner au sieur Martin Mitterrand leur père, six paires de draps, à prendre dans ceux qu'ils trouveront à mon décès, et parmi les bons. » Détail révélateur de l'affection qu'elle a toujours portée à son frère cadet : elle lui lègue ce qui, pour elle, est inestimable, prend même la précaution de préciser à ses neveux qu'ils choisissent les plus beaux draps, ceux qu'elle a peut-être brodés avec un soin extrême lorsqu'elle était jeune fille, qui n'ont jamais été utilisés, et dont l'un pourra éventuellement servir de linceul à Martin.

La vieille tante signe son testament d'une main tremblante. Me Balleraud le lit ensuite aux témoins, quatre habitants du quartier Saint-Sulpice – un tonnelier, deux menuisiers, un serrurier –, représentatifs de ce petit monde des artisans de Bourges qui se connaît, s'estime, se rend des services. Il faut toujours être accompagné pour les déclarations de naissances, de décès, les multiples tractations chez les notaires, à une époque où seul le papier timbré fait foi, où la parole donnée en présence de témoins est primordiale.

Le deuxième mariage de Jean, devenu rentier... ou le veuf vite consolé

Cependant, Jean Mitterrand souffre lui aussi de ne pas avoir d'héritier et a reporté son affection sur l'unique fille de son frère aîné. La mort précoce de sa nièce, à l'âge de trente-cinq ans, en avril 1849, le touche profondément. Une épidémie a frappé la ville cette année-là [1] : il y a deux gros registres de décès pour 1849, ce qui est inhabituel. Jean-Baptiste et Jean ont suivi côte à côte, courbés, noyés dans leur chagrin, le corbillard qui emportait le corps de la jeune femme, peu soucieux des événements nationaux. Ils ont auparavant perdu leur mère. Plus tard, leur père décide de rejoindre son fils cadet, hors de Bourges. Désormais les deux aînés restent seuls, sans enfants, auprès de leur vieille tante.

---

1. Il s'agit vraisemblablement du choléra qui sévit à cette époque dans le nord de la France.

En parallèle à cette histoire familiale se poursuit la grande Histoire. Une nouvelle fois, en 1848, le souffle de la révolution s'est étendu sur le Berry depuis Paris. L'ordre a vite été rétabli à Bourges après un début d'émeute. En juin 1849, un frisson agite la cité lors du procès de Blanqui et Barbès considérés comme de dangereux révolutionnaires. Même Lamartine et Vidocq viennent à Bourges pour suivre les passionnants débats. La ville retrouve ensuite sa torpeur provinciale avant d'être secouée à nouveau, en septembre 1852, par la visite de Louis-Napoléon Bonaparte. A cette occasion, la municipalité organise une cérémonie splendide, sans lésiner sur le coût des dépenses, avec bals populaires dans tous les quartiers et un immense feu d'artifice. Même si les chiffres, qui estiment à cent mille le nombre de visiteurs venus de toute la région pour assister à cette fête, sont excessifs, le futur Napoléon III quitte la cité berrichonne ému par un accueil aussi enthousiaste et repart, conforté dans son destin [1].

Deux mois après cette visite, Charles Mitterrand informe ses deux frères aînés, depuis Parnay où il est installé, que leur père vient de mourir le 12 novembre 1852. Triste nouvelle pour Anne Mitterrand qui survit à son cadet pour lequel elle avait pris tant de soin dans son testament neuf ans plus tôt.

Pour Jean Mitterrand, ce mois de novembre 1852 est également fort cruel. Dix-sept jours après la mort de son père, il ferme les yeux de sa femme qu'il a veillée toute la nuit. Très éprouvé par ce décès, il confie à son frère aîné le soin de le représenter à la mairie pour la démarche officielle avec deux témoins. Marie-Élisabeth Godiveau meurt à l'âge de cinquante-six ans, laissant son époux, qui a le même âge qu'elle, seul, sans enfant.

Au début de l'année suivante, Jean règle les formalités de la succession de sa femme chez son notaire Me Perche-

1. Émile Meslé, *Histoire de Bourges, op. cit.*

ron. Celui-ci, après avoir minutieusement dressé l'inventaire après décès, établit le partage de la succession en cinq parts égales : celles qui reviennent à Jean et aux quatre sœurs de son épouse. Document aussi précieux que le testament d'Anne Mitterrand puisqu'il permet de suivre la situation du couple depuis son mariage en 1817.

Depuis cette date, Jean et son épouse n'ont eu d'autre souci que de faire fructifier ce qu'ils avaient reçu en dot. Comme tous les petits bourgeois de l'époque, ce couple d'épiciers a veillé à placer soigneusement ses économies afin de se constituer une rente. Sous la monarchie de Juillet, dix-huit ans après leur mariage, ils ont acheté, rue Saint-Médard, une maison d'une valeur de six mille cinq cents francs en versant quinze cents francs au comptant et en s'acquittant du solde onze ans plus tard. L'épicier est ainsi devenu propriétaire dans la rue où ses aïeux vignerons avaient toujours vécu en simples locataires. Neuf ans après cette acquisition, avant même d'avoir fini de la payer en totalité, ils en ont acheté une seconde, rue du Prinal cette fois, payée également en deux fois, trois mille francs lors de la signature de l'acte et les trois mille francs restants l'année suivante. Sans avoir connu la charge excessive d'une famille nombreuse, Jean Mitterrand peut au moins, à force d'économie, réaliser le vœu de Guizot. Il s'enrichit et troque son titre d'épicier contre celui plus honorable de « rentier ». Il loue sa première maison rue Saint-Médard à un autre épicier et s'établit avec son épouse rue du Prinal, changement de statut qui ne s'accompagne pas d'un grand déménagement puisque cette rue est voisine de la précédente [1]. Jean Mitterrand demeure donc fidèle au quartier où il est né, où ses ancêtres ont vécu.

C'est dans cette maison que Jean se retrouve seul après la mort de son épouse. Il rend régulièrement visite à sa

1. Le mot « prinal » découlerait étymologiquement de « prugne, preugne » signifiant « terrain vague », d'après l'historien Buhot de Kersers, ce qui s'applique bien à la topographie des lieux situés près des remparts extérieurs *(Bourges pas à pas, op. cit)*.

tante Anne et à son frère Jean-Baptiste. Mais la solitude lui est par trop pesante. Aussi n'hésite-t-il pas à convoler à nouveau lorsque l'occasion se présente. Il peut prendre exemple sur le frère de son grand-père et surtout sur sa tante Anne qui n'a pas craint de se remarier, bien que quinquagénaire. Toutefois il renonce à fonder une famille. Sa qualité de rentier l'autorisait pourtant à jeter son dévolu sur une femme jeune pour avoir enfin des enfants [1]. Non, il préfère se tourner vers une femme de sa génération, d'un statut social comparable au sien. Le mariage, pour lui, est une échappatoire à la triste condition de veuf et – ce qui n'est peut-être pas négligeable – un moyen d'augmenter son patrimoine.

Avait-il déjà eu l'occasion, dans le passé, de rencontrer Claude Touraine, marchand épicier, comme lui autrefois, qui demeurait rue Saint-Ambroix, et, par là même, de faire la connaissance de sa femme Madeleine? L'année 1849 a été également fatale à Claude Touraine. Jean et Madeleine se retrouvent donc dans la même situation, avec des fortunes à peu près équivalentes, sans aucun descendant direct. Après avoir pris soin d'établir un contrat chez le notaire, ils se marient en juin 1854. Que se passe-t-il ce jour-là? Jean a choisi comme témoins deux de ses amis : un retraité et un propriétaire. Pour la première fois, son frère aîné n'est pas à son côté. Y a-t-il eu un différend entre eux, l'aîné désapprouvant le remariage de Jean? Il est étrange de noter que les deux frères, vivant pourtant toujours à Bourges jusqu'à leur mort, ne réuniront plus, comme par le passé, leurs signatures sur les registres de l'état civil.

Jean s'installe dans la maison de sa nouvelle épouse, rue Saint-Ambroix, s'éloignant ainsi pour la première fois de sa vie de son périmètre natal, ignorant vraisemblablement qu'il se retrouve tout près de l'endroit où son aïeul Mathurin Mitterrand s'était établi en 1712. Que de changements depuis le règne de Louis XIV! Désormais le quartier est

1. Ce qu'avait fait François Mitterrand en 1794.

en pleine expansion. Une ligne de chemin de fer partant de Paris a atteint la cité berrichonne pour la tirer de son isolement. Une gare, provisoire d'abord, puis définitive à partir de 1853, a été construite au bout de la rue Saint-Ambroix. La ville s'anime, devenant un grand centre de garnison. Des manufactures d'armes sont créées. Le Second Empire semble remercier Bourges de l'accueil chaleureux que la cité a fait au neveu de Napoléon. Jean Mitterrand profite de cette vie paisible et de ses rentes. Malheureusement, après quatorze années de mariage, la mort vient lui arracher sa deuxième épouse en août 1868.

A soixante-dix ans, Jean se retrouve à nouveau veuf, et encore plus seul qu'autrefois. Sa vieille tante Anne, celle qui avait eu la gentillesse de bien le doter, est finalement morte en décembre 1859 à l'âge de quatre-vingt-treize ans. A cette occasion, et pour la première fois depuis fort longtemps, les signatures des trois fils de Martin Mitterrand ont été réunies au bas de la déclaration de son décès. Les trois frères sont côte à côte pour jeter une poignée de terre sur le cercueil de celle qui a tenu auprès d'eux le rôle de seconde mère. Cette femme, née sous le règne de Louis XV, a connu nombre de bouleversements politiques et a fermé les yeux sous le Second Empire. Pour la dernière fois, les trois frères se serrent la main, font ensemble les démarches nécessaires, puis chacun reprend sa route.

Cruelle année 1868 pour les deux frères aînés : deux mois et demi après la mort de Madeleine, la femme de Jean-Baptiste meurt à son tour. Jean-Baptiste affronte son statut de veuf et, à la différence de son puîné, choisit de rester fidèle à son unique épouse. Il supporte stoïquement sa solitude, peut-être grâce à sa foi, et demeure seul dans sa maison, rue des Cerisiers, vivant de ses rentes et n'ayant plus besoin d'exercer le métier de cordier.

En revanche, Jean n'a jamais supporté la solitude. Venant en deuxième position, il n'a pas eu les responsabilités qui incombent à l'aîné. De plus, il a toujours senti autour de lui l'affection de sa mère et de sa tante, a même été fort protégé après la mort de sa jeune sœur. Une présence féminine à ses côtés lui semble indispensable.

La guerre de 1870 et le troisième mariage de Jean Mitterrand

A l'angoisse du veuvage s'ajoute bientôt celle des événements nationaux. La tension grandit entre la France et la Prusse. Au début de l'été 1870, Napoléon III déclare : « Un grand peuple qui défend une cause juste est invincible. » Propos bien présomptueux pour celui qui, quelques semaines plus tard, subit l'humiliation d'être fait prisonnier. Les armées allemandes progressent rapidement sur le sol français, réveillant les souvenirs de l'invasion en 1814 et même d'autres, encore plus lointains. Dès le 10 août, le *Courrier de Bourges* annonce : « Attila est à nos portes », ce qui n'est pas pour rassurer le septuagénaire qu'est Jean Mitterrand. Le département du Cher est mis en état de siège et la cité berrichonne se transforme en place forte.

A partir d'octobre, Tours devient l'un des centres stratégiques de la guerre. Gambetta consacre tous ses efforts à l'armée de la Loire qui se rassemble de Tours à Bourges. La conservation de cette dernière ville, avec ses dépôts et ses usines d'armement, paraît vitale à Gambetta tandis que Moltke, le général en chef des armées allemandes, l'a désignée comme objectif à d'éventuelles colonnes de mobiles [1]. Le général Bourbaki, revenu du Nord, reçoit le commandement du 17e corps en formation autour de Nevers et de Bourges. A l'inquiétude suscitée par ces terribles nouvelles s'ajoute un hiver précoce : la neige envahit les rues dès le mois de novembre.

L'étau se resserre à partir du 5 décembre. Le général

1. L'essentiel des renseignements proviennent du livre de François Roth, *La Guerre de 1870*.

Bourbaki ordonne le repli de ses troupes sur Aubigny et Bourges; ce qui suscite l'affolement dans cette dernière ville : « La vieille cité tremblait. Depuis César, elle n'avait pas vu la fumée d'un camp ennemi », écrit Petit, chef de bataillon. Il n'est pas le seul à évoquer le terrible siège de 52 av. J.-C., lorsque la population de la ville (quarante mille habitants selon Jules César) avait été tout entière massacrée. Attila, les Romains, ces références réitérées par les journaux expliquent la panique qui s'empare des Berruyers. Tandis que la délégation gouvernementale se réfugie à Bordeaux, Gambetta vient séjourner à Bourges du 11 au 20 décembre. Il ne renonce pas à son effort patriotique et veut organiser une nouvelle armée de l'Est pour lever le siège de Belfort et remonter en Alsace. Il s'agit donc de concentrer vers Besançon l'essentiel des troupes de Bourbaki qui sont toujours cantonnées à Bourges et à Nevers. Par un froid particulièrement vif, les troupes s'embarquent à la fin du mois de décembre.

Pour les habitants de Bourges, il y a eu finalement plus de peur que de mal. Néanmoins, que de tension et de tourment pour qui est solitaire et vieux comme Jean Mitterrand! Dans sa maison située tout près de la gare, il a pu suivre les mouvements des troupes, l'arrivée et le départ de Gambetta et des principaux chefs militaires. Les tristes nouvelles de la France occupée l'ont profondément inquiété. Aussi n'hésite-t-il pas à se marier une troisième fois. Comme lui, Marie-Ursines Devaux a soixante-douze ans, est veuve et sans enfant. Elle habite dans la maison de son ancien mari, un tailleur de pierre, impasse des Trois-Pommes, tout près de l'épicerie que Jean avait tenue pendant de nombreuses années, rue Saint-Médard. Peut-être se connaissaient-ils depuis longtemps, échangeant des propos anodins lorsque Marie-Ursines venait s'approvisionner chez cet épicier voisin. Les ans comme les régimes politiques se sont succédé, leurs joues se sont ridées, mais tous deux, au seuil de la mort, n'hésitent pas à unir leurs destins. En tout cas, pour la troisième fois, Jean montre une constance dans sa conduite en choisissant une femme de son âge et de sa condition sociale.

Au cœur de ce terrible hiver, le 11 janvier 1871, Jean Mitterrand et Marie-Ursines Devaux échangent leur consentement devant l'adjoint du maire. Constant, Jean-Baptiste l'est aussi : par son absence répétée, il semble tenir à affirmer sa fierté et son courage de demeurer veuf, à l'instar de leur père Martin.

Il n'y a pas à juger : chaque frère se comporte comme il veut, comme il peut. Jean aura au moins cette ultime satisfaction : ne pas fermer les yeux tout seul. Le 10 janvier 1874, veille du troisième anniversaire de son mariage avec Marie-Ursines, il s'éteint à l'âge de soixante-quinze ans, dans sa demeure rue Saint-Ambroix. Son frère se dérangea-t-il pour le voir une dernière fois? En tout cas, ce n'est pas lui qui fit la déclaration mais un lointain neveu par alliance.

Jean-Baptiste ne survécut pas bien longtemps à Jean. Il mourut seul, l'année suivante, le 7 juin 1875 à l'âge de quatre-vingt-deux ans, toujours dans sa maison rue des Cerisiers. Son dernier frère ne put sans doute faire le déplacement : lui, il y avait bien longtemps qu'il s'était éloigné de Bourges.

4

Charles Mitterrand, l'éclusier

Si les deux frères aînés de Charles Mitterrand ont rompu avec la tradition familiale et renoncé à l'entretien de leurs arpents de vigne pour adopter des métiers de citadins, c'est surtout le bisaïeul de François Mitterrand qui opère un changement radical dans l'histoire de sa lignée.

Les années paisibles de Charles à Bourges

Charles est le dernier fils de Martin et de Marie Mitterrand. A la différence de ses parents, de ses deux aînés, il est né au XIXe siècle, au moment où l'Empire est à son apogée. De l'Ancien Régime, de la Révolution, il n'a que de lointains échos. Et même, se souvient-il des dernières années, les plus sombres, du règne de Napoléon ? Il grandit sous la Restauration dans une ville encore engourdie.

Étant le cadet, il n'a pas les soucis, les responsabilités qui pèsent sur Jean-Baptiste puis sur Jean. Après le mariage de ce dernier en 1817, il se retrouve, à l'âge de sept ans, avec ses parents, dans la situation privilégiée d'enfant unique, et profite également de l'affection que lui porte sa tante Anne.

Il fréquente l'école de son quartier et sait écrire, comme ses deux frères. Cependant, il ne cherche nullement à imiter ces derniers. Quand il doit trouver un travail, il se tourne vers la menuiserie. Il est le premier Mitterrand à n'avoir jamais été vigneron.

A vingt ans, en mai 1830, il se présente devant les autorités militaires. La loi Gouvion Saint-Cyr, votée en mars 1818, a maintenu le système du recrutement annuel par tirage au sort des jeunes gens de vingt ans, tout en réduisant considérablement le nombre des recrues. Les conscrits ainsi désignés accomplissent un service militaire de six ans et bientôt huit ans, à partir de 1824, en raison de la guerre d'Espagne.

Dans la famille, cet épisode a dû être attendu avec anxiété, les souvenirs du père et de Jean-Baptiste largement évoqués. Heureusement Charles tire un bon numéro et échappe ainsi à ce long service. Encore un Mitterrand qui n'endossera pas l'uniforme de soldat !

Charles se distingue également de son père et de ses deux frères en ne montrant pas le même empressement à prendre femme. Il n'y a plus la même urgence pour lui. Même si retentissent à nouveau les clameurs révolutionnaires en cet été 1830, les inquiétudes pour un jeune homme de vingt ans qui vit loin de Paris ne sont pas les mêmes que pour son père en 1793 ou pour Jean-Baptiste en 1813.

Charles ne se laisse pas davantage gagner par les effluves de l'exotisme : participer à la conquête de l'Algérie ne le tente guère... pas plus que l'air de Paris avec la griserie d'une possible ascension sociale. Pourtant, une entreprise nouvelle ne le laisse pas indifférent. En fréquentant la corderie de Jean-Baptiste située à deux pas de l'Auron, il peut observer les travaux d'aménagement du canal de Berry qui viennent de commencer. Vers ce canal se portent ses rêveries.

Le canal de Berry

Dès le XVe siècle a été conçu le projet de joindre la Loire au Cher. Plus tard Sully, puis Colbert, en ont repris l'idée.

Malheureusement, le fidèle ministre d'Henri IV a été contraint d'écrire en marge de plusieurs mémoires : « Ne se peut, faute de fonds. » Le projet est abordé une nouvelle fois par les députés de l'assemblée provinciale qui vient d'être instaurée à titre d'essai par Louis XVI – ce duché lui reste cher et il n'oublie pas qu'il a d'abord été duc de Berry avant d'être roi de France. La prise de la Bastille et tout ce qui s'ensuit ajourne encore la réalisation de cette liaison fluviale [1].

Finalement un décret impérial en date du 16 novembre 1807, soit trois ans avant la naissance de Charles Mitterrand, décide la construction sur la rive gauche du Cher d'un canal devant relier Montluçon à Saint-Aignan et à la Loire. Les premiers travaux débutent sans tarder l'année suivante à Montluçon, avec des travailleurs de la région et – le fait est important à signaler – environ un millier de prisonniers espagnols : la tentative de conquête de l'Espagne qui vient de commencer sert également à prélever une « main-d'œuvre forcée » [2]. Le travail est très éprouvant, les conditions alimentaires et sanitaires déplorables. Les prisonniers espagnols sont fort peu ménagés : on compte cent six décès d'Espagnols de janvier 1810 à décembre 1812, soit 10 pour cent de ces « travailleurs ».

La chute de l'Empire arrête provisoirement les travaux. Cependant l'entreprise demeure vitale pour la région. L'ensemble du canal a pour but principal de mettre en relation les houillères du bassin de Commentry, dans l'Allier, avec les nombreuses forges et hauts fourneaux qui se développent dans la vallée du Cher et de ses affluents, ainsi que dans le Nivernais. Même si les régimes politiques changent, les nécessités économiques restent les mêmes, et les pressions des notables locaux se révèlent

1. A. Besson, *Le Canal de Berry (1808-1955)*.

2. Les historiens n'insisteront jamais assez sur le rôle de tous les esclaves et prisonniers anonymes qui ont contribué à l'édification de tant de monuments, pyramides, canaux et autres entreprises glorieuses. Depuis des siècles a été organisé ce travail de « forçat », parachevé au XXe siècle dans les camps de concentration allemands et ceux du Goulag.

efficaces. Le 22 décembre 1819, par une ordonnance, Louis XVIII fixe le tracé définitif du canal. Celui-ci s'appellera bientôt le canal *de* Berry (et non « du Berry » comme à son origine) en l'honneur du neveu du roi, le duc de Berry, assassiné par Louvel en février 1820. Une société financière est constituée; elle lance un emprunt de douze millions de francs. Les travaux recommencent. La main-d'œuvre employée est désormais composée de prisonniers politiques, de soldats sanctionnés, de forçats, puis, après la prise du fort du Trocadéro, à nouveau de prisonniers espagnols. Les travaux se révèlent fort longs, parfois difficiles dans certaines zones, avec un taux de mortalité toujours aussi élevé. Naturellement le budget prévu au départ est bien vite dépassé. En ce qui concerne la première branche du canal, trois entrepreneurs sont contraints de se retirer, subissant de trop lourdes pertes financières. Un quatrième ne peut se maintenir jusqu'au bout qu'avec le soutien de l'État. Le bilan total des travaux en 1847 s'élève à 26 296 000 francs (à titre indicatif, le salaire moyen d'un ouvrier, à cette époque, est de 3 à 5 francs par jour).

Les dernières opérations ont lieu précisément à Bourges avec la construction d'un bassin supplémentaire et la construction d'un nouveau pont sur l'Auron.

La navigation sur certaines parties du canal commence dès 1839, mais reste encore précaire. C'est à partir du 3 octobre 1843 que le canal est livré à la circulation. Désormais les péniches peuvent remonter depuis le bassin houiller de Commentry jusqu'à Vierzon (et au-delà vers la Loire) en faisant une étape à la gare d'eau de Bourges.

La construction du canal et plus tard la circulation des péniches permettent à Jean-Baptiste de ne pas manquer de travail. Il valait mieux être cordier que vigneron à Bourges sous la Restauration et la monarchie de Juillet. Mais ce canal va surtout transformer la vie de Charles Mitterrand.

La femme de Charles

Les travaux du canal ne sont pas encore finis lorsque Charles se marie en juin 1840 : il a trente ans. Ce mariage est une occasion de réunir le petit univers familial composé uniquement d'artisans et de commerçants; seul Martin Mitterrand n'a toujours pas renoncé, à soixante-sept ans, à soigner ses vignobles, conservant ainsi l'attache ancestrale à la terre.

Quant à la jeune femme que Charles vient d'épouser, elle a des origines à peu près similaires mais est totalement isolée face à ce clan si uni.

Augustine Desjean est née le 22 avril 1812 à Saint-Baudel, à une trentaine de kilomètres au sud-ouest de Bourges. La famille Desjean est établie dans ce petit village depuis de nombreuses générations, comme l'avaient été autrefois à Vasselay les Mitterrand. Les Desjean exercent tous d'humbles professions – journaliers, domestiques, cabaretiers – et aucun d'entre eux ne sait signer [1]. Le père d'Augustine est un petit laboureur qui possède un peu de terre grâce à son mariage. En 1812, Jean Desjean a déjà quarante-sept ans, et Augustine est vraisemblablement sa dernière fille [2].

Que de mystère dans cette famille! Le jour de son mariage, à l'adjoint au maire qui préside la cérémonie, Augustine déclare ignorer le domicile et le lieu du décès de ses ascendants. Elle a donc perdu tout contact avec ses proches dès la plus tendre enfance. A Bourges, personne n'a pu la renseigner sur sa famille. Elle connaît fort peu de gens dans cette ville et n'a pu trouver qu'un seul témoin qui ait une parenté avec elle : son neveu Jean Rouillier; or

---

1. Seul le grand-père maternel d'Augustine, Aubin Gauriat, n'est pas originaire de la paroisse : né à Mareuil vers 1728 (futur département de l'Indre), il s'est établi comme laboureur à Saint-Baudel avant la Révolution.

2. Il n'a pas été possible de reconstituer sa fratrie (à l'exception d'une sœur, Marie, née en janvier 1807), du fait de la présence de nombreux Desjean à Saint-Baudel, dont beaucoup portent le même prénom (il y a par exemple plusieurs Jean Desjean, à la même génération, qui appellent leur fils Jean!).

ce dernier, bien que plus âgé qu'elle – il a trente-trois ans –, ne peut fournir davantage de précisions.

Dans les registres de l'état civil de Saint-Baudel, qui pourtant regorgent de Desjean, ne figure aucune trace du décès de ses parents. Seul son grand-père maternel est mort dans ce village en 1821, à l'âge de quatre-vingt-treize ans. Or, si Augustine s'était trouvée encore à Saint-Baudel cette année-là, elle aurait conservé un vague souvenir de ce décès puisqu'elle avait neuf ans. Il semble donc que les parents d'Augustine aient quitté Saint-Baudel avec leurs enfants pour une raison inconnue et se soient établis ailleurs. Ce départ a peut-être été effectué à la fin de l'Empire. Ensuite, nouveau mystère : mort précoce des parents? Dispersion des frères et sœurs? Aucune précision ne peut être apportée sur les années d'Augustine avant son mariage. Elle a dû affronter très tôt la vie sans avoir le temps de fréquenter l'école : le jour de son mariage, elle ne peut signer. Qu'importe! Si la jeune orpheline a oublié tout ce qui a précédé son installation à Bourges, elle se tourne avec confiance vers Charles Mitterrand.

Le départ de Bourges

Les mariés s'installent tout d'abord rue Saint-Médard, peut-être même dans le logement des parents de Charles, tandis que ceux-ci emménagent dans la maison que leur cède Anne Mitterrand, rempart Villeneuve.

Le 3 mai 1841, Charles déclare la naissance de sa première fille : Alexandrine. Son frère Jean, qui lui sert de témoin, peut se pencher sur le berceau de sa nièce en songeant mélancoliquement qu'il est le seul des trois frères à ne pas avoir d'enfant. Il ignore encore qu'il ne reverra pas cette petite fille.

En effet, l'année 1843 va apporter un grand changement dans la vie du jeune couple. Deux événements, totalement différents, amènent Charles à prendre une décision importante. En février, sa vieille tante lui lègue un tiers de son héritage. D'autre part, cette année-là, s'achèvent définitivement les travaux du canal de Berry.

Hasard des deux faits : en tout cas, c'est précisément le moment où Charles sollicite auprès de la compagnie qui gère le canal un poste d'éclusier. Comment l'idée lui en est-elle venue? Jean-Baptiste la lui a peut-être soufflée, constatant les débouchés qu'apportait la nouvelle liaison fluviale? A moins que Charles n'ait conçu le désir de renoncer à être menuisier après avoir participé aux durs travaux d'aménagement du canal? Ce choix implique qu'il s'éloigne de Bourges.

Sa femme Augustine, en dehors de son neveu, n'a aucune attache dans la cité et a été habituée très jeune à quitter sa terre natale : elle ne cherche pas à retenir Charles, le détourner de son projet. Elle le suit sans hésitation, peut-être même en sachant qu'elle est à nouveau enceinte. Charles embrasse ses parents, sa tante, ses frères, jette un dernier regard sur la rue Saint-Médard et s'embarque avec Augustine et leur fillette dans une péniche. Ils remontent le canal pour s'arrêter à l'écluse de Roueron à une dizaine de kilomètres au nord de Montluçon. Charles est le premier de la lignée des Mitterrand à quitter le Berry natal.

L'écluse de Roueron

En devenant éclusier, Charles n'imagine pas que sa décision sera déterminante pour son fils, son petit-fils et même... François Mitterrand, son arrière-petit-fils. Il donne également l'exemple d'une vie errante qui contraste avec les générations précédentes, incrustées depuis le Moyen Âge dans le vieux « Berri ».

Cette mutation marque une rupture dans l'histoire familiale des Mitterrand, bien plus profonde que celle qu'ont accomplie, avant lui, ses aînés. Peut-être est-ce le grand écart des âges qui explique une orientation aussi différente? Charles est né en 1810 lorsque l'Empire est à son apogée tandis que ses deux frères ont vu le jour pendant la Révolution. Il a grandi sous la Restauration, est devenu adulte en entendant parler des transformations économiques, et surtout en observant de près la construction de ce canal. Ces faits déterminent en partie le cours de sa vie : le benjamin opte pour une activité adaptée à son siècle, ses mutations profondes, et n'hésite pas à émigrer. Il n'a pas endossé l'uniforme militaire mais entend désormais consacrer sa vie à une entreprise vitale pour l'économie de son pays. La leçon sera retenue par ses descendants.

Le couple habite dans la modeste maison, à côté de l'écluse de Roueron qui appartient à la Compagnie du canal de Berry. Il y a une seule pièce d'environ vingt-cinq mètres carrés et un petit débarras attenant [1]. C'est dans cette pièce que, le 11 janvier 1844, Augustine met au monde leur deuxième enfant. Le lendemain, Charles doit monter à la mairie d'Audes, distante d'environ trois kilomètres, pour déclarer cette naissance. L'événement, pour lui, est de taille car il a un fils. Voici enfin le premier garçon qui naît dans la famille depuis 1810 : raison qui incite Charles à donner à ce fils en second prénom celui de *Théodose* pour remercier Dieu de cet heureux événement. Pour premier prénom, il choisit celui de son grand-père : *Gilbert*. Vraisemblablement, il ignore que ce premier Gilbert Mitterrand était né juste un siècle auparavant en 1744. En un siècle, que de choses ont changé dans la vie de cette famille... jusqu'à cette naissance qui se déroule en dehors de la terre d'origine, hors du département du Cher. Pour la circonstance, aucun membre de la famille demeurant à Bourges n'a pu faire le déplacement. Charles fait appel à deux habitants d'Audes, un tailleur d'habits et un maréchal-ferrant, pour lui servir de témoins.

Charles et Augustine vont vivre quelques années dans

1. Cette maison existe toujours et n'a pas été modifiée.

un décor nouveau pour eux. Le travail d'éclusier est rude. Charles doit manœuvrer tout seul les lourdes portes de l'écluse, encore en bois à cette époque. A chaque arrivée d'une péniche, il s'arc-boute sur le sol et pousse une longue béquille pour fermer les deux vantaux, ou bien la tire en arrière pour les ouvrir. La traction des péniches, au début, est faite par un haleur de chaque côté, à raison de douze cents à quinze cents mètres à l'heure [1]. Par la suite, le marinier peut se faire aider par un ou deux ânes, importés d'Algérie, fort robustes et qui, grâce à leur petite taille, logent dans la minuscule écurie installée sur la péniche [2]. Le marinier, au reste, n'est guère mieux loti puisqu'il vit avec sa femme et ses enfants dans un réduit de 2,60 mètres sur 2,75 mètres, au mobilier fort simple.

Charles doit parfois tenir tête à ces mariniers qui ont le verbe haut, ne sont pas toujours commodes, s'emportent facilement lorsque l'éclusier ne leur accorde pas le passage en priorité. Ils sont pressés, tiennent à livrer à temps la marchandise. A Charles revient le lourd privilège de régler quotidiennement la circulation : sur le canal étroit, une seule péniche peut franchir le sas tandis que l'autre attend, soit en amont, soit en aval. De ce fait, les conflits sont nombreux. Mais l'entente est également possible et l'éclusier peut alors espérer faire un peu de troc, échanger des œufs et légumes frais de son potager contre quelques articles de la ville ou une brouettée de fumier.

Chaque soir, Charles tient scrupuleusement un registre pour la compagnie. Tout au long de la journée, il a rapidement mémorisé les passages des péniches en plaçant des bâtonnets sur une tablette de bois percée de nombreux trous alignés suivant un ordre bien précis : il ne lui reste plus qu'à reporter sur le registre le détail du trafic journalier ainsi enregistré grâce à un procédé simple mais fort pratique.

---

1. La navigation pouvait être accélérée pour atteindre 30 à 35 kilomètres par jour grâce à des équipes de haleurs se relayant et travaillant jour et nuit.
2. François Baudouin, *Bateaux des fleuves de France.*

René Chambareau excelle à faire revivre la vie des éclusiers et des mariniers au siècle dernier. Il s'occupe bénévolement du musée du canal de Berry qui a été créé en 1978 à Magnotte grâce à son initiative [1]. Détail amusant : en choisissant ce site, René Chambareau ignorait que c'était précisément à l'écluse de Roueron, située juste en amont du village de Magnotte, qu'était né le grand-père de François Mitterrand. Ce n'est que par la suite, en consultant les registres d'état civil de la commune d'Audes pour relever les noms des éclusiers qui y avaient séjourné au siècle dernier, qu'il découvrit la naissance de Gilbert Théodose Mitterrand. Il en informa aussitôt l'hôte de l'Élysée. Deux ans plus tard, profitant d'un voyage dans la région, François Mitterrand fit une brève escale à Magnotte et visita l'écluse de Roueron. Il laissa errer son regard sur les berges du canal comme l'avaient fait, avant lui, son bisaïeul et son grand-père, et put méditer, comme il aime à le faire, sur la beauté du paysage et la sérénité qui s'en dégageait. Mais désormais les vantaux métalliques de l'écluse étaient immobilisés. En effet, un ministre de l'Intérieur de la IVe République, en 1955, avait signé le décret déclassant le canal de Berry. Ironie de l'Histoire, ce ministre n'était autre que... François Mitterrand, qui méconnaissait encore ce détail de sa généalogie.

L'installation à Parnay

La Compagnie du canal de Berry a l'habitude de déplacer régulièrement les éclusiers au bout de quelques années. Charles et sa famille vont descendre le canal et revenir dans le département du Cher pour s'établir à l'écluse de Boisbuard (entre 1847 et 1849), sur le terri-

1. C'est grâce à lui que j'ai pu découvrir ce site et connaître tous ces détails concernant la vie quotidienne des éclusiers.

toire la commune de Parnay, à une trentaine de kilomètres au sud-est de Bourges.

Ce changement s'accompagne également de bouleversements dans la vie de la famille Mitterrand. Au cours de cette période meurt la petite Alexandrine. Elle figurait encore avec ses parents et son frère à Audes, lors du recensement de 1846; elle n'est plus inscrite lors du recensement suivant à Parnay. Charles Mitterrand s'est peut-être occupé d'une autre écluse entre-temps, mais faute d'archives concernant le personnel du canal, il n'est pas possible de le savoir [1]. Ce décès et celui de la nièce de Charles en 1849 ont sans doute réveillé chez les parents la crainte de perdre leur unique fils. Charles connaît le drame de Jean de n'avoir pas d'enfant. Quant à Augustine, elle est également seule. Ces raisons poussent les époux à remplacer assez vite la petite fille décédée.

Au début de l'année 1850, Charles est le premier à venir déclarer, le 4 janvier exactement, la naissance d'un second garçon qu'il nomme Étienne. Le choix de ce prénom, inusité jusqu'à ce jour dans la famille Mitterrand, confirme les attaches secrètes que conserve Charles envers sa ville natale : saint Étienne, en effet, est le saint patron de Bourges.

Pour cette circonstance, Charles a encore choisi des témoins de Parnay, faute de parents. Mais l'année suivante, il demande à son vieux père de le rejoindre maintenant qu'il est veuf.

La mère de Charles est morte la première, le 3 février 1847, dans la maison située rempart Villeneuve qui appartenait à la tante Anne. Charles n'a sans doute pas pu assister à la veillée funèbre : il lui était impossible de déserter son écluse. Ses deux frères ont accompli les formalités nécessaires. Quinze jours après ce décès, Martin Mitterrand se rend chez le notaire, Me Balleraud, et se dessaisit de ses biens en faveur de ses trois fils contre une rente annuelle de trois cents francs. Chaque fils reçoit un tiers

1. A moins qu'elle n'ait été confiée à une famille environnante.

des valeurs mobilières (environ six cents francs), un petit lopin de vigne et une pièce de terre. Le morcellement des parcelles héritées des ancêtres se poursuit. Le partage se fait équitablement entre les trois frères, Martin ayant les mêmes scrupules à l'égard de ses fils que sa sœur Anne. Il veille même à alléger leur charge puisqu'il réduit de deux cents francs la rente viagère qui avait été fixée par elle, dans son testament, cinq ans plus tôt : le vieil homme ne demande plus à chacun de ses fils que cent francs par an.

Mais les revenus de Charles sont plus modestes que ceux de ses aînés, et il doit entretenir une famille qui s'agrandit. Peut-être n'a-t-il pas la possibilité de prélever sur son salaire d'éclusier la rente qu'il doit à son père? Comme ce dernier se retrouve seul dans la maison qui, selon le testament de la tante, doit revenir à Charles, un arrangement a sans doute été conclu entre le père et le fils : Martin viendrait s'installer à Parnay où gîte et couvert seraient à sa disposition et la maison sise rempart Villeneuve, ainsi libérée, pourrait être louée.

Martin Mitterrand entreprend vraisemblablement lc premier voyage de sa vie à plus de soixante-dix ans. Il profite du passage d'une péniche dans le bassin d'Auron pour remonter le canal jusqu'à la petite écluse de Boisbuard. Aventure extraordinaire pour un vieillard né vingt ans avant la mort de Louis XVI : il s'éloigne pour la première fois de sa ville natale, de cette cité qui a été le repère des Mitterrand, au moment où de nouveaux bouleversements historiques secouent le pays.

Outre l'impression que lui procure ce voyage, le vieux Martin Mitterrand est ému de rejoindre son dernier garçon et surtout de découvrir ses deux petits-fils. Dans l'humble maison de Boisbuard, Martin s'adapte à une vie nouvelle, observe le travail de son fils, si différent de celui de vigneron. Pour peu de temps : le 12 novembre 1852, il ferme les yeux à l'âge de quatre-vingt-un ans. Charles, cette fois, assiste seul au décès de son père, Jean-Baptiste et Jean n'ayant pu (ou pas eu le temps) de faire le déplacement. Que de différences déjà avec les générations précédentes, où les parents mouraient presque toujours dans la maison où ils étaient nés, entourés de tous leurs enfants vivants. La révolution des transports accélère les migrations, commence à provoquer la dislocation des familles.

Pour Charles, cependant, la vie continue. Il faut toujours ouvrir les portes de l'écluse – à Boisbuard, il n'y en a qu'une de chaque côté du sas car le canal ici est encore plus étroit – et tenir les registres. Mais le climat à Parnay est loin d'être aussi tonique que celui de l'Allier. La petite commune est entourée de bois et de marais qui maintiennent une atmosphère humide; de plus, l'eau malsaine occasionne des fièvres, souvent mortelles pour les enfants ou les personnes âgées, faute de soins rapides et de médecins. Parnay se dépeuple lentement : cent treize habitants en 1856, cent huit en 1861. Les Mitterrand se sont éloignés entre ces deux dates, le nouveau poste proposé par la compagnie étant le bienvenu. Il leur permet de quitter un site néfaste où le père de Charles est mort et où, vraisemblablement, le petit Étienne s'est étiolé [1].

Pour Charles et Augustine, l'attention et les ambitions se concentrent désormais sur le dernier garçon de la lignée à porter le patronyme. C'est à lui que revient la charge de le faire survivre.

---

1. Le décès d'Étienne Mitterrand n'a pu être retrouvé. Aucune trace de lui n'apparaissant ultérieurement, il n'a pas atteint l'âge adulte.

5

Théodose Mitterrand, le cheminot

GILBERT OU THÉODOSE ?

De son grand-père paternel, François Mitterrand n'a pu conserver qu'un vague souvenir, un « souvenir recomposé » : l'image qui lui reste est celle « d'un vieux monsieur que l'on allait voir, qui bougeait à peine [1] ». Il avait trois ans lorsque celui-ci est décédé à Jarnac. En revanche, il a constaté beaucoup plus tard que ni lui ni ses frères ne portaient le prénom de Gilbert en premier. Oubli que le « hasard » de la vie lui permit de réparer : son troisième fils vint au monde le 4 février 1949, précisément le jour de la Saint-Gilbert. Heureuse coïncidence pour François Mitterrand qui considéra que c'était un « cadeau du ciel » : il prénomma ainsi son fils, ignorant encore, à cette date, la chronologie précise des précédents Gilbert nés en 1744 et en 1844. Depuis le XVIIIe siècle, ce prénom avait donc été transmis toutes les quatre générations.

Mais François Mitterrand ignorait également que son grand-père n'avait pas utilisé ce prénom. Autrefois le prénom usuel était le dernier inscrit sur le registre, le ou les premiers servant plutôt d'hommage aux ancêtres. Charles et Augustine appelèrent donc tous les jours leur fils : Théodose. Le futur dirigeant du Parti socialiste, marié à

1. Entretien du 31 mars 1993.

la fille d'un instituteur laïc, aurait sans doute eu plus de difficulté à prénommer ainsi son cadet s'il était né dix jours plus tard, le 14 février... jour de la Saint-Théodose : la fidélité à la famille a quand même ses limites!

Thé-o-do-se : l'enfant a toujours entendu ces phonèmes. Pas un instant il ne les a rejetés, même en grandissant. Ce prénom ne lui a jamais paru désuet ni lourd à porter, en dépit de sa connotation religieuse prononcée. L'adulte le manifeste par sa signature : son patronyme est toujours précédé des consonnes « Th » [1].

La jeunesse de Théodose

Théodose est donc le premier enfant de la lignée des Mitterrand à n'avoir pas vu le jour dans le Berry : il a fait ses premiers pas près du canal dans l'Allier, au sein d'une structure familiale fort restreinte. Ce n'est qu'à l'âge de six, sept ans, qu'il fait la connaissance de son grand-père Martin Mitterrand. Au cours de promenades ou de veillées à Parnay, le vieil homme a-t-il pu conter à son petit-fils ses souvenirs de Bourges, de la rue Saint-Médard, des vignobles de Saint-Doulchard? Théodose ignore tout de ces lieux comme de ses lointains ancêtres. Il grandit hors d'une grande ville, ne côtoyant que le monde fruste des mariniers, des paysans, des artisans. Théodose a huit ans lorsque meurt son grand-père en novembre 1852; époque assombrie également par la mort de sa sœur aînée Alexandrine et bientôt celle de son petit frère Étienne. Il se retrouve seul auprès de ses parents, comme son père Charles l'avait été rue Saint-Médard, après le mariage de ses deux aînés.

Sur Théodose, désormais, pèsent tous les espoirs de

1. Antoinette Signard, la sœur aînée de François Mitterrand qui a rendu plusieurs fois visite à Bourges à son grand-père, m'a confirmé qu'il était appelé Théodose.

Charles et d'Augustine. Sans doute est-ce le souci d'assurer l'avenir de cet unique héritier, de lui faire suivre des études plus approfondies que celles que lui-même a suivies à Bourges, qui incite Charles à se rapprocher, d'étape en étape, d'une grande ville. A la fin du Second Empire, la famille Mitterrand est établie dans les faubourgs de Vierzon, aux Varennes. A cette date, Charles est toujours éclusier mais il a acquis ce poste grâce à son ancienneté et, selon toute vraisemblance, une aptitude appréciée par ses supérieurs. Cette installation semble la dernière pour Charles, en tant qu'employé de la Compagnie du canal de Berry [1].

Théodose choisit les chemins de fer

En 1864, Théodose est à son tour exempté du service militaire grâce à son numéro de tirage au sort. Encore un Mitterrand qui ne portera pas l'uniforme du soldat! Il est en âge de travailler et s'engage dans la Compagnie des chemins de fer Paris-Orléans. Entre le père et le fils, le lien est bien tracé. Tous deux choisissent la même voie – le mot prend ici tout son sens –, mais avec les nuances dues à l'époque. Lorsque Charles a abandonné son métier de menuisier pour devenir éclusier, le train était encore inconnu à Bourges et seule la voie d'eau offrait la possibilité d'un voyage. En revanche, Théodose grandit en même temps que le trafic sur le canal de Berry s'intensifie. Régulièrement, il descend le canal au gré des changements d'affectation de son père – et peut-être a-t-il fait son premier voyage dans le ventre de sa mère? Il est accoutumé à l'errance de poste en poste : la rupture avec

1. Les archives concernant les employés de cette compagnie n'ont pas été conservées : il n'est donc pas possible de suivre dans le détail la carrière de cet homme, de noter ses horaires, son salaire, ses éventuelles promotions. Le sort des hommes intéresse moins que l'historique général des entreprises. Le même constat sera fait pour les compagnies de chemin de fer. L'historien ne peut que déplorer de telles pratiques.

les générations précédentes ancrées au cœur du Berry est bien opérée. Cependant, il observe le labeur de son père, la rudesse d'une tâche essentiellement manuelle. Il constate la lenteur du passage des écluses, l'attente des péniches à l'entrée, puis dans le sas. Ses regards, ses rêveries se détournent du canal pour se porter vers le rail. N'est-ce pas la voie de l'avenir pour celui qui arrive à l'âge d'homme sous le Second Empire, au moment où se tisse sur l'hexagone l'immense toile d'araignée de lignes ferroviaires ?

Théodose imite donc son père mais en s'adaptant aux transformations économiques de son époque. Bien sûr, il a eu la chance de pouvoir faire de plus longues études que lui, grâce à sa position de fils unique. Il a également bénéficié des économies de ses parents, des héritages qui peu à peu ont permis d'améliorer le revenu assez modeste de l'éclusier, et en particulier celui de l'oncle Jean qui n'a eu aucun enfant de ses trois épouses. Tout cela ne constitue pas une grande fortune mais contribue à une élévation sociale qui est chaleureusement encouragée par le contexte. Théodose poursuit donc la route que lui a montrée son père : comme lui, il se met au service de son pays. A son tour, il descend vers le sud pour prendre un poste à Limoges. Ce déplacement s'effectue vraisemblablement au début de l'année 1868 : le 29 décembre 1867, Théodose a pris soin de faire établir par le préfet du Cher un certificat spécifiant qu'il est bien exempté du service militaire.

La Compagnie Paris-Orléans

Après l'ouverture de la première ligne de chemin de fer reliant Paris à Saint-Germain-en-Laye en 1837, la célèbre loi du 11 juin 1842 a donné une vive impulsion à la construction d'un réseau ferroviaire couvrant toute la France. Les compagnies privées se sont multipliées pour réaliser les travaux de superstructures et exploiter les lignes tandis que l'État se chargeait de l'acquisition des terrains, de l'exécution des terrassements, des ouvrages d'art et des stations.

Lors des dernières années de la monarchie de Juillet, du fait de la crise économique, les travaux ont été fortement ralentis avant de connaître une forte reprise sous le Second Empire. Des concentrations au sein des compagnies ferroviaires ont été opérées et, finalement, il n'en subsiste plus que six, dont la Compagnie Paris-Orléans. Comme celle-ci couvre le centre-ouest de la France, Théodose Mitterrand s'est naturellement tourné vers elle.

A la Compagnie Paris-Orléans incombe la mise en place d'une ligne en direction de la capitale du Limousin. La desserte ferroviaire de Limoges a été l'objet d'un combat acharné de la part des élus de la Haute-Vienne et en particulier de personnalités locales comme Paulin Talabot, le célèbre saint-simonien devenu directeur de la compagnie P.L.M. Actions et démarches efficaces puisqu'en juin 1856 est ouverte la ligne de chemin de fer qui relie Argenton-sur-Creuse à Limoges [1].

La gare de Limoges

Tout va très vite, trop vite! A Limoges, la gare n'est d'abord qu'un bâtiment provisoire construit en planches et les voyageurs pataugent souvent dans la boue en maugréant. Les travaux pour construire un bâtiment définitif ne commencent que deux ans plus tard et sont achevés en 1860.

C'est celui-ci que découvre Théodose Mitterrand lorsqu'il descend du train dans les premiers jours du mois de janvier 1868 – comme pour son père, le manque d'archives concernant le personnel ne permet pas de préciser s'il s'agit de son tout premier poste, ni quel est son statut.

---

1. Pierre Dauzet, *Le Siècle des chemins de fer en France (1821-1938)*; Claude Lacan, *Histoire du chemin de fer en Limousin.*

La gare de Limoges est semblable à celles qui sont construites à l'époque. L'édifice est lourd, écrasé sous sa couverture d'ardoises, avec un corps central flanqué de deux tours carrées – ces tours servent de cages d'escalier et permettent à Théodose de gagner son logement installé à l'étage. Les murs extérieurs sont recouverts d'un « enduit tyrolien » dont la teinte grisâtre a la particularité de conférer un aspect déjà vieillot à ce bâtiment récent [1]. La description que fait le journaliste de l'almanach-annuaire de Limoges au moment de l'inauguration en 1860 est sévère : « La gare de Limoges ressemble à un coche embourbé. Cette comparaison résulte surtout de l'effet qu'elle produit vue de l'esplanade crénelée du Champ de juillet, et du sol marécageux sur lequel elle est construite. Nous ne répéterons pas ici les nombreuses critiques auxquelles a donné lieu le choix de cet emplacement encaissé et malsain... le mal est fait; il faut en prendre son parti. » Rien à voir avec la nouvelle gare construite après la Première Guerre mondiale et inaugurée en mai 1929 : une des plus belles gares de France – n'en déplaise à Salvador Dali ! – avec son campanile, son hall immense, surplombé par une vaste coupole et ensoleillé dans la journée par des vitraux aux chaudes couleurs évoquant la forêt limousine. Le mal était ainsi réparé...

Théodose, lui, n'a connu que la première gare si décriée. De plus, comme elle a été implantée dans le quartier où se trouvait autrefois un monastère consacré à l'ordre de Saint-Benoît, sur sa façade est inscrit en lettres capitales : « LIMOGES-BÉNÉDICTINS ». Appellation qui hérisse beaucoup d'ouvriers limougeauds : ils exigent que la gare ait un nom laïc !

Celui qui se prénomme Théodose ne voit aucun inconvénient à lire et prononcer ce nom chaque jour. Élevé dans la religion catholique, imprégné même fortement de jansénisme, il ne peut que désapprouver la fièvre anticléricale qui agite les quartiers populaires. Quant au

1. R. Brissaud, *Limoges-Bénédictins, histoire d'une gare.*

bâtiment, qu'importent sa lourdeur, sa couleur : c'est là qu'il exerce l'honorable fonction de « chef de district ». Cette gare est son unique horizon : il y travaille et y dort, bercé en permanence par le bruit des machines à vapeur, le cliquetis des vilebrequins, les coups de sifflets qui indiquent les départs. Le labeur ne manque pas : il lui faut être vigilant pour la circulation des voyageurs, les transports de marchandises, veiller à ce que tout se passe sans incidents. Responsabilités exaltantes car ce mode de locomotion nouveau passionne la foule, et la gare prend, certains jours, des allures de fête foraine. Paul Ducourtieux, le célèbre éditeur local, se rappelle « l'engouement du public pour le chemin de fer. Le dimanche, les wagons étaient pris d'assaut par les promeneurs qui allaient passer leur journée à la campagne [1] ».

Théodose Mitterrand est au centre de l'action comme il l'a toujours été depuis son enfance. Quel changement avec son quadrisaïeul Mathurin Mitterrand qui était venu trouver refuge au pied de l'écrasante silhouette de la cathédrale Saint-Étienne au début du XVIIIe siècle! Théodose n'a pas peur de la révolution des transports qui se poursuit : son point d'ancrage à lui c'est la gare. Pour ce jeune homme de vingt-cinq ans, le cœur bat au rythme de l'ambition. Ses parents peuvent être fiers de lui. L'envol de Théodose suit l'accélération de son époque. C'est lui qui transmettra le relais à son fils, la fierté d'appartenir à un service public, thème qui sera si cher à Joseph, puis à François Mitterrand.

Pour que cette transmission se poursuive, il fallait à Théodose Mitterrand une épouse. Là aussi, se démarquant de ses ancêtres qui choisissaient une Berrichonne comme eux, il va se tourner vers une jeune Limousine qui répond aux doux prénoms de Pétronille Zelma.

---

1. Propos de P. Ducourtieux, revue *Limousine*, 1917, cités par R. Brissaud, *Limoges-Bénédictins, histoire d'une gare, op. cit.*

II

Du côté des Laroche et des Dusoulier, la branche limousine

Si l'auteur de *Ma part de vérité* privilégiait les Mitterrand, c'est parce que ceux-ci lui ont transmis son patronyme. En ce qui concerne ses origines limousines, elles lui étaient d'autant moins connues que sa grand-mère paternelle était morte bien avant sa naissance et que son père Joseph avait toujours répugné aux confidences trop intimes. Sur les Laroche et les Dusoulier, pas de mythe particulier pour l'enfant qui n'entendait parler que de la lointaine parenté avec Léon Faucher, ministre de la IIe République, sans que ce personnage suscitât les mêmes rêveries que les supposés ancêtres, prévôts de Bourges.

Faut-il pour autant négliger cette branche limousine? Bien au contraire. Avec elle, il est possible d'observer comment s'opère une déchéance sociale en une génération, déchéance qui s'atténue par la suite; de souligner, d'autre part, le thème récurrent d'une mort qui frappe les adultes entre quarante et cinquante ans : la disparition précoce de la grand-mère de François Mitterrand à l'âge de quarante-huit ans paraît, de ce fait, moins surprenante, étant au contraire représentative de cette lignée. Enfin, il n'est pas inutile d'extirper des oubliettes des archives François Laroche et Jean-Baptiste Dusoulier, ses deux trisaïeux, ou Hyacinthe Hyenne, personnages étonnants qui pourraient fort bien figurer parmi les héros de *La Comédie humaine.* Quant à Joseph Laroche et Marguerite Dusoulier, ses bisaïeux, tous deux instituteurs, ils représentent un modèle de fidèles serviteurs de l'État qui viendra s'ajouter, dans l'ombre, à celui que vont imposer le père et le grand-père de François Mitterrand.

Le Limousin
La famille **Laroche** jusqu'à la grand-mère paternelle

LES QUADRISAÏEUX

Pierre **de la Roche** rentier † 1780 Verneuil	J.-Baptiste **Robert** notaire † 1819 Séreilhac	Gaspard **du Soulier** chirurgien † 1784 Saint-Junien	Pierre **Saderne** chapelier † av. an III ?

LES TRISAÏEUX

François **Laroche** 1779 Séreilhac charron	Pétronille **Robert** 1779 Séreilhac	Jean-Baptiste **Dusoulier** 1769 Saint-Auvent instituteur	Catherine **Saderne** 1777 Limoges
x 1809 Séreilhac		x 1795 Limoges	
† 1848 Limoges 68 ans	† 1845 Limoges 66 ans	concierge Maison d'arrêt † 1817 Limoges 48 ans	† 1823 Châlus 46 ans

LES BISAÏEUX

Joseph **Laroche** 1811 Limoges	Marguerite **Dusoulier** 1812 Bussière-Poitevine
x 1837 Séreilhac	
Instituteur † 1887 Romorantin 75 ans	Institutrice † 1885 Séreilhac 73 ans

LA GRAND-MÈRE

Pétronille Zelma **Laroche**
1848 Séreilhac

† 1897 Poitiers
48 ans

1

Les ancêtres Laroche : des notaires au charron

Les ancêtres de Joseph Laroche, le bisaïeul de François Mitterrand, appartiennent tous à la petite bourgeoisie provinciale limousine et ont exercé essentiellement, de père en fils, les fonctions de notaires, procureurs, chirurgiens, marguilliers, avant que ne se produise une rupture importante avec François Laroche, le père de Joseph.

Une famille de notaires établie à Verneuil

Pierre de la Roche est né en 1655 à Verneuil-sur-Vienne, un bourg situé à quelques kilomètres à l'ouest de Limoges [1]. Avec Marguerite Alluaud [2], la fille d'un voiturier de Saint-Victurnien, il eut six enfants. Notaire et procureur de la juridiction de Verneuil, il mourut septuagénaire en 1724.

Son dernier fils prénommé Hélie – comme son parrain et oncle paternel, le marguillier de la paroisse – prit sa succession. La veille de son vingtième anniversaire, le 25 juin 1726, Hélie de la Roche épousa Catherine Arra-

1. Cf. article de Robert Auclair, « Généalogie de la famille Delaroche », *Héraldique et Généalogie*, n° 98, 1986.
2. C'est par Marguerite Alluaud que s'établira le lien de parenté avec Pierre Victurnien Vergniaud, le célèbre Girondin. Voir *infra*.

gon [1] à Aixe-sur-Vienne, cité voisine d'où était originaire la jeune femme. Catherine avait déjà été mariée mais s'était trouvée veuve à l'âge de vingt ans. Pas pour longtemps puisqu'elle se remariait avec Hélie de la Roche trois ans plus tard. Son père, Léonard Arragon, qui se faisait appeler le sieur de Sargnac, tirait ce nom, et ses rentes, d'une propriété située dans les environs.

Après son mariage, Catherine vint s'établir à Verneuil avec son mari. Des huit enfants qu'ils eurent ensemble – quatre garçons et quatre filles – peu vécurent longtemps. L'aîné, né juste un an après le mariage de ses parents, mourut à l'âge de vingt ans sans s'être marié. Le cinquième enfant fut baptisé Martial, prénom très courant en Limousin par référence à saint Martial qui évangélisa la région et fut le premier évêque de Limoges. A Verneuil se trouvait précisément la fontaine Saint-Martial dotée, comme beaucoup de fontaines limousines, par les autochtones assez superstitieux, du pouvoir de purification et de guérison de certains maux. Sont-ce les vertus de cette fontaine qui permirent à Martial d'être le plus robuste de sa fratrie, de devenir, comme ses ancêtres, notaire et procureur à Verneuil et de fermer les yeux à soixante et onze ans en 1808?

La vie brève de Pierre de la Roche

Trois ans après Martial, en mai 1740, naît un autre garçon prénommé Pierre comme l'aîné, bien que celui-ci soit encore vivant. Le fait n'est guère surprenant : les enfants portaient fréquemment le prénom des aïeuls ou de leur frères et sœurs morts avant eux. Parfois les parents donnaient le même prénom à plusieurs de leurs enfants toujours en vie, les distinguant simplement par des surnoms qui ne figuraient pas sur les registres paroissiaux. Ici, se traduit peut-être l'inquiétude d'Hélie et de Catherine

---

1. Ou Aragon : l'orthographe est variable.

devant la fragilité de l'aîné, leur pressentiment de sa mort prochaine et leur souci d'établir une continuité avec la génération précédente : Hélie tient à transmettre à deux de ses fils vivants le prénom de son père.

Ce nouveau Pierre de la Roche est le quadrisaïeul de François Mitterrand. A la différence de Martial, son frère aîné, il n'exerce aucune fonction. Se faisant appeler « sieur de Pauzadie », il se contente de vivre de ses rentes foncières. Quant au mariage, il ne se montre pas aussi précoce que son père. Ce n'est qu'à l'âge de trente-quatre ans qu'il épouse Claudine Quinque, la fille d'un cultivateur de Séreilhac, qui a dix ans de moins que lui. Abandonnant à son aîné le soin de poursuivre la tradition familiale à Verneuil, Pierre s'établit dans la paroisse de sa femme. C'est à Séreilhac que naissent et sont baptisés leurs trois enfants : deux garçons, Joseph et François, et une fille qui meurt en bas âge.

Cependant Pierre de la Roche n'a pas le temps de voir grandir ses deux fils. Il décède avant même de pouvoir célébrer le premier anniversaire de François, le cadet. Son grand-père Pierre était mort à l'âge de soixante et onze ans et son père Hélie venait juste de mourir en ce premier jour du printemps 1780 dans sa soixante-quatorzième année. Or, sept mois presque jour pour jour après la mort de son père, le 22 octobre, Pierre est fauché à son tour : il vient juste d'avoir quarante ans. A-t-il été abattu par ce deuil, ou bien est-ce la confirmation d'une santé fragile qui caractérise la plupart de ses frères et sœurs? Ce jour-là, il se trouvait à Verneuil, peut-être pour régler les problèmes de succession de son père. Son frère Martial s'occupe de la cérémonie et le fait inhumer à Verneuil auprès de ses ancêtres. Aucun membre de la famille de sa femme n'est présent. Pierre de la Roche est définitivement coupé de ses descendants : ceux-ci vont poursuivre ailleurs leur route.

Sort identique pour sa femme

Claudine Quinque, qui se retrouve seule à trente ans, avec deux jeunes garçons de cinq et un ans à élever, ne demeure pas veuve bien longtemps. Deux ans plus tard, elle épouse Augustin Thuillier, un « bourgeois » de Limoges. Manifestant à nouveau son désir de ne pas s'éloigner de sa famille – à la différence de la plupart des mariées qui, après la bénédiction nuptiale et la fête, suivent leur époux –, elle demande à Augustin Thuillier de se fixer à Séreilhac comme elle l'avait déjà demandé à son premier mari.

L'année suivante, Claudine accouche d'une fille prénommée Simone, puis deux ans plus tard, en juillet 1785, d'un garçon, Jean-Baptiste. Mais la possibilité de voir grandir ses enfants ne lui est pas davantage accordée : quatre ans plus tard, elle disparaît à son tour, à peine âgée de trente-neuf ans.

Sort assez fréquent au XVIIIe siècle pour les femmes, épuisées par de nombreuses grossesses, des accouchements douloureux. Le souci de former des sages-femmes ne semble pas avoir touché la terre limousine encore réticente aux Lumières. Ici prédominent les superstitions et les matrones aux mains sales. Dans cette famille plus aisée que celle des modestes vignerons berrichons s'observent davantage de disparitions de femmes assez jeunes. Les hommes se retrouvent fréquemment veufs et n'ont aucun scrupule à se remarier : il faut bien une femme auprès d'eux pour élever les enfants. Le père de Claudine n'a pas hésité à se marier trois fois. Pas plus que Martial de la Roche, le frère de Pierre : sa première femme était morte à trente et un ans après avoir eu sept enfants ; sa deuxième épouse eut moins de chance : elle accoucha pour la première fois à l'âge de vingt-neuf ans et mourut le lendemain ainsi que son enfant. Cette année-là, à Séreilhac, la tante de Claudine mourait également, à l'âge de cinquante-quatre ans, après avoir eu huit enfants entre vingt-trois et quarante-cinq ans. Énumération volontairement limitée mais qui permet de constater une nouvelle fois que, sous l'Ancien Régime, l'espérance de vie des femmes est plus courte que celle des hommes.

Claudine Quinque meurt le 19 septembre 1789 au moment où la Révolution secoue profondément la France. A l'instar des frères du roi, les nobles commencent à quitter précipitamment le pays, ce qui entraîne un fort chômage. A Séreilhac, les femmes employées comme domestiques au « château » se retrouvent du jour au lendemain inactives. Furieuses, elles réagissent en brûlant tous les meubles de la demeure abandonnée, épisode qui est resté gravé dans la mémoire des habitants sous le nom de « révolte des femmes [1] ». Cependant les changements sont assez bien acceptés, au moins par les citoyens qui ne sont pas lésés. Jean-Baptiste Robert, le cousin de Claudine, devient bientôt le maire de Séreilhac. Il en profite pour désigner comme secrétaire-greffier son parent Augustin Thuillier.

Pour ce dernier, voici une fonction nouvelle qui s'ajoute à la lourde responsabilité d'élever quatre jeunes enfants. Pour alléger son fardeau, il se remarie à son tour en février 1794. Quelques années plus tard, l'occasion lui est offerte de s'installer à Flavignac, un bourg plus au sud, en tant qu'instituteur puis de se transformer, deux ans plus tard, en « cultivateur ». Lorsqu'il s'est constitué une petite rente, il retourne définitivement à Séreilhac. Il s'inquiète beaucoup pour sa fille Simone, son ménage désastreux [2], mais il a au moins l'ultime satisfaction avant de mourir en 1816, à l'âge de soixante-quinze ans, de savoir son fils médecin à Limoges.

---

1. Anecdote que m'a contée l'actuel maire de Séreilhac, M. Rebier.
2. Voir *infra*, passage sur Léon Faucher.

Deux jeunes charrons à Limoges

Si Jean-Baptiste Thuillier a pu faire de longues études de médecine, il n'en est pas de même pour ses deux demi-frères. La vie pour eux n'est pas aussi tendre. François, le dernier enfant de Pierre de la Roche et Claudine Quinque, est né le 13 novembre 1779. Il n'a que onze mois lorsque son père disparaît précocement. De lui, il ne pourra conserver aucun souvenir direct.

Bien entouré par sa famille maternelle, il fait ses premiers pas à Séreilhac et joue avec son frère Joseph qui a quatre ans et demi de plus que lui. Bientôt, il trouve un second père en la personne d'Augustin Thuillier. Mais la reconstitution de ce foyer familial est fort brève : le décès de sa mère survient alors qu'il n'a pas encore dix ans. Au moment où débute la Révolution, François et Joseph sont orphelins. Pour les deux enfants s'opère une coupure irrémédiable.

Quelques années plus tard, ils se retrouvent dans la capitale limousine, prêts à affronter la vie.

Limoges s'est développée sur un promontoire surplombant la rive droite de la Vienne. Ville étrange qui possède deux noyaux distincts constitués autour de la vieille abbaye Saint-Martial – « le château » – et de la cathédrale – la « cité ». Ce n'est qu'au moment de la Révolution que château et cité forment une seule ville, divisée en sections. Derrière cette double ceinture de remparts, sur une surface inchangée depuis le Moyen Âge, s'entasse une population de plus en plus dense, de six cents à sept cents habitants par hectare. « Les rues sont fort étroites, les maisons hautes et les toits avancés, ce qui rend cette ville fort obscure et fort sale », décrit l'intendant en 1698. Les maisons sont essentiellement construites en bois et torchis, d'où la fréquence des incendies. L'autre fléau est l'absence d'hygiène et les épidémies qu'elle occasionne : environ un tiers de la population succombe à la peste en 1631 [1].

Quelques travaux d'assainissement sont enfin entrepris dans la seconde moitié du XVIIIe siècle, en particulier grâce à l'intendant Turgot, l'enfant du pays. Les remparts sont rasés, les fossés comblés et transformés en boulevards avec des places aux formes géométriques. Fontaines et égouts sont aménagés pour améliorer l'hygiène. Il est désormais interdit d'élever des porcs ou des pigeons, de jeter immondices et eaux usées par les fenêtres, pratiques usuelles des Limougeauds depuis des siècles. Quant aux ordures, un service en assure désormais le ramassage quotidien. Cependant, les mauvaises habitudes ne peuvent disparaître du jour au lendemain, et beaucoup de visiteurs sont frappés par la tristesse et la pauvreté qui se dégagent de ces rues sans lumière.

Sous la Révolution, la municipalité bourgeoise poursuit cette politique d'urbanisme tout en s'efforçant de contenir les émeutes populaires. En conformité avec la politique anticléricale, ce sont surtout les couvents qui sont démolis, ainsi que l'abbaye Saint-Martial trop en ruine. Des églises sont transformées en bâtiments séculiers. En 1790, un gigantesque incendie détruit tout un quartier entre la place des Bancs et la place Manigne, ce qui va permettre au moins d'accélérer les travaux d'assainissement.

C'est dans cette ville qui compte, au début du XIXe siècle, un peu plus de vingt mille habitants que Joseph et François Laroche viennent tenter leur chance. Ils sont loin d'être les seuls : la grande cité et ses nombreuses manufactures exercent une attraction sur toute la population environnante.

Les frères Laroche n'ont pas hésité à abandonner le bourg de Séreilhac, si aéré, entouré de prairies verdoyantes et de forêts. Ils se retrouvent dans une ville qui leur paraît immense, se perdent dans le labyrinthe des

---

1. Georges Verynaud, *Histoire de Limoges.*

rues sombres et étroites, sans aucun visage familier, sans repère affectif.

Que faire lorsqu'on est orphelin et sans instruction? Le triste chemin de la manufacture leur est au moins épargné. Joseph et François deviennent charrons. Leur grand-père Hélie de la Roche n'avait manié que plumes et parchemins; eux s'exercent à manipuler scies, rabots, riflards et varlopes. Dans un vaste atelier, les joues rougies par la chaleur du fer, ils apprennent à embattre une roue. Ensemble, ils frappent le cercle de fer pour l'emboîter solidement. Quel contraste avec leurs ancêtres de Verneuil!

Cependant les deux frères n'ont pas coupé tous les liens avec leur famille maternelle. Joseph épouse en février 1802 la fille d'un cultivateur de Séreilhac. Ce mariage lui permet d'abandonner le métier de charron, de prendre la relève de son nouveau beau-père et de se fixer dans la commune où il est né.

François Laroche renonce à la particule

L'installation de Joseph à Séreilhac n'a pas modifié le sort de son jeune frère François. Celui-ci demeure à Limoges, place Saint-Thomas (arrondissement sud), et continue de gagner sa vie comme charron. Très jeune, il est entré dans un atelier sans avoir eu le temps d'apprendre à lire et à écrire. A la différence de son frère aîné, François sera même toute sa vie incapable de signer un acte officiel. Certes une majorité de Français est encore analphabète à l'époque, mais le fait est surprenant pour un petit-fils de notaire. De plus, son beau-père, un moment secrétaire-greffier puis instituteur, n'était pas un homme inculte. Il n'a pas hésité à payer de longues et coûteuses études de médecine à son fils Jean-Baptiste. Cela signifie-t-il qu'il a consacré son argent, son attention et sa tendresse à ses propres enfants et négligé ceux de sa première épouse? Il a au moins appris quelques rudiments d'écriture à Joseph l'aîné. En revanche, le cadet, muré dans sa tristesse d'enfant abandonné, a peut-être préféré quitter au plus tôt un paysage familier douloureux, cherchant un exutoire dans la grande ville, le travail manuel...

François assume sa condition modeste de charron. De plus, comme s'il voulait vraiment tirer un trait sur son passé, il se fait appeler *Laroche*, renonce à la particule si chère à ses ancêtres de Verneuil. Au reste, l'Histoire l'y incite un peu. La Révolution a jeté le germe de valeurs nouvelles : la particule n'est plus aussi recherchée, est même redoutée au moment de la Terreur. Cela explique la modification du patronyme de François. La coupure est totale avec les générations antérieures de bourgeois achetant offices et terres pour se parer du titre de « sieur ». Désormais François appartient au petit peuple des artisans limougeauds.

Pourtant il ne rompt pas totalement avec ses racines. Et lorsqu'il se décide à prendre femme, il revient au pays pour demander la main de celle qu'il connaît depuis toujours : l'expression prend tout son sens puisqu'ils sont tous deux nés à Séreilhac en 1779 et sont cousins germains.

En effet, Pétronille n'est autre que la fille aînée de Jean-Baptiste Robert, le notaire de Séreilhac. Par son mariage, François renforce les nombreux liens qui existent entre les familles Robert et Quinque. Le phénomène est assez fréquent avant la révolution industrielle : les migrations n'ont pas encore dépeuplé le Limousin et les mariages se font rarement à l'extérieur des limites de la paroisse ou des paroisses environnantes.

Sous le règne de Louis XV, un double lien s'était formé à la génération des grands-parents des jeunes époux. Jean Robert, le grand-père paternel de Pétronille, avait épousé Geneviève Quinque au printemps 1745. Celle-ci était la sœur de Jean-Baptiste Quinque – le père de Claudine – qui, parmi ses trois épouses, avait eu Catherine, la sœur de Jean Robert. Par ce double mariage, Claudine Quinque et Jean-Baptiste Robert étaient donc cousins germains, ce qui se reproduit à la génération suivante pour François Laroche et Pétronille Robert.

Jean-Baptiste Robert, le notaire de Séreilhac

Jean-Baptiste Robert, après avoir fait des études de droit, a pu s'établir à Séreilhac avec le titre honorable de « notaire royal ». En 1778, il épouse Anne Pastier [1], la fille d'un voiturier d'Aixe assez aisé. Pétronille Vignaud, la mère d'Anne, appartient à une famille cultivée de chirurgiens et de juristes. La jeune fille a elle-même reçu un minimum d'éducation puisqu'elle est capable de signer son acte de mariage comme tous les membres de sa famille.

Jean-Baptiste et Anne ont sept enfants, dont quatre garçons, de 1779 à 1793. Le premier, une fille, reçoit de sa grand-mère maternelle, et marraine pour la circonstance, le charmant prénom de Pétronille, très répandu dans le Limousin [2]. C'est elle qui épouse trente ans plus tard son cousin François Laroche.

Lorsque, à la suite de la Révolution, les nobles se sont enfuis, Jean-Baptiste Robert a saisi sa chance : le notaire devient également maire. La considération qu'il a acquise, que ses ancêtres ont cultivée de génération en génération, lui permet d'exercer cette fonction non rémunérée, aux charges écrasantes mais qui renforce son assise à Séreilhac. Dans ce bourg limousin se produisent les mêmes transformations politiques qu'à Paris. Profitant de la révolution municipale dont la capitale montre l'exemple, Jean-Baptiste s'empare provisoirement du pouvoir local et confirme son ascension sociale. Au même moment, à Verneuil, Martial de la Roche/Delaroche, l'oncle de François Laroche, prend la direction de la nouvelle municipalité et

1. Écrit aussi Patier.
2. Sainte Pétronille était considérée comme la fille, réelle ou spirituelle, de saint Pierre (d'où son nom dérivé de Pétrus) et également, depuis le VIIIe siècle, comme la patronne des rois de France.

restera maire jusqu'à sa mort en 1808, s'accommodant de la succession des différents régimes. Il prépare ainsi la voie à son fils Joseph et, de ce fait, creuse davantage l'écart avec les héritiers de son frère cadet.

A Séreilhac, Jean-Baptiste Robert renonce très vite à la fonction de maire – peut-être parce qu'il en a compris tous les tracas. Néanmoins il fait preuve d'une parfaite adaptation à toutes les transformations politiques au cours de cette période si agitée. L'ancien « notaire royal » arbore le titre de « notaire impérial » pendant l'Empire avant de reprendre sans hésiter, en 1814, son premier titre de « notaire royal ».

Il meurt à l'âge de soixante-neuf ans, en octobre 1819, et est inhumé dans le cimetière de Séreilhac comme tous ses ancêtres. Dans le testament qu'il a rédigé avec grand soin avant sa mort, il a constitué des parts égales pour la répartition de ses biens entre les cinq enfants qui lui restent [1].

Sa femme, Anne Pastier, reste veuve et lui survit pendant plus de vingt ans, jusqu'en janvier 1840. Quel changement avec le sort de la plupart des femmes sous l'Ancien Régime! Désormais, grâce aux progrès de l'hygiène et de la médecine, les femmes – surtout dans les classes les plus aisées de la société – ne meurent plus aussi précocement. Anne Pastier qui a eu sept enfants de vingt-trois à trente-huit ans vivra jusqu'à quatre-vingt-cinq ans auprès de son fils Martial et de ses petits-enfants.

Comme cela se produit souvent dans les familles, le cadet n'a plus sa place dans une petite cité. François-Xavier est obligé de s'établir à Limoges comme avoué tandis que Martial, l'aîné, prend la succession du père à Séreilhac. Très attaché à sa mère, il ne songe pas à se marier, bien que son titre fasse de lui un joli parti dans le pays. Après la mort d'Anne Pastier en janvier 1840, il

1. Évalués à 9 000 francs pour les immeubles et 2 967 francs pour les meubles. (Cf. succession du 6 avril 1820/Bureau de Limoges; Archives départementales de la Haute-Vienne.)

continue à mener une sobre vie de notaire et de célibataire, surveillant ses neveux et nièces, jouant le rôle de patriarche.

Jamais il ne s'éloigne de la vaste maison familiale où il a vu le jour. La maison des Robert, une des plus belles de Séreilhac, est une solide bâtisse carrée, aux nombreuses pièces réparties équitablement au rez-de-chaussée et au premier étage. Pas un instant, en arpentant ses nombreuses pièces, le notaire ne pouvait imaginer que sa demeure serait transformée en mairie à la fin du siècle suivant...

Le mariage des cousins germains

Sous le Premier Empire, la mairie est encore établie au centre du bourg, en face de l'église, dans un bâtiment plus étroit et plus haut, comme le sont la plupart des maisons limousines.

François Laroche et Pétronille Robert échangent leurs serments le 19 avril 1809. Le mariage a naturellement lieu dans la commune de la jeune fille. Pour cette cérémonie, François n'a auprès de lui que Joseph, son frère aîné, et son cousin germain, Joseph Delaroche. Celui-ci, poursuivant l'ascension sociale de la branche dont il est issu, est devenu un personnage important. Juge de paix du canton d'Aixe, il exerce une fonction nouvelle qui confère beaucoup plus de considération que celle de maire et que les candidats se disputent avec acharnement [1].

Le clivage qui s'est opéré dans la famille de la Roche à la génération précédente entre Martial et Pierre se trouve donc bien confirmé sous l'Empire. Martial de la Roche puis son fils Joseph ont continué d'exercer une profession juridique; Joseph conserve également le patronyme de ses ancêtres, toutefois en l'écrivant désormais en un seul mot. La ségrégation à l'intérieur de la famille s'est produite

1. Jean Tulard, *la Vie quotidienne des Français sous Napoléon*, p. 78.

parce que Pierre de la Roche était le cadet et qu'il est mort sans avoir eu le temps de s'occuper de ses deux fils. La déchéance de la branche cadette se trouve confirmée lorsque le maire énonce le patronyme raccourci et le métier artisanal du marié. Quel contraste avec son témoin et cousin !

Le charron, orphelin, épouse la fille aînée du notaire. Union qui pourrait paraître surprenante si François n'était pas le cousin de Pétronille. Jean-Baptise Robert, « notaire impérial » au moment du mariage de sa fille, n'a pas repoussé cet artisan illettré, à moins qu'il n'ait fini par l'accepter faute d'autres demandes. En effet, il ne semble pas que les prétendants se soient précipités en gants blancs chez le notaire : Pétronille attend plus longtemps que sa mère et ses grands-mères pour revêtir sa robe de *novie* [1]. Elle a jeté plus d'une épingle dans le bénitier, secoué le verrou de la porte de l'église, comme le font les jeunes Limousines pour être sûres de ne pas demeurer vieilles filles [2]. Jean-Baptiste Robert, bien que notaire, a sans doute eu quelques difficultés pour constituer une dot importante à ses trois premières filles, il doit avant tout songer à financer les études de ses deux derniers fils, nés en 1789 et 1793 [3]. Lorsque leur sœur se marie, Martial qui a dix-neuf ans a déjà commencé ses études de droit et François-Xavier, à quinze ans, s'apprête à l'imiter.

Tout cela permet de comprendre pourquoi Pétronille peut épouser à l'âge de trente ans celui qui a partagé ses jeux d'enfant, peut-être échangé avec elle le serment qu'ils accomplissent en ce jour d'avril 1809.

Tout a dû se dérouler selon la coutume. François est venu dormir chez son frère Joseph – surtout pas chez son futur beau-père, par superstition ! Pour le grand jour, un petit cortège conduit par le ménétrier s'est formé avec le

1. Mariée en patois limousin. Sa sœur cadette, Anne, attend même d'avoir trente-quatre ans pour épouser un charpentier de Châlus. Elle meurt à quarante ans après avoir eu trois enfants.
2. René Fage, *Autour du mariage*.
3. Ses deux premiers garçons nés avant la Révolution n'avaient pas survécu.

novi, ses deux témoins. En musique, ils se rendent à la maison du notaire où tout le clan des Robert les attend. Des rubans sont offerts par le garçon d'honneur pour orner la boutonnière des jeunes gens. Le joyeux cortège repart ensuite vers la mairie. Bref moment officiel avant que tout le monde ne traverse la rue pour pénétrer dans la vieille église où François et Pétronille ont tous deux été baptisés, où leurs parents se sont mariés. Le grand repas de noce qui suit la bénédiction nuptiale a lieu dans la maison du notaire. Victuailles, chants en patois et en français, danses sont au programme, sans oublier les plaisanteries grivoises, le ruban accroché à la jarretière de la novie qu'un jeune homme ôte prestement, quelques assiettes cassées et des poignées d'avoine lancées pour souhaiter bonheur et fécondité au nouveau couple.

La noce a duré sans doute plusieurs jours avant que François et Pétronille ne prennent la route de Limoges. Pas question pour François, à la différence de son frère aîné, de s'établir à Séreilhac : il souhaite maintenir la coupure, ne pas réveiller la plaie vive de l'enfance... à moins qu'il n'y ait pas de place pour un autre charron dans le bourg.

Triste sort pour la plupart des enfants Laroche

Pétronille suit docilement son mari comme le nouveau code civil le stipule. François Laroche a trouvé un logement plus vaste, situé place de la Cité, près de la cathédrale. Pour lui, pas de changement : il poursuit son métier de charron, sans jamais juger utile d'apprendre à écrire.

Cependant une sombre fatalité semble s'abattre sur les deux frères Laroche. Joseph, l'aîné, n'a pas de chance avec sa progéniture : aucun de ses cinq enfants ne peut vivre plus de quelques jours ou quelques mois. Lui-même meurt un mois après avoir fêté son trente-neuvième anniversaire, à cet âge qui a déjà été fatal à ses parents. Sa réinstallation à Séreilhac comme cultivateur ne lui a profité que douze ans. Avait-il épuisé ses forces à Limoges en respirant la poussière des copeaux, l'air chaud de la forge et les miasmes des rues? A-t-il hérité de la fragile santé de son père? La répétition est surprenante.

Sans connaître un sort aussi lugubre, François Laroche n'aura guère de chance avec la plupart de ses enfants. Sur les sept qu'il aura, un seul atteindra l'âge des cheveux blancs : Joseph, le bisaïeul de François Mitterrand.

Son premier garçon né dix mois après le mariage, en février 1810, n'est guère vaillant. Envoyé à Séreilhac, sans doute au moment de la naissance du deuxième enfant, il décède en mai 1812 dans la maison de son oncle et est inhumé auprès de ses ancêtres.

Entre-temps, Pétronille a reporté son attention sur son deuxième garçon, Joseph, né le 20 octobre 1811. Comme pour le précédent, c'est vraisemblablement Jean-Baptiste Thuillier, le demi-frère de François Laroche, qui l'a aidée à accoucher. François a trente-deux ans : pas plus que pour son mariage, il ne peut signer l'acte d'enregistrement de la naissance de son fils, de même que le marchand qui, en tant que voisin, l'accompagne à la mairie. En revanche, Joseph Laroche, son frère aîné, a signé. L'enfant se prénommera comme lui : Joseph. Qu'importent les risques de confusion! Cet homme a peut-être pressenti sa mort prochaine et, constatant qu'aucun de ses propres enfants ne survit, passe le relais à son neveu.

Trois ans plus tard, en octobre 1814, Jean-Baptiste Thuillier vient assister une nouvelle fois Pétronille. Pour ce troisième enfant, encore un garçon, le grand-père maternel, quoique déjà bien âgé, se déplace depuis Séreilhac, comme il l'avait déjà fait en 1810. De nouveau parrain, il espère que cet enfant prénommé Jean-Baptiste ne connaîtra pas un destin aussi bref que son premier petit-fils.

En mai 1817, Pétronille est heureuse d'avoir enfin une fille et s'empresse de lui donner son prénom, en hommage à sa grand-mère maternelle. Réflexe fort courant à l'époque quelles que soient les régions de France, les classes sociales. Une ségrégation naturelle s'instaure à l'intérieur des familles : les enfants mâles reçoivent les prénoms masculins venant de la branche paternelle, tandis que les prénoms féminins des branches maternelles sont confiés aux filles – les Mitterrand dans le Berry agissaient de même, comme les Lorrain et les Touzet en Saintonge.

Autre détail intéressant à observer à l'occasion de cette naissance : le père manifeste quelque velléité de renouer avec ses ancêtres, peut-être même de jouer un peu « au noble », en dépit de la profession de charron qu'il exerce toujours. En 1817, la monarchie est fermement restaurée : guillotine et traque des noms à particule ne sont plus à craindre. Accompagné de son cousin Joseph Delaroche, toujours juge de paix du canton d'Aixe, François affirme à l'officier de l'état civil qu'il s'appelle « Delaroche ». Toutefois, il n'ose franchir le Rubicon, n'impose pas l'orthographe avec la particule. Initiative d'autant plus surprenante qu'elle restera unique. Seule sa première fille portera le patronyme de la branche aînée, se distinguant ainsi de ses autres frères et sœurs, tous des « Laroche ».

Lors de la naissance de ses trois derniers enfants, devant l'officier d'état civil, le père déclare s'appeler : « François Laroche » et ne fait plus appel aux membres de sa propre famille pour lui servir de témoins. Son frère Joseph est mort. Il ne conserve plus aucune attache avec la lignée de Verneuil et se tourne uniquement vers le clan de sa femme, les Robert.

Mais ses trois derniers enfants ne vivent pas longtemps. Marie-Magdelaine et Martial meurent en bas âge. Quant au dernier, mort-né en juillet 1823, il ne reçoit même pas de prénom.

Après cette date, dans l'appartement de la place de la Cité, François et Pétronille élèvent les trois enfants qui leur restent. François est toujours artisan. Il a le sentiment d'avoir déchu par rapport à l'autre branche, celle de son oncle, ceux qui sont restés les « de la Roche », ont pu poursuivre des études de droit et rester notaires à Verneuil-sur-

Vienne. Lui ne sait toujours pas écrire. En revanche, sa femme Pétronille, qui n'a pas subi semblable rupture avec sa famille, sait tenir une plume en digne descendante des Robert et des Vignaud. Elle a observé son père et ses deux frères cadets, n'ignore pas que les études sont plus que jamais nécessaires pour qui veut s'élever socialement. Pas question que ses enfants – surtout les deux garçons – exercent un métier manuel comme leur père. Elle veille à leur éducation et est sans doute à l'origine de leurs vocations.

La vocation des cadets de Joseph Laroche

Destin similaire pour Jean-Baptiste Laroche et Pétronille Delaroche qui sont nés au début de la Restauration. La mort n'a cessé de les frôler depuis leurs premiers jours. Ceux qui leur succèdent dans la fratrie disparaissent très vite. Quant à Jean-Baptiste, il porte le prénom de son frère décédé deux ans avant sa propre venue au monde. Lourde charge pour eux.

Marqués par le décès si rapproché de quatre de leurs enfants (et celui de leurs cinq neveux), les parents vivent dans l'inquiétude. Soins attentifs et prières tentent de conjurer ce qui peut paraître comme une implacable fatalité. Cela détermine le sort des deux cadets : ils consacreront leur vie à Dieu. De plus, François, modeste charron, peut difficilement payer des études à ses trois enfants : le principal effort porte sur l'aîné, comme il se doit.

Cette vocation religieuse permet donc aux cadets de soulager le budget de leurs parents, et peut-être d'appeler la clémence divine sur leur famille. Leur sacrifice à tous deux est malheureusement bien mal récompensé...

Dans les premières années de la monarchie de Juillet, Jean-Baptiste Laroche entre au petit séminaire de Limoges. Pour peu de temps : bientôt il tombe gravement malade, est obligé d'interrompre ses études et revient mourir chez ses parents en août 1835. Son oncle, le

Dr Thuillier, a tout tenté pour l'arracher à cette issue fatale, en vain. Il ferme les yeux du jeune homme qu'il avait mis au monde vingt ans plus tôt. La science ne peut accomplir de miracles...

Jean-Baptiste Laroche a-t-il été emporté par la pthisie, le terrible fléau de l'époque? Était-il de constitution fragile, comme son grand-père et son oncle, ses frères déjà décédés avant lui? Est-ce cette fragilité qui a dicté sa vocation religieuse? L'absence d'indication des causes de sa mort sur son acte de décès ne permet pas une réponse précise à ces questions [1].

Mais la répétition de ces décès est en soi un signe. D'autant plus que Pétronille Delaroche connaît un sort presque semblable à celui de son frère. Elle décide, dès qu'elle le peut, d'entrer au couvent, celui du Bon-Pasteur, rue des Pénitents-Blancs à Limoges. C'est là qu'elle meurt en juillet 1854, à l'âge de trente-cinq ans.

A cette date, il n'y a plus aucun membre de sa famille à Limoges, en dehors du vieux Dr Thuillier. Son frère aîné a quitté la ville depuis longtemps et n'a pu revenir près d'elle pour l'assister en ses derniers jours.

Sa mère Pétronille s'était éteinte en 1845, à l'âge de soixante-six ans. En juillet 1848, mourait à son tour François Laroche, dans son domicile rue Sainte-Affre. Il avait pu renoncer à son dur métier de charron, du moins à partir de 1835, et vivre enfin de ses rentes. Il laissait un peu de bien à son fils Joseph : 169 francs de fortune mobilière, l'essentiel de l'héritage, estimé à 2 680 francs, ayant été partagé entre ses deux enfants, trois ans plus tôt, après le décès de sa femme [2].

Lorsque François Laroche ferme les yeux, il a près

1. Des renseignements médicaux détaillés permettraient d'élargir le champ d'investigation de ce type de recherches et de comprendre, sous tous ces aspects, l'histoire d'une famille.

2. Ces chiffres notés lors des successions ne signifient pas grand-chose, les parents s'arrangeant pour faire des donations de leur vivant, afin que leurs héritiers n'aient pas trop de frais à payer; mais c'est une indication. Les successions ont surtout l'avantage pour l'historien de permettre de repérer les enfants encore vivants.

de lui ses deux parents et fidèles amis, Jean-Baptiste Thuillier et François-Xavier Robert, son beau-frère, désormais avoué au tribunal de première instance de Limoges. Il peut se dire qu'il a davantage résisté dans le combat face à la mort. En mourant à l'âge de soixante-huit ans, il a réussi à dépasser le cap fatidique des quarante ans!

2

Joseph Laroche et son cousin Léon Faucher

L'enfance et l'adolescence de Joseph, le deuxième enfant de François et Pétronille Laroche, n'ont pas été aussi sombres que celles qu'a connues son père. La disparition de son frère alors qu'il n'a que huit mois n'a pu le marquer. En revanche, cette mort lui confère la position privilégiée de premier enfant de la fratrie, tandis qu'il recueille les soins attentifs d'une mère et d'un père anxieux.

Les études de Joseph Laroche

Joseph est élevé à Limoges dans une atmosphère très pieuse. Le décès des trois derniers enfants renforce les responsabilités qui pèsent sur lui en tant qu'aîné. Impossible de consacrer sa vie à Dieu comme Jean-Baptiste et Pétronille : à lui revient la tâche d'assurer la pérennité de la famille. Néanmoins Joseph est marqué par l'idéal de dévouement que ses parents lui transmettent, et surtout sa mère. Pétronille souhaite pour son premier garçon, celui qui a résisté à la mort, une carrière digne des Robert et des Vignaud : pas question qu'il devienne charron.

Joseph Laroche a pu suivre des cours dans un des quatre établissements ouverts par les Frères des Écoles chrétiennes à Limoges, entre 1818 et 1820, et qui sont à la charge de la ville. A la différence de son père, Joseph apprend très tôt à lire et à écrire. Mieux : il décide de l'enseigner aux autres.

En fait, c'est un des rares choix réalistes susceptibles de répondre aux aspirations de ses parents. Vouloir devenir notaire comme ses ancêtres de la Roche et Robert était un rêve chimérique, les études juridiques étant longues et surtout coûteuses. En revanche, devenir instituteur comme l'a été un court moment le beau-père de François Laroche permet à un fils d'artisan d'échapper au métier manuel, d'acquérir une certaine considération sociale, non par l'argent mais par la culture. Joseph ne choisit pas le noir pour s'élever dans la société mais la plume.

En 1831, il tire un bon numéro et échappe ainsi à la longue conscription; chance qui lui permet d'achever ses études, peut-être même à l'École normale d'instituteurs que le département de la Haute-Vienne vient de créer en 1832 dans l'ancien couvent de la Visitation [1]. Les élèves sont recrutés sur concours et la promotion est de dix par an. Ils reçoivent une bonne culture générale, des connaissances pratiques comme l'horticulture ou l'arpentage fort utiles à leurs futurs écoliers des communes rurales environnantes. En outre, ils bénéficient d'une initiation à la pédagogie. Un brevet au bout de deux années atteste leur capacité.

Joseph Laroche n'obtient pas ce brevet mais le « titre équivalent », bien suffisant pour qui souhaite enseigner dans une petite école communale. Visiblement Joseph n'a pas d'autre ambition. Par le Dr Thuillier, il a pourtant des nouvelles régulières de son cousin Léon Faucher qui commence à se faire connaître au même moment dans certaines sphères de la capitale. Mais, en ces premières années de la monarchie de Juillet, Joseph Laroche ne semble pas tenté par une semblable aventure à Paris.

1. Les archives concernant l'enseignement en Haute-Vienne, et en particulier les listes d'élèves de l'École normale d'instituteurs, ne couvrent pas cette période.

Léon Faucher, le cousin de Joseph Laroche

Simone Thuillier, la tante de Joseph [1], avait épousé, sous le Consulat, Guillaume Faucher, un marchand de Limoges. Tous deux étaient bien jeunes pour se marier mais l'époque favorisait les unions précoces : Simone avait dix-sept ans et Guillaume devait fêter son dix-neuvième anniversaire quelques jours après la cérémonie. Son commerce était installé place des Bancs, une étrange place convexe, inclinée de tous côtés du fait de la configuration du sol, et qui était le siège du marché principal de tous les comestibles de la cité.

En septembre 1803, dans l'appartement au-dessus de la boutique, Simone accoucha pour la première fois de jumeaux : Augustin et Léonard [2]... Or, quarante-trois ans plus tôt, à La Réole, étaient également nés des jumeaux qui s'appelaient Faucher.

L'extraordinaire histoire d'autres jumeaux Faucher

Originaire du Limousin, où ce patronyme est fort répandu, Étienne Faucher avait choisi une carrière militaire avant d'opter pour la diplomatie (il avait été un moment secrétaire d'ambassade à Turin). Par la suite, il s'était installé à La Réole avec sa femme, une demoiselle Faugeroux. De cette union naquirent, le 12 septembre 1760, des jumeaux baptisés César et Constantin [3].

Ils n'ont pas encore quinze ans lorsqu'ils revêtent, le 1er janvier 1775, l'uniforme des chevau-légers de la garde

1. Cf. *supra* : Simone était la fille cadette de Claudine Quinque, donc la demi-sœur de François Laroche.
2. Le père de Simone, qui est toujours cultivateur à Flavignac, et Joseph Laroche, son demi-frère établi à Séreilhac, sont les parrains des jumeaux.
3. Casimir Faucher, *Procès des frères Faucher de La Réole, morts en 1815, victimes de la fureur des partis*, Bordeaux, 1830.

du roi. A vingt ans, ils sont tous deux officiers dans le même régiment de dragons.

Ces deux jeunes hommes, aux initiales identiques, sont inséparables comme le sont fréquemment les jumeaux monozygotes. Tous ceux qui les connaissent sont frappés par leur ressemblance singulière. Même leurs propres parents ont dû mal à les reconnaître ! Dans leur garnison, ils sont obligés de porter une fleur de couleur différente à leur boutonnière pour éviter que les hommes qu'ils ont sous leurs ordres ne les confondent.

Un jour, au cours d'un dîner où est également présent le Dr Gall, célèbre phrénologiste, ce dernier ne peut s'empêcher de se livrer à son occupation favorite : il leur palpe le crâne et leur prédit qu'ils mourront ensemble. Les jumeaux n'imaginent pas dans quelles conditions tragiques se réalisera cette prédiction.

Au reste celle-ci ne les empêche nullement de vivre. La Révolution qui survient les enthousiasme : ils s'engagent bien vite dans le camp des Girondins, comme leur lieu de naissance les y prédispose. En 1791, César est nommé président de l'administration du district de La Réole et commandant des gardes nationaux de l'arrondissement, tandis que Constantin devient le chef de la municipalité de La Réole. En janvier 1793, toujours inséparables, ils veulent défendre la jeune République menacée en Vendée. Ils partent combattre les Chouans en qualité de volontaires, après avoir formé un corps franc d'infanterie : « Les enfants de La Réole ». Au cours de cette guerre cruelle se produit, le 13 mai 1793, dans la forêt de Vouvans, un épisode qui aurait enfiévré l'imagination de Victor Hugo : pris dans une embuscade, César ne reçoit pas moins de dix coups de sabre sur la tête et une balle dans la poitrine. Constantin prend le risque d'arracher son frère à la mort. Exploit qui, ainsi que d'autres, les distingue : ils sont promus – naturellement tous les deux – généraux de brigade.

Pendant ce temps, à Paris, les Montagnards triomphent

des Girondins. En dépit de leur attitude héroïque et exemplaire, les jumeaux sont accusés de fédéralisme. Traduits devant le tribunal révolutionnaire de Rochefort, ils sont condamnés à mort. Dans un tableau que l'on imagine en tout point identique à l'ultime scène de *Quatre-Vingt-Treize*, ils entendent sonner l'heure fatidique. Le bourreau les aide déjà à monter sur l'échafaud lorsqu'un ordre surseoit à l'exécution. Quelques semaines plus tard, le jugement est révisé et cassé. Robespierre et ses amis sont guillotinés à leur tour. L'heure prédite par le Dr Gall n'a pas encore sonné...

A partir de Thermidor, César et Constantin se retirent du cours dangereux de la politique. Leurs jours retrouvent le calme et la douceur de l'enfance : ils en goûtent la quiétude dans leur propriété de La Réole, loin des affrontements parisiens, durant tout le Consulat et l'Empire.

Cependant, l'Histoire vient les tirer de cette retraite sereine. L'abdication de Napoléon, le retour de Louis XVIII, raniment leur sang bouillonnant. A cinquante-trois ans, tous deux n'hésitent pas à se jeter, toujours de concert, dans l'aventure. Ils complotent, sont arrêtés, transférés au fort du Hâ à Bordeaux, condamnés à mort une nouvelle fois.

Le 27 juillet 1815, aucune grâce n'arrête à l'ultime seconde le peloton d'exécution. Les deux frères expirent au même instant sous les balles, confirmant le bien-fondé d'une prédiction qui avait été faite sous l'Ancien Régime.

Hasard de l'Histoire ou fatalité? Le sort des jumeaux Faucher en tout cas révolta leurs amis. Mais ceux-ci durent attendre, pour le faire savoir, que les journées insurrectionnelles de juillet 1830 chassent Charles X de son trône. Casimir Faucher, leur neveu, put enfin raconter dans un pamphlet leurs vies héroïques. Quant à Emmanuel Dupaty, il évoqua le tragique épisode de la mort des jumeaux dans un poème, *Les Délateurs*, au souffle hugolien :

Deux jumeaux compagnons de supplice et de gloire
Unis par le berceau la tombe et la victoire,
Ont trouvé cent bourreaux et pas un défenseur!

François Mitterrand et les Girondins

Il n'y a probablement aucun lien entre les jumeaux de La Réole et ceux nés à Limoges. Pourtant, César et Constantin Faucher auraient fait pour François Mitterrand de lointains parents dignes de susciter les mêmes rêveries que les prévôts de Bourges. A plusieurs reprises, dans ses écrits, il a évoqué sa sympathie à l'égard des Girondins, sympathie reposant tant sur l'inclination régionale que sur l'idéal politique. L'engouement pour les Girondins est un legs maternel. C'est sa mère qui lui a fait lire Lamartine et en particulier sa célèbre étude historique. « *Ma tendresse pour Lamartine a résisté à tout... Je place* Le Lac *(eh oui,* Le Lac*), quelques pages du* Tailleur de pierre de Saint-Point, *quelques figures des* Girondins, *de multiples traits du* Cours familier de littérature *et certains de ses discours à l'Assemblée de la IIe République au premier rang des œuvres littéraires et politiques de son siècle* [1]. » Dans un des entretiens, il m'a confié qu'il trouvait les Girondins « éloquents, fort sympathiques », ayant été particulièrement touché par le récit de leur dernier dîner [2], juste avant leur exécution : « Cette scène a

1. *La Paille et le Grain, op. cit.*, p. 177.
2. La rencontre de François Mitterrand avec les Girondins n'est pas seulement livresque. S'il n'a aucun lien avec les jumeaux exécutés en 1815, il n'en est pas de même avec Pierre Victurnien Vergniaud, le célèbre Girondin, qui participa à l'ultime dîner en juin 1793. Certes, il s'agit d'une parenté fort indirecte et dont il ignorait tout jusqu'à une date récente. Pour établir le lien, il faut remonter sous le règne de Louis XIV. La trisaïeule de Joseph Laroche, Marguerite Alluaud (celle qui a épousé le premier Pierre de la Roche en 1692), avait un frère cadet prénommé Léonard. Le petit-fils de Léonard Alluaud, François, épousa en octobre 1770 Marie Vergniaud, la sœur aînée de Pierre Victurnien... Sans avoir laissé dans l'Histoire une trace aussi importante que celle de son beau-frère, François Alluaud demeure présent dans la mémoire des Limougeauds. Collaborateur de Turgot, il est devenu ensuite le directeur de la Manufacture royale de porcelaine, à la veille de la Révolution.

une certaine gueule. » Cependant, il conclut que l'Histoire « sur le plan de la logique républicaine ne leur a pas donné raison [1] ». L'homme politique reprend le dessus. Lui-même a su tirer les leçons implacables de l'Histoire, compris que le cœur ne pouvait pas l'emporter sur la tête. Sur l'échiquier politique, il faut toujours rester maître du jeu...

Retour à Léon Faucher

L'histoire des jumeaux de la place des Bancs est à l'opposé de celle qui vient d'être contée. Tout d'abord, à la différence des jumeaux de La Réole, Augustin et Léonard Faucher, nés en 1803, n'ont pu vivre en parfaite osmose. Leur mère a craint de ne pas avoir assez de lait pour les nourrir tous deux. Les revenus de Guillaume Faucher, sans être trop modestes, ne sont pas suffisants pour prendre une nourrice à domicile. Il faut donc se résoudre à séparer les enfants : Léonard, le second inscrit sur l'état civil suivant l'ordre de la naissance, est envoyé dans un village comme cela se pratique couramment à l'époque, tandis que Simone garde auprès d'elle Augustin, le premier, le préféré, celui qui a reçu le prénom de son propre père.

De temps en temps, elle rend visite à Léonard et s'inquiète de sa chétive apparence. Revenant un jour à l'improviste, elle surprend son fils pendu à la mamelle d'une chèvre tandis que la nourrice donne le sein à un autre enfant. Détail cruel qui explique pourquoi tant d'enfants éloignés du domicile familial meurent précocement : négligence, manque de soins, de tendresse, sont en partie responsables de la surmortalité infantile. La visite impromptue permet à Simone de prendre conscience du danger que court son second fils. Culpabilisée, elle le

---

Après sa mort en 1799, son fils, prénommé également François, continua à diriger cette manufacture. Sous la monarchie de Juillet, il devint même le maire de Limoges.

1. Entretien du 21 juillet 1993.

ramène à Limoges. Désormais Léonard devient son « enfant de prédilection » et est couvert de caresses [1].

Est-ce le changement d'attitude de la mère qui explique qu'Augustin meure avant même d'avoir atteint l'âge de trois ans? Situation, au reste, très fréquente : les registres d'état civil regorgent de décès d'un (voire des deux) jumeaux, souvent au moment de la naissance ou dans les jours suivants. Dans le cas évoqué, c'est Léonard qui aurait dû mourir : il ne dut la vie qu'à la vigilance de sa mère. Mais en devenant le préféré, il élimina son frère sans le savoir.

Léonard a donc défié la mort. Il grandit à Limoges auprès de son père, de sa mère, et bientôt de deux frères cadets. Mais le commerce de Guillaume Faucher périclite. En 1812, les difficultés économiques que connaît la France épuisée par le blocus et les guerres napoléoniennes le contraignent à tenter sa chance ailleurs. Avec toute sa famille, il part s'installer à Toulouse où lui est offerte la gérance d'une maison de commerce. A partir de cette date s'opère la rupture entre les Faucher et les Laroche. Joseph Laroche n'a que deux ans : rencontra-t-il un jour ce cousin? Rien n'est moins sûr.

Pour Léonard, l'existence est aussi difficile à Toulouse qu'à Limoges. Ses parents ne s'entendent guère et finissent par se séparer en 1816. Le biographe peint un tableau digne d'un mélodrame : Simone désormais vit de modestes travaux de couture; son fils aîné suit les cours au lycée et lui apporte son aide, le soir, en dessinant pour elle des broderies. Quant à Guillaume, il se débat avec ses bilans catastrophiques, se dispute avec Léonard qui prend le parti de la mère, refuse de devenir commerçant et entend se consacrer aux sciences et aux arts.

Léonard tient tête à son père. Dès qu'il a terminé ses

1. Anecdote extraite de la biographie de Léon Faucher qui précède l'édition complète de sa correspondance publiée après sa mort (Paris, Amyot, 1867) et d'où est tiré l'essentiel des renseignements qui suivent; également utilisé, l'article consacré à Léon Faucher dans le *Dictionnaire de biographie française*, ss dir. de Roman d'Amat, Letouzey et Ane, Paris, 1975, pp. 661 et suiv.

études secondaires à Toulouse, il devient répétiteur. Sa situation matérielle est difficile, comme il le signale à son oncle Jean-Baptiste Thuillier, en lui adressant ses vœux au début de l'année 1821 – il a dix-sept ans : « Grâce à Dieu, dans la pension où je suis professeur, j'ai la nourriture et le logement; mais voilà tout. Patience encore cette année, me dis-je. Ayons confiance en Dieu, il ne nous abandonnera point. L'espoir est, je crois, la seule ressource de la misère et peut-être l'aurore du bonheur [1]... »

Sa volonté de réussir le pousse vers la capitale. Il donne des cours pour payer ses études de lettres et d'économie politique. A son frère cadet, il écrit en janvier 1823 : « Je suis pauvre mais jeune, je suis malheureux mais j'ai la santé [2]. » Il joue son rôle d'aîné, l'encourage à bien travailler, à soutenir à son tour le benjamin. Sorte de Julien Sorel, il devient précepteur du fils du général Delaître en 1824. Il prépare avec soin l'agrégation et sort premier à ce concours en 1827, titre qui ne lui permet pas d'améliorer sa situation car il est tout de suite exclu de l'Université par Mgr Frayssinous et contraint de donner des cours de philosophie dans un simple collège.

La révolution de 1830 vient l'arracher au « grabat de la philosophie ». Une nouvelle ère commence pour celui qui se fait désormais appeler Léon Faucher. Il se lance dans le journalisme et commence à se faire connaître pour ses articles d'économie d'abord au *Temps*, ensuite au *Constitutionnel*, plus tard au *Courrier français*. En 1837, son article préconisant une politique d'union douanière des États européens autour de la France pour répondre au Zollverein allemand, vision assez avant-gardiste pour l'époque, est particulièrement remarqué. Léon Faucher est un libéral, grand admirateur du système politique anglais et farouche partisan du libre-échange.

Son mariage, cette année-là, avec la sœur de l'économiste Wolowski le décharge enfin des soucis matériels.

---

1. Correspondance de Léon Faucher, *op. cit.*
2. *Ibid.*

Les temps sombres de l'adolescence limousine sont bien passés. Léon Faucher a définitivement rompu avec la voie paternelle. Il multiplie les ouvrages d'économie politique, s'intéresse aux chemins de fer et devient membre du conseil d'administration de la Compagnie de l'Est. Il se lance dans la politique et, après plusieurs tentatives, triomphe enfin à Reims en 1846 contre le candidat conservateur, Chaix d'Est-Auger. Contre Guizot, il est partisan d'une réforme électorale. Cependant les événements qui éclatent à Paris à la suite du banquet interdit en février 1848 (banquet auquel il a refusé d'assister) l'effraient. Faucher était partisan d'une réforme, pas d'une révolution ! Pourtant il adhère sans arrière-pensée à la nouvelle République, à condition que l'ordre et la paix sociale règnent.

Élu député de la Marne à l'Assemblée constituante, il prend des positions conservatrices, s'opposant à la limitation légale de la journée de travail et aux Ateliers nationaux. Nommé d'abord ministre des Travaux publics puis ministre de l'Intérieur, il s'emploie activement à combattre l'esprit démocratique, réduit au silence les derniers clubs qui tentent de subsister et de défendre l'idéal de la fraternité après les terribles combats de juin. Lui, l'ancien journaliste sous la monarchie de Juillet, partisan du Mouvement et adversaire de Guizot, propose maintenant le rétablissement du cautionnement et du timbre pour les journaux sous le prétexte que « la liberté de presse est une des causes de juin ». C'est l'homme de l'ordre qui établit l'état de siège dans le Cher et la Nièvre, allant jusqu'à proscrire le port des ceintures et des cravates rouges. Certes, les trois fils de Martin Mitterrand ne sont nullement des agitateurs socialistes... En tout cas, ils ignorent, en lisant les affiches qui proclament l'état de siège, qu'un jour un lien sera établi entre leur famille et ce farouche ministre de l'Intérieur !

Léon Faucher, tout en ayant soutenu le prince-président, et en particulier la demande de révision de la

Constitution pour permettre sa réélection, refuse cependant le mandat que Louis-Napoléon Bonaparte lui confie après le coup d'État du 2 décembre 1851. Désormais, il se consacre à ses ouvrages d'économie politique et continue à s'occuper de grandes entreprises; il est un des fondateurs du Crédit foncier en 1852 et entre au conseil d'administration des Chemins de fer du Midi.

Sa brillante carrière est brutalement interrompue. Est-il rattrapé par la « fatalité » qui semble s'abattre sur tous les enfants de Claudine Quinque? Celui qui a résisté aux rigueurs du climat limousin dans les premiers mois de sa vie prend froid en avril 1854 et doit s'aliter à cause d'une pleurésie. A la fin de l'année, il se décide à partir vers l'Italie pour se rétablir, mais il meurt à Marseille, au cours de ce voyage. Il a juste cinquante et un ans...

Fort peu de détails biographiques concernant ce lointain cousin de Joseph Laroche, son bisaïeul, étaient connus de François Mitterrand. Sa grand-mère paternelle, morte bien avant sa naissance, avait dû simplement transmettre l'information à son fils Joseph. A Jarnac, Léon Faucher n'était évoqué que vaguement : « On disait : ah! le ministre de l'Intérieur en 1848, mais c'était tellement vague [1]. » Léon Faucher ne figure pas dans l'imagerie d'Épinal que François Mitterrand s'est forgée. Certes, il a été, un siècle avant lui, ministre de l'Intérieur d'une nouvelle République, mais tout oppose les deux hommes. En 1945, celui qui n'est encore qu'un tout jeune ministre des Anciens Combattants et Prisonniers de guerre rappelle que si Lamartine a célébré avec éloquence le drapeau tricolore, en revanche, il a eu tort de se faire le défenseur d'un « ordre social mécanique [qui] reniait et brimait... la liberté de l'homme [2] ». Dès cette époque, François Mitterrand a retenu la leçon apprise dans les camps de prison-

1. Entretien du 21 juillet 1993.
2. *Les Prisonniers de guerre devant la politique*, éd. du Rond-Point, Paris, 1945, p. 15.

niers et estime primordial que la liberté soit associée à la fraternité. Il s'écarte ainsi du poète romantique qu'il a lu avec attention dans sa jeunesse et aussi de la politique libérale que les bourgeois de 1848 entendaient mener. Ainsi Léon Faucher n'a-t-il eu aucune influence sur le futur président de la République.

3

Joseph Laroche rencontre Marguerite Dusoulier

Ayant en poche le « titre équivalent » au brevet qui lui permet d'exercer le métier d'instituteur, Joseph a la joie d'être nommé pour la première fois, le 10 mai 1834 à Séreilhac.

Effectuant le chemin inverse, il quitte la capitale limousine et rejoint la cité natale de ses parents. Pour son premier poste, il ne se retrouve pas en terre inconnue : il est accueilli par sa grand-mère maternelle Anne Pastier et son oncle Martial Robert, le notaire, relations familiales qui vont lui être fort utiles. En effet, comme les instituteurs le font fréquemment, Joseph s'arrange pour exercer d'autres fonctions, son salaire de débutant étant trop modeste. Le maire l'emploie comme receveur buraliste et son oncle comme clerc. « Clair de notaire » écrit poétiquement l'empoyé de la mairie sur le registre d'état civil : il n'a que de vagues notions d'orthographe, n'ayant pu bénéficier de l'enseignement du jeune instituteur qui se tient en face de lui.

Ce jour-là, le 7 juin 1837, Joseph a revêtu son beau costume. Il a vingt-cinq ans et juste un an de plus que la jeune fille qu'il a choisie comme épouse : il est né le 21 octobre 1811 et elle le 22 octobre 1812. Outre cette concordance de dates, ils étaient vraiment faits pour se rencontrer puisqu'elle est préceptrice et s'occupe de l'éducation des enfants du propriétaire du château de Faye où elle réside.

Que s'est-il passé au moment de ce mariage? François

et Pétronille Laroche ne sont pas aux côtés de leur fils. Pourtant François n'est plus charron et vit désormais de ses rentes avec son épouse, toujours dans la capitale limousine. Un déplacement d'une dizaine de kilomètres, surtout dans cette commune où ils ont de la famille, où eux-mêmes se sont mariés vingt-huit ans plus tôt, ne représentait ni une lourde charge financière ni un effort physique trop éprouvant. Sont-ils encore profondément affectés par le décès de leur fils séminariste? Sont-ils tous deux malades? En tout cas, leur absence ne signifie nullement une hostilité à cette union. Ils ont rédigé chez Me Malvergne, notaire à Limoges, une procuration faisant de Martial Pradié, propriétaire à Séreilhac, leur mandataire; c'est lui qui affirmera être consentant à ce mariage en vertu de la procuration rédigée. En revanche Anne Pastier, qui va fêter son quatre-vingt-deuxième anniversaire, est présente et ravie d'assister au mariage du seul petit-fils qui lui reste de sa fille Pétronille.

Quant à la jeune Marguerite Dusoulier, elle a dérogé à la coutume qui veut que la cérémonie ait lieu dans sa paroisse natale. Mais depuis sa naissance en 1812, plusieurs événements tragiques ont assombri ses jours et expliquent le fait qu'elle se retrouve en 1837 à Séreilhac, isolée, sans parents autour d'elle.

LES ANCÊTRES DE MARGUERITE DUSOULIER

Le bisaïeul de Marguerite, Jean du Soulier, est né un siècle auparavant, le 25 mars 1711, en cette lugubre fin du règne de Louis XIV. Ses parents, Léonard du Soulier et Anne de Soubsdanes, habitaient alors à Saint-Laurent-sur-Gorre, à dix kilomètres à l'ouest de Séreilhac. Pas plus que les notaires de Verneuil, les du Soulier ne sont aristocrates [1] : Jean du Soulier, adulte, est qualifié sur certains

1. Selon A. Dauzat, ce patronyme signifierait : originaire du « Soulier » (racine de « sol » : terrain), nom de hameau assez fréquent dans le Massif central et ses pourtours.

actes de « bourgeois ». Cependant, il tient à se faire appeler « sieur de la Valade », tirant ce nom du lieu où il réside, toujours dans la juridiction de Saint-Laurent, et où il exerce la fonction de procureur; plus tard, il adjoindra même à ce premier titre celui de « sieur de Clareuil ».

Jean du Soulier épouse en 1739 la fille de Charles Poumeyrol. Ce dernier, écuyer, a été capitaine dans le régiment de Condé, puis a obtenu la charge de colonel des bourgeois d'Angoulême en 1712. C'est Marguerite Poumeyrol qui transmettra son prénom à la future femme de Joseph (elle-même le tenait de sa propre grand-mère, qui elle-même...). De cette union naîtront trois fils dont l'aîné est le grand-père de Marguerite.

François du Soulier, chirurgien pauvre

Gaspard François du Soulier est né un an après le mariage de ses parents, en mai 1740, à Saint-Laurent-sur-Gorre où la famille du Soulier est installée depuis plusieurs générations. Après des études de médecine, il devient chirurgien et exerce sur les champs de bataille, étant incorporé dans les armées de Louis XV. Si la guerre se fait « en dentelles », les blessures sont bien réelles. François du Soulier a peut-être aspiré, sous l'influence de son grand-père maternel, à se retrouver au champ d'honneur, mais avec une fonction plus charitable : il panse les plaies, ne les cause pas.

En 1764, il épouse la fille de François de Marcillat, notaire royal et procureur à Saint-Auvent, une petite commune situé à quelques kilomètres au nord-ouest de Saint-Laurent. Cette famille Marcillat [1] comprend surtout des notaires, des procureurs et des juges, présents dans la région depuis le début du XVIIe siècle. Vraisemblablement, des liens étaient établis depuis longtemps entre les deux familles voisines et de statut social identique.

1. Orthographiée également : Marcillac.

François du Soulier et Anne de Marcillat eurent dix enfants de 1765 à 1784, cinq garçons et cinq filles ; Anne Hélène, la dernière, naquit quatre semaines avant le vingtième anniversaire de mariage de ses parents. Sa mère, qui venait d'avoir trente-huit ans, devait être épuisée par toutes ses grossesses. En fait, ce fut le père qui disparut le premier, quelques mois après cette naissance.

En dépit de leur patronyme à particule et de leurs ancêtres, François et Anne du Soulier ne vécurent pas dans l'aisance. Certes, François a hérité du titre de « sieur de Clareuil » mais cela ne lui procure pas les rentes suffisantes pour s'abstenir de travailler. Il continue d'être chirurgien, sans doute toujours dans les armées royales. Toutefois, il revient fréquemment dans son Limousin natal si l'on en croit la fréquence des accouchements de sa femme : leurs sept premiers enfants naissent à Saint-Auvent, Anne continuant à vivre chez ses parents tandis que son mari était contraint à de multiples déplacements. A partir de 1776, le couple s'établit à Saint-Junien. Dans cette cité baignée par la Vienne, plus importante que Saint-Auvent, le chirurgien espère trouver de nombreux patients et profiter enfin de la vie familiale. Mais les malades sont rares : une ordonnance de la généralité de Limoges lui accorde, le 9 mai 1783, une gratification de deux cents livres « à cause de nombreuse famille et pauvreté ». Le chirurgien n'a guère le temps de profiter de cette allocation. Épuisé par sa rude existence, il meurt l'année suivante, en novembre 1784, à l'âge de quarante-quatre ans.

La jeunesse de Jean-Baptiste Dusoulier

Son quatrième enfant, Jean-Baptiste, est né à Saint-Auvent, le 24 février 1769, et a été baptisé le jour même dans la petite église où ses parents s'étaient mariés. En fait, ce jour-là, il est prénommé Jean, son grand-père maternel Jean de Marcillat étant son parrain. Plus tard, il prendra l'habitude de se faire appeler Jean-Baptiste, portant peut-être une attention particulière à ce saint. Il a le sentiment d'être privilégié par la vie : de sa nombreuse fratrie, il ne lui reste bientôt plus que deux sœurs. Ses quatre frères, tous prénommés François comme leur père, ont disparu les uns après les autres, comme si une fatalité pesait sur eux.

Après le décès de son époux, Anne de Marcillat retourne à Saint-Auvent auprès de sa famille. Jean-Baptiste a quinze ans : à lui désormais de veiller sur sa mère et ses deux sœurs; lourde tâche pour un jeune homme en cette fin d'Ancien Régime.

Il a vingt ans lorsque le peuple de Paris s'empare de la Bastille. Que se passe-t-il pour lui? Songe-t-il à jouer un rôle en suivant l'exemple de son arrière-grand-père Charles Poumeyrol et de son père? Les registres militaires, la liste des engagés volontaires en 1792 pour le département de la Haute-Vienne n'ont pas été conservés : il n'est donc pas possible de le suivre à ce moment-là. Il n'a sans doute pas été un soldat de l'an II. Son rôle de soutien de famille est un bon motif d'exemption, ainsi qu'une constitution fragile dont il aurait hérité de son père. Il passe donc les premières années de la Révolution à Saint-Auvent. Pas d'autres renseignements sur lui avant de le retrouver à Limoges, en 1795, lorsqu'il épouse une Limougeaude, Catherine Saderne.

Les Saderne : une modeste famille limougeaude

Catherine Saderne est issue d'un milieu beaucoup plus modeste que celui de Jean-Baptiste. Les Saderne sont une vieille famille d'artisans cordonniers ou cordiers installés depuis de nombreuses générations à Limoges dans ce qui, avant la Révolution, s'appelait « le château », et plus précisément à l'ombre de l'église Saint-Michel-aux-Lions qui tire son nom des deux lions en pierre placés à la porte d'entrée.

Le grand-père paternel de Catherine, déjà installé sous le règne de Louis XV dans cette paroisse Saint-Michel comme cordier, s'était marié avec la fille d'un savetier. Son premier fils, Pierre, à la différence de tous les Saderne, devint chapelier et épousa en secondes noces sa cousine germaine, Catherine Chatard, qui, elle, appartenait à une famille de cuisiniers de père en fils, installés dans la paroisse voisine, la paroisse Saint-Jean. Comme Gaspard du Soulier, il eut une vie assez brève et n'eut le temps que de faire un seul enfant à sa seconde femme. Catherine Chatard lui resta fidèle, élevant sa fille dans le faubourg des Arènes, situé au-delà de l'ancienne limite des remparts du « château ». Le sort de cette femme ressemble à celui de la mère de son futur gendre. Anne de Marcillat et Catherine Chatard ne sont pas originaires du même monde, mais les dures épreuves de la vie les ont rapprochées.

Jean-Baptiste épouse Catherine

Cela ne suffit pas pour les réunir à Limoges. Anne de Marcillat n'assiste pas au mariage de l'unique fils qui lui reste. Le 29 thermidor an III, aucun représentant de sa famille ne se tient aux côtés de Jean-Baptiste. En revanche, Catherine est assistée par sa mère et deux membres du clan Saderne – deux cordonniers, comme il se doit. Les témoins ont dû ironiser en constatant que la descendante de cordonniers et savetiers épousait un... Dusoulier !

Jean-Baptiste se marie civilement à Limoges dans la section nouvellement baptisée : « Égalité. » L'officier de l'état civil orthographie en un seul mot son patronyme et place une majuscule au « d ». Même si la Terreur, en cet été 1795, n'est plus le fait des représentants de la Montagne, Jean-Baptiste ne s'oppose pas à la graphie simplifiée de son patronyme, graphie qu'il a peut-être adoptée de lui-même dès les premières années de la Révolution, sa situation étant restée modeste à Saint-Auvent.

A l'occasion de son mariage, il coupe définitivement les ponts avec son passé et s'installe dans la capitale limousine. Il rompt également avec ses ancêtres en épousant une jeune fille aux origines modestes.

A la fin de la cérémonie, l'officier tend le registre à tous les assistants. Catherine et sa mère parviennent à tracer leur patronyme, fort malhabilement. En revanche, le marié signe « Dusoulier » en un seul mot, sans aucune hésitation, et entoure joliment son nom d'une large ellipse, révélant ainsi (peut-être inconsciemment) ses origines : on devine en lui le descendant d'une famille de notaires. Sa signature en bas de l'acte contraste nettement avec celles des deux femmes et des témoins qui écrivent avec lenteur, parfois en détachant les lettres, ce qui montre que ce geste ne leur est guère coutumier. Et c'est peut-être pour ne pas côtoyer des gens aussi modestes que la mère de Jean-Baptiste ne s'est pas déplacée. Le mariage de son fils marque une déchéance sociale.

L'instituteur Dusoulier

Qu'importe à Jean-Baptiste ! En cette aube de temps nouveaux, il se tourne résolument vers l'avenir, renonçant à son nom à particule et à sa ville natale. Le cours de l'Histoire s'est accéléré et il ne craint pas de le suivre.

Il a vingt-six ans et est sans aucun doute fort épris. Imitant ses parents, il n'hésite pas à avoir dix enfants : six filles et quatre garçons entre 1799 et 1816 [1]. Pourtant, il a pu observer de près les difficultés financières, les multiples soucis qu'une famille nombreuse occasionne. Son attitude est à l'opposé du constat qu'ont établi les démographes, analysant la diminution du taux des naissances à partir de la Révolution française...

1. Seuls quatre d'entre eux dépasseront l'âge de vingt ans.

Ce qui peut paraître une charge aux parents fait le bonheur de l'historien ! Voilà dix naissances qui permettent de suivre Jean-Baptiste Dusoulier au cours de ses multiples pérégrinations dans le nouveau département de la Haute-Vienne, de ses différents métiers. Une vie ignorée de tous mais riche en rebondissements peut ainsi être reconstituée à partir des actes de l'état civil et de quelques archives annexes.

Au moment de son mariage, Jean-Baptiste n'habite pas encore Limoges et n'exerce aucune profession. La pauvreté de ses parents a été un obstacle aux longues études de médecine ou de droit qu'il aurait pu espérer faire pour suivre la voie de ses ancêtres. Néanmoins il a reçu un minimum d'instruction, bagage amplement suffisant pour devenir instituteur. Le métier est certes modeste mais lui permet d'échapper au travail manuel : ce n'est pas lui qui deviendra charron...

Sous le Directoire, les projets ambitieux concernant l'instruction publique, en particulier l'obligation scolaire et la gratuité, ont été oubliés. Le recrutement d'un instituteur dépend de la bonne volonté du maire. On lui accorde un local qui sert à la fois de logement et d'école. Son revenu varie suivant le nombre de ses élèves et le contenu de son enseignement : en moyenne 1 franc par mois et par élève pour ceux qui apprennent à lire, 1 franc 50 centimes pour ceux qui veulent écrire en plus [1].

Le maire de Bussière-Galant a estimé que les qualités de Jean-Baptiste Dusoulier étaient suffisantes pour enseigner les rudiments de la lecture et de l'écriture aux enfants. Jean-Baptiste s'est donc installé dans cette petite commune située au sud-ouest de Limoges, dans le canton de Châlus. Sa femme Catherine est restée à Limoges : elle accouche pour la première fois, au printemps 1799, faubourg des Arènes, chez sa mère. L'enfant, une fille, est prénommée Catherine comme toutes les femmes qui

1. Cf. Jean Tulard, *La Vie quotidienne des Français sous Napoléon, op. cit.*, pp. 88 et suiv.

l'entourent : sa mère, sa grand-mère maternelle et même une des jeunes sœurs de Jean-Baptiste.

A la différence de son père, Jean-Baptiste cherche très vite à se rapprocher de sa femme et de sa fille. Il est engagé comme instituteur à Aixe-sur-Vienne, dans une ville plus importante : ce qui a le double avantage d'augmenter son faible revenu grâce à un plus grand nombre d'élèves et d'inciter Catherine à le rejoindre.

Ils vont vivre ensemble quelques années paisibles dans cette commune. A chaque printemps ou été, Catherine remplit fidèlement son rôle en mettant au monde un enfant. Mais autant la première, née à Limoges, paraît robuste, réussit à passer le cap difficile des jeunes années, autant les suivants – un garçon et trois filles – sont moins résistants. Une autre Catherine (encore une !), née en thermidor an XII, meurt l'année suivante, âgée à peine d'un an, dans la ferme où elle a été placée en nourrice. Sa mère n'avait pu la garder auprès d'elle, étant trop occupée par la venue d'un autre enfant – une fille qui, du reste, meurt à son tour l'année suivante.

Ainsi va la vie à cette époque. Les enfants se succèdent, souvent à chaque printemps ; beaucoup meurent et les parents n'ont guère le temps de s'apitoyer : un autre remplace celui qui vient de disparaître, portant fréquemment le même prénom.

L'« HOMME DE CONFIANCE »

Jean-Baptiste ne se laisse pas abattre par la mort qui frappe ainsi ses enfants. Sa situation d'instituteur ne lui convient plus. Il fait preuve d'ambition et se lance dans les affaires. Bonaparte s'est proclamé empereur. Le descendant des notaires de Saint-Auvent espère se faire une place dans ce nouveau régime. Il revient s'établir à Limoges comme « homme de confiance ». Ses affaires l'accaparent tellement qu'il n'a même pas le temps d'aller lui-même déclarer la naissance de son sixième enfant en février 1808. C'est la sage-femme qui a pratiqué l'accouchement qui va à la mairie [1], accompagnée d'un neveu de Catherine – un cordonnier comme la plupart des Saderne – et un voisin.

L'année suivante, toujours en février, il n'est même pas au chevet de sa femme lorsque vient au monde leur septième enfant. La sage-femme déclare que le père, « homme d'affaires », est absent de la ville, « en campagne » ajoute-t-elle. Jean-Baptiste s'est peut-être lancé dans le commerce fructueux de la fourniture aux armées. Le descendant de l'écuyer Poumeyrol, du chirurgien militaire, a sa place sur les champs de bataille. L'ancien instituteur montre en tout cas qu'il aspire à faire fortune, retrouver le prestige de ses ancêtres.

Deux ans plus tard, toujours « homme d'affaires », Jean-Baptiste s'établit à Saint-Bonnet, au nord-ouest de Bellac. Sa femme, qui a trente-quatre ans, préfère cependant, pour son huitième accouchement, demeurer dans sa famille afin d'être mieux entourée.

L'installation à Bussière-Poitevine

Après cette naissance s'opère un nouveau changement social dans la vie de Jean-Baptiste. A-t-il manqué de savoir-faire et pris trop de risques dans un secteur où il était novice? Son envol correspond aux années fastes de l'Empire. Et, semblable au cours de ce régime, commence sa lente déchéance sociale à partir de 1812.

En effet, il est officiellement désigné, cette année-là, sur la liste des « instituteurs primaires provisoirement autorisés par le recteur de l'Académie à exercer dans le département de la Haute-Vienne ». Il exerce à Bussière-Poitevine, petite bourgade située au nord-ouest du département, à l'opposé de celle où il avait débuté sa carrière

1. Si elle sait mettre au monde les enfants, elle ne sait pas signer comme la plupart de ses consœurs.

quinze ou seize ans auparavant. Le déménagement de la famille a dû se faire peu de temps après que Catherine se fut remise de ses dernières couches. A nouveau enceinte, celle-ci n'éprouve pas le besoin de retourner à Limoges pour son neuvième accouchement. Bien sûr, elle commence à avoir l'habitude et ne se sent plus aussi seule qu'autrefois : sa mère et sa grand-mère maternelle l'ont accompagnée à Bussière-Poitevine.

Le voyage, vraisemblablement le premier de sa vie, a été fatal à la vieille femme : Catherine Guindan, la veuve du traiteur, meurt en février 1812, âgée de quatre-vingt-cinq ans, et est enterrée dans cette commune, loin de tous ses ancêtres [1]. Huit mois plus tard, le 22 octobre, naît Marguerite, la bisaïeule de François Mitterrand. Jean-Baptiste Dusoulier, présent cette fois, ne néglige pas son rôle et va déclarer la naissance de sa fille, accompagné du juge de paix et du brigadier de gendarmerie impériale de Bussière-Poitevine. La présence de ces deux témoins prouve qu'il a su nouer, en peu de temps, de bonnes relations avec les représentants de l'ordre et de la justice. L'instituteur Dusoulier reste attaché à l'Empereur, à son régime, à ses institutions au moment où débute la tragique retraite de Russie et où le général Malet tente sa conspiration. Le juge de paix, Jean-François Desbordes, a quarante-cinq ans comme lui en 1812 : avec cet homme instruit, il se sent plus à l'aise qu'auprès de sa belle-famille. L'existence est rude pour lui. Jean-Baptiste s'est battu pour retrouver un statut social digne de ses lointains ancêtres et, à défaut d'avoir réussi, au moins cherche-t-il à éviter tout métier manuel. A la différence de François Laroche, son instruction lui évite d'avoir les mains calleuses.

1. Deux ans plus tard, en juin 1814, sa fille Catherine Chatard meurt à son tour, à l'âge de soixante-deux ans.

La triste fin du concierge de la maison d'arrêt de Limoges

Le 8 août 1816, derrière les murs épais de la maison d'arrêt de Limoges, Catherine accouche pour la dixième fois. Juste à côté se trouve l'église Saint-Michel-aux-Lions où tous ses ancêtres ont été baptisés, se sont mariés. Pourtant, ce n'est pas avec le curé de cette église que Jean-Baptiste va déclarer la naissance de son dernier fils mais avec celui de l'église Saint-Pierre, plus éloignée, le père Chirac. Les deux hommes portent le même prénom : l'enfant sera donc prénommé lui aussi Jean-Baptiste. Dusoulier a sans doute entretenu un rapport affectueux avec ce prêtre au cours de ses précédents séjours dans la capitale limousine. Le père Chirac est à nouveau près de lui, heureux de constater qu'il se comporte en fidèle chrétien, en honnête père de famille. Tous deux se lancent peut-être, aux cours des veillées, dans de longues conversations théosophiques [1].

Pourtant Jean-Baptiste est fort occupé en tant que concierge de la maison d'arrêt. Averti que le poste se libérait, il l'a sollicité dans l'espoir d'obtenir une rémunération plus régulière que celle d'instituteur et d'être logé gratuitement à Limoges. Alléché par les prétendus avantages de la fonction, il ne s'est pas suffisamment renseigné sur les inconvénients – et le mot est bien faible – ou les a négligés. Funeste erreur !

La maison d'arrêt de Limoges à la fin de l'Empire et au début de la Restauration se trouve à proximité de l'hôtel de la Préfecture. Un peu plus bas, place d'Aine, siègent la cour d'appel et les tribunaux. La configuration géographique n'est pas sans intérêt. Les prisonniers, jugés et condamnés, sortent du tribunal et doivent, pour rejoindre

1. Y a-t-il un lien de parenté entre ce prêtre et les aïeux de Jacques Chirac? Un dramaturge pourrait s'amuser à composer le dialogue possible entre le père Chirac et le trisaïeul de François Mitterrand.

la prison, emprunter une voie étroite et pentue, appelée pour cette raison : la rue Monte-à-regret. Beaucoup d'entre eux peuvent faire l'analogie avec la montée du Golgotha s'ils ont un minimum d'instruction religieuse !

Le calvaire ne s'achève pas en haut de la rue. Les archives de la maison d'arrêt de Limoges, fort bien conservées, permettent de s'en rendre compte [1]. Léonard Sérodit, un des prédécesseurs de Jean-Baptiste Dusoulier, dans une longue lettre en date du 4 août 1808 adressée au préfet de la Haute-Vienne, a l'occasion d'exprimer tous ses griefs. Veillant à bien soigner son écriture, le concierge se plaint d'abord des conditions d'hébergement déplorables dans lesquelles il se trouve, qui seront bientôt celles de Jean-Baptiste Dusoulier, de sa femme et de ses enfants : « Il n'a pour toute habitation personnelle, et celle de sa famille, que la cuisine qui est à rez-de-chaussée à droite en entrant : que ce peut [*sic* [2]] d'espace dont il peut disposer pour son usage et cellui de sa femme, paraîtra plus insuffisant encore, si on fait attention qu'il lui sert de greffe, et qu'il est obligé d'y recevoir les gendarmes et tous ceux qui sont conduits dans la prison pour dresser les actes d'écrou. A tous ces inconvénients déjà considérables, on ne peut s'empêcher d'en joindre un autre bien plus grave encore ; c'est celui de l'humidité et au défaut de circulation d'air qui a causé la mort de tous les concierges prédécesseurs de l'exposant : déjà l'exposant lui-même à essuyé une maladie de trois mois, sa femme en a essuyé une autre, et ces maladies n'ont eu pour cause que cette humidité, que cette privation de l'air si nécessaire à la vie. »

Sérodit ne se contente pas d'énumérer ses récriminations. Afin de placer son lit à l'abri de l'humidité, il propose que soit aménagé un « appentis [3] » dans la partie

1. Aux Archives départementales de la Haute-Vienne existe un dossier complet et passionnant, qui regorge de lettres, de plans et autres documents divers.

2. L'orthographe du document a été respectée ; au reste, les fautes ne sont pas très nombreuses, ce qui prouve qu'il fallait un certain degré d'instruction pour exercer cette fonction.

3. Aujourd'hui, on dirait une mezzanine.

droite de la pièce – la cuisine a douze pieds de hauteur. Soucieux de se préserver un peu d'intimité, il ajoute, détail touchant, que l'appentis lui « offrirait pour coucher une petite retraite, où il pourrait prendre et laisser ces vêtements sans être exposé au regard de personne, ce qu'il ne peut faire dans l'état où il est ». Ne négligeant aucun argument, Sérodit estime que la construction de cet appentis et du petit escalier y menant ne saurait « excéder la médiocre somme de cent cinquante francs ». Que représente cette somme à côté de la vie d'un homme? « C'est pourquoi, Monsieur le Préfet, l'exposant vous supplie d'écouter favorablement la prière qu'il vous adresse, et d'ordonner la construction de l'appentis, sans quoi il ne faut plus considérer les concierges que comme des victimes voués à la mort. »

La suite de l'histoire montrera que le préfet ne se laissa pas émouvoir par cette supplique. En revanche, les supérieurs de Sérodit n'apprécient guère le caractère vindicatif de l'homme : cinq ans plus tard, le procureur général près la cour impériale de Limoges écrit à son tour au préfet de la Haute-Vienne pour se plaindre de la mauvaise conduite du concierge. Celui qu'il appelle « Séraudy » a facilité l'évasion de plusieurs prisonniers et commis de graves négligences envers d'autres détenus, laissant certains sans paille ou bien avec de la paille fétide, couverte de vermine. L'un des prisonniers a même été oublié dans son cachot! Le procureur ajoute que « Séraudy n'a point l'humanité convenable à la place qu'il occupe ». Ne va-t-il pas jusqu'à se moquer ouvertement des magistrats!

Certes, Sérodit ne doit pas être un tendre. Il ressemble au geôlier de *La Chartreuse de Parme*. Cependant, l'homme n'est-il pas excédé de vivre dans des conditions aussi pénibles? Constatant que sa requête n'a pas été suivie d'effet, il cherche tant bien que mal à améliorer ses revenus. Accorder des faveurs aux prisonniers qui savent ouvrir leur bourse – s'ils en ont une! – n'est guère moral mais il semble que la pratique soit assez répandue à

Limoges – comme dans la plupart des prisons de France et de Navarre. En 1811, une procédure est ouverte contre le concierge de la maison de justice de Limoges – autre lieu carcéral – qui a entreposé des marchandises volées et facilité aux acteurs de ces vols les moyens de les revendre.

Ces pratiques malhonnêtes s'expliquent en grande partie par les traitements insuffisants. Le budget de la maison d'arrêt de 1813 attribue à Léonard Sérodit un salaire annuel de huit cents francs (soit un peu plus de deux francs par jour pour nourrir sa famille). Et encore, il n'a pas à se plaindre : le guichetier de la prison ne touche que trois cents francs par an [1].

La situation devient intenable pour Sérodit : redoutant de mourir comme tous ceux qui l'ont précédé dans ce caveau humide, il démissionne le 13 juin 1814. Le 1er juillet suivant, il est remplacé par le dénommé Fournier. Celui-ci ne semble guère plus « convenable » à ses supérieurs que Sérodit. En 1816, le préfet écrit pour signaler que le nouveau concierge a « une conduite des plus répréhensibles ». Ne laisse-t-il pas certains détenus sortir journellement de leur cachot pour aller au cabaret au vu de tous [2] ! N'ayant vraiment aucune moralité, Fournier n'hésite pas à introduire des « filles publiques » dans la prison – sans doute pour améliorer le sort de ceux qu'il ne peut laisser sortir ! D'autre part, il dérobe du « bois à brûler » destiné aux détenus.

Lorsque le préfet écrit pour se plaindre de cette conduite qu'il juge si déplorable, Fournier est concierge à la maison de justice. Il a changé de poste soit en 1815, soit au début de l'année suivante, et c'est vraisemblablement Pierre Saderne, le guichetier, qui a averti son parent de la vacance du poste de concierge à la maison d'arrêt.

Jean-Baptiste Dusoulier prend donc le relais de Fournier à ce moment-là. En août 1816, c'est dans la cuisine

---

1. Il s'agit de Pierre Saderne, vraisemblablement un parent de Catherine.
2. Le préfet ne précise pas si les prisonniers savaient retrouver le chemin de leur prison après avoir bénéficié de ces « libertés conditionnelles » avant la lettre !

humide décrite par Sérodit que naît son dernier fils. Un mois plus tard, le préfet de la Haute-Vienne, qui exerce sur tous les fonctionnaires de son département une surveillance féroce, instruit une procédure contre Jean-Baptiste à la suite d'une tentative d'évasion d'un prisonnier qui lui a été confié. Sans aucun égard pour sa situation familiale, le préfet demande que Dusoulier soit suspendu de ses fonctions. La requête est prise en compte et le sieur Labrune est nommé provisoirement concierge à la place de Jean-Baptiste [1]. On imagine aisément le désarroi de ce père de famille qui se retrouve du jour au lendemain sans emploi, sans logement, avec une femme et plusieurs enfants, dont un nourrisson. Jean-Baptiste qui, à maintes reprises, a manifesté son énergie, ne se laisse pas abattre. Sûr de son bon droit, il se démène, adresse une « pétition » au préfet qui l'accuse, y joignant peut-être des témoignages en sa faveur [2].

En novembre 1816, le directeur de la maison d'arrêt envoie une lettre au maire de Limoges pour lui préciser que les contrevents des cachots ferment mal et que les croisées du premier étage sont peu sûres. Il demande de l'argent pour entreprendre de toute urgence des travaux. Or, Sérodit avait signalé, en 1810 – à l'occasion d'une tentative d'évasion dans la salle des militaires déserteurs – que les travaux de réparation entrepris étaient insuffisants pour empêcher que le fait ne se reproduise. Comment s'étonner, à une époque où les prisonniers s'entassaient dans les cachots, qu'ils aient le désir de « se faire la belle », surtout si les portes et les fenêtres étaient mal crochetées?

Le préfet a sans doute eu connaissance de cette lettre. Comprenant que ce concierge n'a pas le même comportement que ses prédécesseurs, il revient sur son accusation

1. Il était cordonnier : il s'agit peut-être d'un autre parent de Pierre Saderne.
2. Cette pétition n'a malheureusement pas été conservée mais est signalée dans une autre lettre.

de négligence et fait réintégrer Dusoulier dans son poste à la fin de l'année.

Malheureusement le pauvre Jean-Baptiste Dusoulier n'a guère le temps de se réjouir de cette piètre victoire. L'épisode l'a profondément affecté. D'autre part, les travaux d'assainissement réclamés huit ans plus tôt par Sérodit n'ont toujours pas été exécutés : pourquoi la construction d'un appentis serait-elle passée avant l'amélioration de la sécurité? La triste prophétie de Sérodit se réalise : neuf mois après sa réintégration, le 28 septembre 1817, Jean-Baptiste Dusoulier meurt à l'âge de quarante-huit ans. Il n'a mené son ultime combat que pour mieux creuser sa tombe [1] !

Sa seule victoire est posthume : mort, il retrouve le patronyme de ses aïeux. L'employé au greffe du tribunal civil qui déclare son décès précise qu'il s'agit du « sieur Jean-Baptiste Du Soulier Declareuil, concierge à la maison d'arrêt de Limoges et y demeurant ». Étrange association d'un nom à particule à un office bien roturier...

A quarante ans, la veuve de l'ancien concierge se retrouve fort démunie. Même si elle reçoit une pension, les épreuves continuent pour elle. Subissant la même situation de veuvage précoce que sa mère sous l'Ancien Régime, ce n'est sans doute pas par hasard si elle cherche refuge rue des Arènes, près de sa famille. Mais la fatale remarque de Sérodit va être confirmée une fois encore. Quelques jours avant Noël 1818, le petit Jean-Baptiste, celui qui avait vu le jour au fond de la prison-tombeau, meurt à son tour, âgé de deux ans et quatre mois. A cette date, la veuve n'a plus que quatre enfants sur les dix qu'elle a mis au monde : une grande fille, deux garçons de neuf et huit ans, et la petite Marguerite âgée de six ans.

Heureusement, deux mois plus tard, ce triste événe-

1. Sa mort fait au moins un heureux : Pierre Labrune lui succède définitivement. Qu'importent l'atmosphère humide des cachots et la mort offerte en prime : un salaire annuel fixe et un logement assuré sont préférables au métier de cordonnier si aléatoire au début du XIXe siècle.

ment est effacé par le mariage de son aînée, celle qui était née dans cette même ville il y a dix-neuf ans. La jeune Catherine épouse un adjudant déjà en retraite bien qu'âgé seulement de vingt-quatre ans.

Hyacinthe Hyenne, un soldat sous l'Empire

Balzac aurait sans doute été ravi de faire la connaissance de ce jeune homme au nom si romanesque. Né à Paris le 2 messidor an II (20 juin 1794), quelques semaines avant la chute de Robespierre, il avait eu droit à un prénom champêtre, dans l'air du temps. Ses parents s'étaient peut-être amusés à doubler l'initiale du patronyme; le frère aîné avait été prénommé plus simplement Jean-Louis.

Le père, Jean-Claude Hyenne, est un employé du ministère de la Marine, installé depuis décembre 1789 dans la capitale, rue Royale. Il a donc pu suivre en spectateur les événements importants qui se sont déroulés aux Tuileries et sur la grande esplanade rebaptisée finalement place de la Concorde.

Hyacinthe Hyenne grandit rue Montorgueil, au cœur de Paris, dans un quartier fort animé que surplombe la lourde silhouette de l'église Saint-Eustache. Très jeune, il suit son père et devient à son tour employé. Quelle vie banale pour un jeune homme qui s'enflamme en écoutant les exploits militaires relatés dans les bulletins de la Grande Armée! Pourquoi demeurer derrière un bureau à l'heure où les « grognards » conquièrent une partie de l'Europe? Comme d'autres jeunes de son âge, il rêve de participer à l'Histoire qui s'écrit avec un grand « H »... comme Hyacinthe Hyenne! Par un beau jour d'avril 1810, il se détourne du chemin habituel et se rend à la mairie de son arrondissement. Sa décision est prise : il veut s'engager dans l'armée en devançant l'appel. Il n'a pas de temps à perdre, lui qui n'a que quinze ans. Qu'importe : la valeur n'attend pas le nombre des années... Le 10 avril, il est incorporé dans un régiment d'infanterie légère, le 12ᵉ. C'est un charmant jeune homme blond aux yeux bleus, au visage ovale et au front haut, qui n'a pas encore fini de pousser ; il mesure 1,65 mètre. Il est prêt en tout cas à verser son sang pour sa patrie.

Hyacinthe est rapidement formé à la caserne Popincourt avec les autres conscrits qui constituent le 5ᵉ bataillon de son régiment. Ils sont quatre cents hommes en tout, dirigés par six officiers, qui quittent la capitale le 12 juin et arrivent à Bayonne, le 21 juillet, après plus d'un mois de marche. De là, ils passent en Espagne et s'installent à Soria, avec pour mission de maintenir l'ordre dans la région.

Les trois premiers bataillons du 12ᵉ R.I. se trouvaient déjà depuis plusieurs années en Andalousie où ils essuyaient les redoutables attaques des Espagnols et des armées anglo-portugaises dirigées par le général Wellington. En 1812, en dépit des efforts du maréchal Soult, l'armée française est obligée de se replier vers Madrid. En octobre, les hommes du 5ᵉ bataillon sont regroupés avec ces bataillons qui remontent du sud, lesquels ont été fortement décimés par les rudes combats.

Hyacinthe se retrouve près de Madrid au cœur de l'action et est nommé sergent-major le 1ᵉʳ mai 1813. Lorsque le roi Joseph fait évacuer Madrid puis Valladolid, il suit son régiment et participe à l'éprouvante bataille de Vittoria où les soldats français rencontrent l'armée de Wellington. Les combats débutent le 21 juin 1813 dès quatre heures du matin. Les chasseurs du 12ᵉ R.I., placés sur la crête des montagnes, en avant du défilé de la Puebla, ont pour consigne de « débusquer les Espagnols des rochers et broussailles à l'abri desquels ils dirigeaient... un feu meurtrier » [1]. Choc farouche au cours duquel Hyacinthe est blessé au « téton droit » : blessure de face, qu'il reçoit comme un cadeau, le lendemain de son dix-neuvième anniversaire.

---

1. Historique du régiment, conservé au SHAT.

L'armée française est battue et se replie. Une violente escarmouche a lieu à Pampelune en juillet. Cette fois, Hyacinthe est assez gravement blessé à la hanche gauche. Il fait partie des cent vingt hommes qui ne peuvent plus guerroyer dans le régiment et sont rapatriés (vraisemblablement à Bayonne). En récompense de sa bravoure, et compte tenu de ses états de service, il est nommé adjudant le 1er janvier 1814. Modeste promotion pour un soldat qui, contrairement à beaucoup de jeunes conscrits, n'a jamais songé à déserter lors des derniers affrontements. Du fait de ses blessures, il n'a pu participer aux ultimes combats de l'armée du Midi qui continue sa retraite jusqu'à Toulouse. Le 6 avril 1814, Napoléon abdique et les combats cessent sur tout le territoire.

Le 12e R.I., cantonné à Agen, quitte la cité le 12 juin et regagne la capitale un mois plus tard. Il est complètement réorganisé par le nouveau régime des Bourbons : les officiers sont mis à la retraite ou en demi-solde ainsi que beaucoup d'hommes. Hyacinthe n'est pas écarté et suit son régiment à Saint-Denis. Sa mère vient de mourir en juin et il n'est pas arrivé à temps pour l'embrasser une dernière fois.

Quelles pensées animent ce jeune homme qui, à vingt ans, traîne déjà derrière lui un terrible passé, les combats éprouvants et la débâcle en Espagne? Elles ne le déterminent pourtant pas à renier son idéal : Hyacinthe ne cherche pas à utiliser comme beaucoup d'autres ses blessures pour tenter de se faire réformer ou mettre à la retraite [1]. Il demeure fidèle à son régiment qui est devenu son seul repère, sa vraie famille. Qu'importe si le 12e R.I. arbore maintenant cocarde et drapeau blancs. Le jeune homme se rallie, est même décoré de l'ordre royal de la Légion d'honneur, le 29 juillet 1814.

Cependant, lorsque en mars 1815 Napoléon débarque à

1. Ce que fit le bisaïeul de Drieu La Rochelle : il s'empressa, dès la première Restauration, de faire valoir ses droits à la retraite; il faut dire qu'il avait 43 ans et s'était engagé dès octobre 1791.

Toulon et regagne Paris, Hyacinthe n'hésite pas un seul instant, d'accord avec tout son régiment pour le servir encore. Ces soldats sont « insuffisamment habillés et équipés, mal armés, mais pleins d'enthousiasme ». Les clameurs guerrières retentissent à nouveau et Hyacinthe reprend la route au mois de juin. Cette fois, il remonte vers les grandes plaines du Nord, découvre un paysage fort différent des *sierra* espagnoles. Il participe à la bataille de Ligny où son régiment forme la tête de colonne de la brigade Piat. Des heurts d'une violence extrême se produisent avec les Prussiens. Selon un journal autrichien de l'époque, « on combattait dans les rues à coups de baïonnette et à coups de fusil ; on s'attaquait homme à homme avec toute la fureur de la haine personnelle ». Sur le célèbre site de Fleurus où tant de soldats « disparurent » le 16 juin, Hyacinthe reçoit un coup de « biscaïen [1] » qui lui fracture le tibia gauche – blessure qui a au moins le bénéfique effet de lui épargner l'ultime rendez-vous de Waterloo. Il rentre à Paris à la fin du mois de juillet. Sa jambe gauche est en piteux état ; le coup de Fleurus parachève celui de Pampelune : à vingt et un ans, Hyacinthe ne peut plus désormais marcher qu'à l'aide de béquilles ! Le médecin militaire qui l'examine à la fin de l'année le juge hors d'état de servir dans l'infanterie. Au début de l'année 1816, son dossier est classé : il est mis à la retraite avec une solde de 471 francs par an. Que pense-t-il de son aventure, du rêve napoléonien qui s'est abîmé dans la « morne plaine » ?

Son père meurt peu de temps après, en avril 1816. Hyacinthe quitte la capitale et rejoint son frère aîné qui est établi à Limoges comme employé des impositions indirectes. Jean-Louis Hyenne n'a jamais partagé les rêveries de son cadet et a préféré suivre le modèle du père. Sage exemple doit-il penser en voyant avec quelle difficulté son jeune frère sort de la diligence... Épuisé par tant d'aven-

1. Sorte de mousquet gros et long, qui porte beaucoup plus loin que les fusils ordinaires.

tures, Hyacinthe emménage près de lui, rue des Grandes-Pousses, dans le quartier qui a été entièrement rebâti après le terrible incendie de 1790. Il mène une vie de modeste rentier grâce à sa pension militaire, ressassant ses souvenirs. Faute de document, de lettres, il n'est pas possible de savoir s'il est amer ou au contraire soulagé de voir ainsi interrompue sa vie de soldat.

Sa nouvelle installation lui offre l'occasion de rencontrer la fille aînée de Jean-Baptiste Dusoulier. Catherine, elle aussi, est passée par de multiples tourmentes. Elle a suivi ses parents dans toutes leurs pérégrinations depuis Aixe. Elle a connu la période dorée de Limoges lorsque son père était un « homme d'affaires », puis la lente déchéance dans la cuisine humide et sombre de la maison d'arrêt, découvert le monde interlope des prisonniers au début de la Restauration. A-t-elle vraiment eu une jeunesse? En tant qu'aînée, elle a secondé sa mère, surtout lorsque celle-ci était fatiguée par ses couches répétées. Situation assez fréquente dans le clan familial limousin : la fille aînée est *lo grando* (en référence à *lo grando maï* : la grand-mère) et doit se consacrer à jouer le rôle de seconde mère avant de trouver un mari.

Catherine, qui porte le même prénom que sa mère, a veillé fidèlement sur ses petits frères et sœurs, a été près d'eux lors de leur agonie. Cette jeune fille n'a cessé de côtoyer la mort. Ne vient-elle pas de perdre son père et le dernier-né? Raison de plus pour accepter le parti qui se présente, apporter un secours à sa famille qui manque désormais d'un soutien viril. Le jeune homme blond, le Parisien à l'accent piquant, l'ancien militaire à la démarche claudicante, peut remplacer Jean-Baptiste Dusoulier. Catherine l'épouse le 17 février 1819.

Hyacinthe, le beau-frère de Marguerite

Pour Hyacinthe commence le temps de nouvelles responsabilités à l'opposé de celles qu'il a assumées en tant que soldat. Il doit subvenir aux besoins de son couple et des enfants à venir. La pension de retraite fixée pour un célibataire n'est plus suffisante. L'ancien employé qui avait tenté de fuir la monotonie d'un travail régulier est contraint de reprendre un emploi civil. Son frère Jean-Louis n'a pas réussi à lui trouver un poste dans un des nombreux services municipaux, à moins que Hyacinthe n'ait éprouvé une trop profonde répugnance à replonger dans l'univers morne et poussiéreux des bureaux. Il préfère devenir instituteur, peut-être sur les conseils de Catherine qui n'a pu oublier la première profession de son père : la fonction est toujours ouverte à tout homme qui sait lire et écrire, même s'il ne possède aucun diplôme.

Quelques années après leur mariage, Catherine et Hyacinthe s'établissent à Châlus, tout près de la petite commune de Bussière-Galant où Jean-Baptiste Dusoulier avait débuté. Se souvenant de ses anciennes pérégrinations, Catherine n'a pas voulu abandonner sa mère, ses frères et sœurs dans le triste faubourg des Arènes : elle les a emmenés avec elle.

Quelle émotion, pour la veuve Dusoulier, de revenir sur les lieux de son passé. Elle n'est pas encore trop âgée mais la vie ne lui a épargné aucune épreuve : dix grossesses, de multiples privations, le séjour à la maison d'arrêt, la mort de son mari, etc., l'ont usée prématurément. A Châlus, près de sa fille et son gendre, les années de repos lui sont chichement mesurées : elle meurt le 26 septembre 1823 (quelques jours avant la date anniversaire du décès de son mari). Elle n'a que quarante-six ans : à une époque antérieure, sa mère et sa grand-mère ont pourtant bénéficié d'une vie un peu plus longue.

A la dernière Catherine de la lignée revient le soin d'élever Charles, Léonard et Marguerite, qui ont respectivement treize, douze et dix ans. Elle continue de tenir fidèlement son rôle d'aînée tout en s'efforçant d'être une bonne mère : elle met au monde huit enfants (cinq garçons et trois filles).

Hyacinthe doit nourrir cette nombreuse famille [1]. Son maigre salaire d'instituteur est insuffisant, surtout lorsque les enfants grandissent et qu'il faut envisager de financer leurs études. Après 1833, l'homme qui, dès l'adolescence, a fait preuve de courage, n'hésite pas à tenter sa chance dans le commerce pour augmenter ses revenus. Là encore, il semble se plaire à imiter son beau-père – même s'il ne l'a pas connu, Catherine doit régulièrement l'en entretenir. Cependant, les voies du destin sont imprévisibles. Celui qui avait survécu aux rudes combats dans les *sierra*, au coup de biscaïen à Fleurus, ne peut endosser longtemps son nouveau rôle de commerçant itinérant. Il meurt à Marvejols, un chef-lieu de canton de la Lozère, le 16 novembre 1838, âgé de quarante-quatre ans [2]. Pourtant son séjour en Espagne, puis dans le nord de la France, les marches harassantes, l'avaient accoutumé aux longs déplacements. Mais Hyacinthe n'a plus vingt ans. Avec le poids des années, les blessures, la jambe gauche lourde à traîner, le corps est de plus en plus las. La mort le surprend au cours de sa tournée, loin des siens, presque comme un soldat en campagne. Le représentant de commerce n'a même pas réussi à faire fortune, comme son beau-père : son épouse et ses enfants renoncent à la maigre succession pour ne payer aucuns frais.

Le combat de Catherine

Comme sa grand-mère maternelle, comme sa mère, Catherine se retrouve veuve assez jeune – elle n'a que trente-neuf ans –, avec de lourdes charges familiales. Sans jamais se remarier, elle parvient à surmonter cette nouvelle épreuve en décidant de travailler. Imitant son père et son époux ainsi que sa sœur et son beau-frère, elle devient

1. Plusieurs de ses enfants vont mourir en bas âge.
2. Eugène Chantaraud, généalogiste limousin, fort érudit, m'a permis de retrouver la trace de Hyacinthe Hyenne, hors de Châlus.

à son tour institutrice à Châlus tout en s'efforçant d'élever dignement ses enfants. Comme les deux instituteurs de Séreilhac, elle exerce son métier avec la noblesse de cœur qui semble être la caractéristique de la famille Dusoulier. Elle se distingue même de son époux en décrochant le brevet de capacité. L'inspecteur qui lui rend visite dans sa classe, au cours de l'année scolaire 1853-1854, note qu'elle a une « excellente moralité », une « aptitude remarquable » et est assurée dans la ville d'une considération distinguée. Toutefois, l'inspecteur signale qu'elle entretient avec les autorités religieuses un « rapport un peu gêné par suite d'un établissement de sœurs qui se fonde ». La fameuse loi Falloux, votée en mars 1850, a considérablement accru les prérogatives scolaires de l'Église. La rivalité est vive pour l'octroi des subventions entre les institutions religieuses et les écoles que les communes doivent entretenir depuis la loi Guizot. La « bataille scolaire » qui se déroule à Châlus en est une illustration. Catherine Dusoulier, bien que fervente catholique, est une institutrice laïque et les religieuses la considèrent comme une dangereuse concurrente : ne s'appelle-t-elle pas la veuve Hyenne! Catherine fait front devant l'adversité comme elle a vu son père le faire, lorsqu'il fut injustement accusé par le préfet de la Haute-Vienne. Ses atouts sont l'estime et la fidélité que lui témoignent les Châlusiens, à commencer par l'ancien maire de la ville, M. Garebœuf. Sa classe ne se vide pas : Catherine a quarante élèves payantes et huit dites « gratuites », ce qui lui assure un revenu de douze cents francs par an. Somme bien modeste pour une femme seule avec tant d'enfants à charge mais qui lui permet de veiller sur eux.

La vertu est parfois récompensée...

Que de malheurs se sont abattus sur la famille Dusoulier depuis plusieurs générations! Voici cependant un bref récit digne de figurer dans un des volumes de la comtesse de Ségur... La dernière fille de Hyacinthe et Catherine, prénommée Jeanne mais qui préférait se faire appeler « Amanda », fut engagée comme domestique par celui qui avait été le maire de Châlus pendant toute la période de la monarchie de Juillet. Louis Adolphe Gareboeuf avait bien connu les parents d'Amanda et apprécié leur honnêteté. En engageant la jeune fille, il apportait une aide indirecte à l'institutrice de Châlus. Il habitait avec son épouse une vaste demeure, à Dournezac (au sud du département de la Haute-Vienne), que les habitants de la commune appelaient « le château ». Installée auprès de ses maîtres, Amanda Hyenne les servit fidèlement comme ses parents et surtout sa mère le lui avaient appris. Elle ne se maria pas tant qu'elle fut à leur service. Lorsque M. Gareboeuf se retrouva veuf et sans héritier direct, par un testament en date du 15 avril 1876, il légua tous ses biens à Amanda, pour la remercier de ses bons et loyaux services. « Chacun doit être récompensé selon ses œuvres. Mademoiselle Jeanne Amanda Hyenne a pendant vingt-cinq ans donné les soins les plus dévoués, les plus assidus à feu Marie-Rose Séraphine Nadaud, mon épouse, décédée... et depuis cette époque elle m'a constamment donné les marques d'un dévouement sincère et durable [1]... »

Deux ans plus tard, à la mort de son maître, Amanda – elle avait alors quarante-huit ans – se retrouva à la tête d'un joli capital d'environ deux cent mille francs, essentiellement en propriétés. Quel chemin parcouru par la petite fille du concierge de la maison d'arrêt qui avait un salaire annuel de huit cents francs ! Elle n'en profita pas pour mener la grande vie : ce n'était pas dans sa façon d'agir, ni dans celle d'aucun Dusoulier ou Hyenne. Imitant à son tour ses aïeules, elle fit venir auprès d'elle sa vieille mère, son frère Théophile, resté célibataire, et sa sœur Noémie, veuve elle aussi. Amanda reconstitua à Dournezac la cellule familiale que ses parents avaient instituée après leur mariage à Châlus et ses grands-parents à

1. Testament conservé aux Archives départementales de la Haute-Vienne.

Bussière-Poitevine. Catherine Dusoulier, veuve Hyenne, put enfin connaître une vieillesse dégagée des soucis financiers. Elle mourut à l'âge respectable de quatre-vingt-neuf ans le 8 juillet 1889. Quant à Amanda, elle s'était enfin mariée quelques années auparavant avec un propriétaire de la région. C'est en décembre 1908 qu'elle ferma les yeux et fut enterrée auprès de ses proches dans le petit cimetière de Dournezac.

La brève expérience coloniale de Charles Dusoulier

Mais il faut revenir en arrière, à Châlus, sous la Restauration et la monarchie de Juillet, rejoindre les trois derniers enfants vivants de Jean-Baptiste et Catherine Dusoulier, abandonner les récits de la Bibliothèque Rose...

Comme leur sœur aînée, Charles, Léonard et Marguerite Dusoulier ont subi les derniers changements de carrière de leur père. Pour eux aussi, les années d'adolescence passées à Châlus permettent sinon d'effacer du moins de cautériser les plaies plus profondes. Auprès des Hyenne, ils ont trouvé des parents de substitution. Leur sœur aînée a une grande différence d'âge avec eux et porte le même prénom que leur mère. Très tôt, ils ont été accoutumés à se tourner vers elle pour les moindres soins. Quant à leur beau-frère, il joue bien le rôle du père puisqu'il est instituteur, comme l'avait été Jean-Baptiste.

Or Hyacinthe Hyenne ne se contente pas d'apprendre à lire et à écrire aux trois enfants ; il leur conte aussi ses souvenirs de jeune soldat, sa vie d'adjudant dans les dernières années de l'Empire et au début de la Restauration. Des récits exaltants qui enfièvrent l'imagination de ses deux jeunes beaux-frères. Avec les années, la nostalgie a pour effet de nimber de gloire les terribles batailles. A Châlus, paisible cité limousine, si l'instituteur évoque la fin tragique de Richard Cœur de Lion, il excelle surtout à décrire les sierra d'Espagne et la plaine du Nord, la fougue qui détermina son engagement d'adolescent. Il appartient à cette cohorte d'hommes qui entretient la légende napoléonienne, forge les rêves de la génération suivante. Il est revenu diminué de ses campagnes guerrières sans avoir jamais renoncé à ses rêves et transmet le flambeau, au moins à un de ses beaux-frères.

Charles Dusoulier est fasciné par les récits de Hyacinthe. Le jeune homme a peut-être entendu son père Jean-Baptiste évoquer la figure de l'aïeul, chirurgien dans les années de Louis XV. En 1829, il a tiré un bon numéro et est exempté du service militaire. Cependant, l'année suivante, au mois d'octobre, il se présente à la mairie de Limoges et demande à être engagé comme volontaire. Les journées révolutionnaires de l'été ont peut-être exacerbé son enthousiasme, poussé Charles à refaire le geste des jeunes en 1792, à imiter aussi son beau-frère. Il a vingt et un ans : c'est l'âge où l'on rêve de refaire le monde. Il en a assez de s'ennuyer comme Musset dans un monde trop vieux. Bref, il s'engage pour une durée de huit ans [1], se mettant au service de son pays, comme ses ancêtres l'avaient fait. Il est incorporé dans un régiment de lanciers. Sa description, soigneusement notée sur le registre matricule, montre un jeune homme très différent de son beau-frère : il mesure 1,71 mètre, a des yeux gris, des cheveux châtains, un front qualifié d'« ordinaire », une bouche petite et un nez gros.

Si Charles espérait vivre des aventures aussi exaltantes que celles contées par l'ancien soldat de l'Empereur, il est vite déçu. Pas de combats, d'actions d'éclat pour le jeune lancier; rien qu'une vie de garnison en France, terne et monotone. Il se morfond pendant deux ans et demi dans son régiment puis en juillet 1833, fatigué par cette inaction, demande à être affecté dans un régiment de chasseurs d'Afrique. La conquête de l'Algérie qui a débuté peu de temps avant la révolution de Juillet ranime sa frénésie. Gagné par la vague d'exotisme, il désire participer à

1. Durée légale du service depuis 1824; la loi Jourdan de 1832 le réduira à sept ans.

l'entreprise coloniale. Or, un troisième régiment de chasseurs vient d'être formé en février 1833 pour consolider l'implantation française en Algérie. Charles Dusoulier fait partie du détachement composé de deux capitaines et de cent quatre-vingts hommes qui débarquent en août sur le sol africain et prennent leur campement à Bône.

Des combats violents ont eu lieu au printemps avant que les lourdes chaleurs ne ralentissent le cours des hostilités. Après la pause estivale, les tribus à l'entour de Bône reprennent la lutte, en particulier la tribu des Merdès qui est protégée par de « fortes positions qu'elle croit inexpugnables ». Le général d'Uzer décide de lancer une expédition pour mettre cette tribu au pas. La troupe sort de Bône, remonte la rive gauche de la Seybouze, envoie des otages en avant pour prévenir les Merdès de son arrivée, lesquels otages sont reçus par des coups de feu. Les Français tirent quelques coups de canon et le calme est établi. Cet accrochage est rapporté fort partialement par le général de Forzans qui rédige l'historique du régiment en 1898 [1]. Dans le pur style militaire, les phrases sont concises et l'argumentation toujours manichéenne : les méchants sont les Merdès, traités comme des primitifs incapables de comprendre les bienfaits que leur apporte l'armée française. En revanche, aucun étonnement n'est exprimé en ce qui concerne l'odieuse pratique des otages utilisée par une armée prétendument civilisée.

Charles Dusoulier a sans doute participé à ce combat, mais sans avoir été blessé ni s'être distingué par un acte de bravoure. Passé cette sortie, il n'y a plus rien à faire dans cette garnison, sinon soigner sa tenue pour le passage de la revue qui a lieu le 8 novembre. Les derniers jours de l'année s'écoulent paisiblement. Charles ressent peut-être à nouveau l'ennui, la désillusion. Le pays est totalement différent des forêts ombreuses et des prés fleuris de son enfance, la chaleur, la sécheresse, fort éprouvantes. Le soldat n'a guère le temps de s'acclimater et meurt le

1. Historique conservé au SHAT.

31 janvier 1834, sans doute des suites d'une « forte fièvre » comme d'autres soldats de son régiment. Ainsi s'achève, à l'âge de vingt-quatre ans, la brève vie de Charles Dusoulier qui voulut accomplir un brillant destin de soldat et finit tristement sur un lit d'hôpital à Bône, loin des siens, sans avoir pu revoir ses sœurs et son beau-frère. L'annonce de son décès à Châlus dut faire couler bien des larmes à Catherine et Marguerite qui voyaient encore une fois leur fratrie diminuer cruellement.

Ce destin ressemble beaucoup à celui du jeune Olivier Lorrain, le frère du quadrisaïeul maternel de François Mitterrand qui sera évoqué dans la partie suivante. Il ressemble également à celui de Hyacinthe Hyenne, même si celui-ci put revenir vivant de ses campagnes. En fait, il est représentatif de cette génération, profondément marquée par les guerres révolutionnaires et impériales. Charles Dusoulier est un de ces acteurs anonymes de la conquête coloniale, un « obscur » dont François Mitterrand n'a jamais entendu parler, pas plus que de Hyacinthe Hyenne...

Le triste sort de Charles a peut-être eu le mérite de dessiller les yeux de son frère cadet, de lui apprendre à ne pas se laisser envoûter par l'appel du clairon. Lorsque Léonard a vingt ans, en 1831, il ne se présente pas devant les autorités militaires. Dans le registre matricule, il est précisé que Léonard Dusoulier a devancé son appel et s'est engagé dans le 3e régiment de lanciers (numéro d'inscription : 1999). Or le Dusoulier inscrit sous ce numéro n'est autre que son frère aîné, Charles, Michel, né en février 1809. Le jour requis, Léonard a utilisé l'identité de son frère pour échapper au tirage au sort. Le subterfuge a fort bien réussi : il n'y a eu aucune enquête et personne, pas même à Châlus, ne l'a signalé.

Que devient par la suite Léonard ? Mystère. Il disparaît de la région, peut-être pour échapper à toute recherche. Où ses pas l'ont-il porté ? Il ne semble cependant pas avoir connu une espérance de vie plus longue que la plupart des hommes de sa lignée : son existence n'est plus mentionnée dans les papiers officiels. Sa sœur Marguerite ne l'a sans doute jamais revu.

La jeune Marguerite

Ainsi, des dix enfants de Jean-Baptiste Dusoulier, seules l'aînée et la cadette ont pu échapper à une mort précoce. Que d'épreuves et de dures « leçons de choses » pour la petite dernière. Sa mère et sa sœur aînée lui ont enseigné à ne pas se laisser abattre, à adopter quoi qu'il arrive une attitude d'abnégation et de dévouement. Quant à son père et son beau-frère, ils lui ont communiqué ce besoin de se consacrer aux enfants pour leur apprendre à lire et à écrire. Elle recueille précieusement ce double héritage.

Marguerite a compris qu'elle doit travailler, ne pas se contenter d'attendre un futur mari comme le font la plupart des jeunes filles autour d'elle. Elle étudie avec acharnement et réussit à obtenir le brevet de capacité. Le maire de Châlus, M. Gareboeuf, l'a peut-être chaleureusement recommandée : elle est bientôt engagée comme préceptrice par les maîtres du château de Faye pour s'occuper de leurs enfants [1]. Ce château est à mi-chemin entre Châlus et Séreilhac : le hasard permit à Marguerite de faire la connaissance du jeune instituteur de cette dernière commune...

1. Situé sur la commune de Flavignac, où Augustin Thuillier (autre coïncidence) avait été autrefois instituteur.

4

Un couple d'instituteurs exemplaires

Naturellement Joseph n'a pu que plaire à Marguerite. En tant qu'instituteur à Séreilhac, il évoque pour elle la figure chérie de son père, celle entretenue aussi par son beau-frère Hyacinthe. Quant à Joseph, il a été conquis par cette jeune fille instruite comme l'est sa mère Pétronille, qui exerce le même métier que lui, n'est pas issue d'une classe supérieure à la sienne et lui permet d'échapper, peut-être, au mariage avec la fille d'un cultivateur de Séreilhac.

Le 7 juin 1837, les deux jeunes gens unissent leur destin pour le meilleur plus que pour le pire. Ils auront la chance d'échapper aux plus rudes tourments endurés par les parents de Marguerite, aux difficultés qu'a connues le père de Joseph. Étroitement unis, ils ne seront séparés que par la mort. Pendant presque un demi-siècle, leur seul décor sera l'école de Séreilhac. C'est là que naissent leurs six enfants tandis qu'ils se dévouent fidèlement à des générations d'écoliers.

Joseph Laroche, un « bon instituteur »

Durant le Second Empire, de nombreux rapports ont été rédigés sous le double objectif de contrôler les maîtres d'école et favoriser l'essor de l'instruction publique. Ceux concernant le département de la Haute-Vienne sont fort bien conservés aux Archives départementales. Quelle mine de renseignements pour analyser les conditions de travail de Joseph et de Marguerite, leurs relations avec les enfants et leurs supérieurs!

Depuis la réaction thermidorienne, les écoles primaires ont été laissées aux soins des autorités locales. L'État ne s'en occupe donc pas. Avec le retour des Bourbons, son rôle se borne à veiller à ce que l'instruction primaire soit bien fondée sur « la religion, le respect pour les lois et l'amour dû au souverain »; ce que Guizot précisera dans sa fameuse loi de 1833 : « L'instruction primaire universelle est désormais une des garanties de l'ordre et de la stabilité sociale [1]. » L'instituteur subit la double surveillance du curé et du maire, qui est souvent un notable : il doit être le parfait garant de l'ordre et de la foi catholique, surtout pas un agitateur à l'époque où circulent maints brûlots socialistes.

La même loi Guizot stipule que toute commune de plus de cinq cents habitants doit entretenir une école publique. Loi fort utile pour activer le développement de l'instruction publique sur tout le territoire; en particulier dans le Limousin qui est encore une terre d'ignorance et en a la réputation : 85 pour cent des conscrits de Corrèze et de Haute-Vienne à la fin de la Restauration sont illettrés [2]. De louables efforts sont accomplis et, en 1837, il n'y a plus dans la Haute-Vienne que onze communes dépourvues d'écoles.

Selon la loi Guizot, l'entretien du bâtiment et la rémunération de l'instituteur incombent entièrement à la commune qui prélève sur l'ensemble des citoyens les centimes additionnels. Joseph Laroche perçoit une rémunération de deux cents francs. A ce fixe, s'ajoute la rétribution versée par chaque élève. L'enseignement primaire est toujours payant; le conseil municipal dresse simplement une liste de quelques familles indigentes à qui il est accordé

1. Yves Gaulupeau, *La France à l'école.*
2. G. Dauger, D. Dayen, *Histoire du Limousin contemporain.*

d'envoyer gratuitement leur enfant à l'école. A Séreilhac, la somme est de deux francs par élève et par mois. Mais l'école, à cette époque, fonctionne surtout l'hiver (de la Toussaint au Carême), et les parents retirent fréquemment leurs enfants dès le retour des beaux jours ou dès qu'ils jugent que le strict nécessaire a été appris : savoir lire, compter, écrire un peu, suffit amplement quand on habite un petit bourg rural comme Séreilhac.

A ce revenu aléatoire, Joseph a donc été contraint d'adjoindre des ressources annexes, celles de clerc de notaire, receveur buraliste et plus tard secrétaire de mairie. Officiellement, la loi Guizot interdit au maître d'exercer un second métier, mais l'interdiction est restée formelle pendant longtemps, le fixe étant trop faible pour lui permettre de vivre décemment. Joseph ajoute même à toutes ces activités, pendant un temps, celle d' « agent de la providence agricole », une assurance, et d' « auxiliaire chargé du travail des mutations ». Fonctions diverses pour améliorer sa portion congrue et pourvoir au bien-être d'une famille qui ne cesse de grandir, mais ayant toutes une utilité pour ses concitoyens. Ce n'est qu'après 1860 que Joseph – il va avoir bientôt cinquante ans – pourra s'accorder un peu de repos en se limitant au seul rôle d'instituteur et de receveur buraliste. Il a peut-être eu l'occasion de jouer aussi au télégraphiste : en décembre 1865, par une circulaire, Victor Duruy, le ministre de l'Instruction publique, chargeait les instituteurs de ce nouveau service municipal.

Trente ans plus tôt, en 1835, son prédécesseur Guizot a instauré le corps des inspecteurs primaires. Ils sont chargés d'exercer une scrupuleuse surveillance de la qualité de l'enseignement et de la bonne conduite des instituteurs, surveillance renforcée après le printemps 1848, pour des raisons politiques. Jugés trop subversifs, plus de quatre mille instituteurs sont congédiés en 1850 [1].

Tel n'est pas le cas de Joseph Laroche : instituteur sous

1. Cf. Yves Gaulupeau, *La France à l'école*, *op. cit.*, p. 74.

la monarchie de Juillet, il l'est encore sous le Second Empire. Ce n'est certainement pas lui qui se laisserait pousser une barbe, signe caractéristique du révolutionnaire pour les autorités supérieures et qui entraîne l'exclusion immédiate. Les régimes passent; Joseph reste le fidèle et l'immuable instituteur de Séreilhac, comme il le sera encore après 1870.

En 1853, sur les 2 206 habitants que compte la commune, il y a 203 garçons âgés de six à treize ans, dont les trois quarts ne sont pas scolarisés. Cette année-là, Joseph s'occupe de 50 garçons (42 élèves payant les cours, 8 bénéficiant de la gratuité). Dix ans plus tard, bien que Séreilhac commence à se dépeupler – il y a 60 habitants en moins –, la classe que dirige Joseph s'est alourdie : il a désormais 62 élèves. Le rapport commence à s'inverser : il n'y a plus que 70 garçons de 6 à 13 ans qui ne fréquentent pas l'école. En outre, 22 adultes se sont inscrits aux cours du soir. L'instituteur ne peut se plaindre des effectifs chargés, puisque les élèves, dans leur majorité, continuent de payer leur présence (seuls six élèves bénéficient de la gratuité). Son traitement fixe est toujours de 200 francs mais il perçoit 1 085 francs. En 1871, le nombre des habitants est resté sensiblement le même mais la progression est encore accentuée : 96 enfants fréquentent sa classe (84 en payant et 12 gratuitement) ainsi que 31 adultes. Les bienfaits de l'instruction comme la valeur du maître sont reconnus par tous les habitants de Séreilhac.

L'école a été sommairement installée dans la maison qui jouxte la mairie, juste en face de l'église. Il s'agit du même bâtiment, beaucoup plus modeste d'apparence que la vaste demeure du notaire Robert. Tout a été rapidement improvisé. La salle de classe que décrit Hélie Nogaret dans *Le Moulin du Frau* ressemble sans doute à celle dans laquelle enseigne Joseph Laroche [1], avec ses grandes tables ordinaires, les bancs de chaque côté, la chaise pour le maître, les bissacs dans lesquels les enfants portent leur

1. Cité par Louis Peygnaud, *La Vie quotidienne de nos pères*, *op. cit.*

déjeuner. Les murs, mal crépis, sont utiles aux écoliers qui peuvent creuser de petits trous à l'aide de leur plume et prendre ainsi le sable nécessaire pour sécher l'encre. Bien entendu, pas encore de tableau noir ni de cartes murales!

Joseph Laroche pratique la « méthode mutuelle » ou « méthode simultanée » imposée par la loi Guizot. Il répartit les garçons en groupes de niveau, avec un « moniteur » plus âgé pour chaque groupe, chargé d'instruire ses camarades. La tâche essentielle de l'instituteur est d'apprendre à lire et à écrire. Joseph utilise sans doute la « croisette », alphabet suivi de syllabes et de mots qui se groupent en phrases, livre qu'évoque Martin Nadaud, le maçon de la Creuse, dans ses Mémoires. Les ouvrages sont bien rares : dans la plupart des écoles, il n'y a que la Bible, et parfois quelques exemplaires de *Télémaque* et de *Robinson Crusoé*.

Joseph suit scrupuleusement le règlement et accorde une place primordiale à l'enseignement du catéchisme. La prière débute et achève la journée de classe. Tous les samedis, un élève lit à haute voix l'évangile du dimanche. Ce jour-là, les élèves vont à la messe sous la houlette de leur maître.

Les inspecteurs passent chaque année à Séreilhac pour contrôler le travail de Joseph Laroche. La bonne tenue de son école est toujours appréciée. En revanche, en 1853, l'inspecteur zélé émet une réserve, avec le style inimitable qui caractérise ce corps de fonctionnaires : « Instituteur distingué, un peu en délicatesse avec l'autorité locale. » Est-ce à dire que Joseph Laroche n'apprécie guère celui qui s'est emparé illégalement du pouvoir en décembre 1851, qui vient de proclamer le rétablissement de l'Empire? Le non-respect de la Constitution, le viol de son serment et le coup d'État du prince-président n'ont pu que choquer l'honnête citoyen qu'est Joseph Laroche. Comme Victor Hugo, il a peut-être été bouleversé par la mort du député Baudin qui avait exercé le même métier que lui : « Avant d'être représentant, Baudin avait été instituteur.

Il sortait de cette intelligente et forte famille des maîtres d'école, toujours persécutés, qui sont tombés de la loi Guizot dans la loi Falloux et de la loi Falloux dans la loi Dupanloup. Le crime du maître d'école, c'est de tenir un livre ouvert; cela suffit, la sacristie le commande. Il y a maintenant en France dans chaque village un flambeau allumé, le maître d'école, et une bouche qui souffle dessus, le curé. Les maîtres d'école de France qui savent mourir de faim pour la vérité et pour la science étaient dignes qu'un des leurs fût tué pour la liberté [1]. »

L'annotation rapportée l'année suivante est presque similaire, mais avec une précision supplémentaire : « Bon serviteur – caractère difficile – peu de relation avec l'autorité. » Donc, c'est confirmé : Laroche ne fait rien pour se concilier les bonnes grâces des nouveaux dirigeants locaux et ne le cache pas. Joseph montre qu'il a du caractère, ne craint pas d'exprimer ce qu'il ressent, en dépit de la répression féroce qui s'abat sur tout le territoire. Il s'agit moins d'une désapprobation à l'égard de l'Église – le parfait chrétien qu'il est ne doit pas être en désaccord avec le curé qu'il croise chaque jour – qu'avec les nouvelles autorités civiles. Son oncle Martial Robert a été le maire de Séreilhac en 1848, prenant la relève de J.-B. Mayeras, mais ce dernier a repris la tête de la municipalité dès la fin de l'année et y reste jusqu'en 1863. La folle agitation parisienne s'est emparée des rues paisibles du bourg limousin.

Tout rentre peu à peu dans l'ordre. L'instituteur renâcle contre le nouveau régime mais sans dépasser les limites qui auraient entraîné son exclusion. En lui se manifeste avant tout ce trait déjà observé chez les Mitterrand, au moins depuis Charles l'éclusier : le désir de servir l'État quel que soit le régime. Le fonctionnaire est là, zélé; les régimes changent, ne conviennent pas toujours, mais quoi, il faut bien rester fidèle au poste. Ce qui importe à Joseph Laroche c'est avant tout de poursuivre le combat qu'il

1. Victor Hugo, *Histoire d'un crime.*

mène contre le fléau de l'illettrisme. Il n'oublie pas que son père n'a jamais su écrire. A Séreilhac, il veut transmettre son acquis aux jeunes garçons, leur enseigner une bonne conduite, une bonne morale.

Il continue donc à faire chanter le fameux B, A, BA qui peut être entendu dans tout le bourg. L'année suivante, l'inspecteur constate que le « rebelle » s'est assagi : « Bon instituteur – assez bien avec l'autorité locale. » Désormais, tous ceux qui lui succèdent dans ces tournées d'inspection insistent sur son zèle, sa compétence, sa moralité et sa bonne entente avec tous : « M. Laroche continue de mériter la confiance des familles par les soins qu'il donne à ses élèves et par son excellente conduite » (1862). Trois ans plus tard est même précisé qu'il entretient de « bonnes relations avec les autorités ». Cette année-là, il reçoit la médaille d'argent [1]. Le régime de Napoléon III se libéralise. L'infamie du « crime » du 2 décembre s'estompe. Âgé de cinquante-quatre ans, Joseph Laroche fait partie des personnalités de la commune. Tous les habitants le saluent, les adultes se rappelant le dévouement, l'autorité, de leur ancien maître. Les parents lui amènent leurs enfants, en se souvenant qu'ils se sont eux-mêmes assis sur les bancs de la classe, ont appris à tracer les premières lettres de l'alphabet avec lui.

Cependant la roue de l'Histoire et de sa propre vie continue à tourner. En 1870, la République est proclamée une nouvelle fois à Paris. Les échos lointains de la guerre, de l'invasion prussienne ne suscitent pas les mêmes terreurs qu'à Bourges. Le cœur saigne sans doute de savoir le pays envahi, d'assister au départ des jeunes recrues, d'apprendre le décès de certains. Joseph reste toujours instituteur : c'est la seule chose qu'il puisse faire pour bien servir son pays.

En octobre 1871, il fête son soixantième anniversaire et affronte une nouvelle rentrée scolaire. Il peut être satisfait de voir que sa classe ne désemplit pas : il a quatre-vingt-

1. Il avait déjà reçu la médaille de bronze en 1851, avant le coup d'État.

seize élèves et trente et un adultes le soir [1]. Cependant, l'inspecteur qui lui rend visite n'est guère sensible à ce succès. Le rapport pour la première fois est très sévère et ne concerne pas l'attitude politique de l'instituteur. La tenue de l'école est jugée « mauvaise »; « la classe décline malgré la bonne volonté du maître », et surtout celui-ci « commence à être âgé ». Élégante façon de dire à Joseph qu'il ferait mieux de laisser la place aux jeunes! Le vieil instituteur n'a-t-il plus la même autorité dans sa classe qu'autrefois, a-t-il de plus en plus de mal à contenir le chahut, ne devient-il pas sourd?

Qu'importe la cruelle remarque de l'inspecteur qui n'a aucun respect pour les cheveux blancs : Joseph Laroche n'est pas encore décidé à renoncer à ce métier qu'il exerce depuis trente-huit années.

Il n'accepte de prendre sa retraite qu'à l'âge de soixante-six ans en juillet 1877. Peut-être a-t-il la larme à l'œil lorsque, à l'automne, il serre la main de Guillaume Bourbon, un jeune et fringant célibataire de vingt-sept ans, qui vient prendre sa relève? Le nouvel instituteur est heureux de cette nomination qui signifie pour lui un avancement et un salaire annuel de neuf cents francs.

Pour Joseph, commence le temps du repos après quarante-trois années de bons et loyaux services rendus à la commune.

Marguerite Laroche, une institutrice « très zélée »

Dans ce métier honoré mais difficile, sa femme l'a accompagné pendant un moment.

Après son mariage, Marguerite a d'abord renoncé à l'instruction pour se consacrer à son foyer. Mais celle qui devient mère n'oublie pas les épreuves du passé. Fort jeune, elle a appris que tout bonheur est vulnérable. Elle a été également habituée à travailler avant son mariage. De

1. La population de Séreilhac reste stable (2 142 habitants à cette date).

ce fait, elle n'accepte pas la condition de femme au foyer bien que ce soit celle de la plupart des femmes à son époque. N'a-t-elle pas l'exemple de sa sœur aînée qui n'hésite pas, après la mort de son mari, à tenir une classe de filles à Châlus?

Certes, Marguerite n'est pas veuve. Joseph est près d'elle, en bonne santé – à la différence des autres Laroche –, se comporte en bon époux, travaille avec acharnement. Cependant, il a beau se démener comme Jean-Baptiste Dusoulier pour multiplier les rentrées d'argent, trouver de nouvelles fonctions complémentaires, cela ne suffit pas pour nourrir une famille qui ne cesse de s'agrandir.

Toutes ces raisons conduisent Marguerite à reprendre son ancien métier. Elle le fait quelque temps après la venue de son cinquième enfant : Pétronille Zelma, née en juillet 1848. La nouvelle République a peut-être favorisé l'ouverture d'une classe pour les filles à Séreilhac. Marguerite prend ses fonctions à l'automne 1849 ou l'année suivante. Lorsqu'elle se retrouve à nouveau enceinte, elle ne songe pas à abandonner son poste. La dernière fille est arrivée trop tôt : en juin, les classes ne sont pas encore terminées [1] ! Marguerite quitte vite son lit et rejoint ses élèves. Comme l'école est aussi sa maison, sans doute place-t-elle le berceau près d'elle et profite-t-elle de l'événement pour faire une leçon de travaux pratiques sur le rôle de la jeune mère...

L'année suivante, l'inspecteur qui lui rend visite la juge « capable, très zélée, morale »; des remarques aussi flatteuses que celles que reçoit Catherine Hyenne à Châlus.

Peu de parents de Séreilhac trouvent pourtant utile de gaspiller de l'argent pour l'instruction des filles. Marguerite a beaucoup moins d'élèves que Joseph : seulement, dix-huit, dont six bénéficient de la gratuité des cours [2]. Marguerite perçoit 1,50 franc par élève payante (soit 18 francs par mois scolarisable) et n'a aucun traitement

1. A l'époque, les cours s'arrêtent fin juillet et reprennent en octobre.
2. Et il n'y a pas d'institution religieuse rivale comme à Châlus.

fixe, contrairement à Joseph. Son salaire est donc seulement un appoint à celui de son époux. Situation qui commence à se développer : nombreux sont les couples d'instituteurs qui exercent ensemble dans ces petites communes, l'école et le logement étant dans la même bâtisse rudimentaire.

L'inspecteur, qui revient chaque année, couvre d'éloges cette femme et n'a pas les mêmes réserves que pour son époux au début du Second Empire. Il la trouve « intelligente, estimée et considérée ». Dans Séreilhac, Marguerite, en tant que femme instruite, doit étonner. Peut-être est-elle regardée comme la George Sand locale, tout en paraissant bien plus morale que la Parisienne. Les théories sur la libération de la femme qui ont refleuri au cours du « printemps des peuples » font-elles l'objet de débats le soir au coin du feu ? Il y a fort à faire dans le petit bourg limousin pour vaincre les réticences des parents : en 1854, sur 167 filles de six à treize ans, Marguerite n'a plus que 16 élèves.

L'institutrice ne se décourage pas pour autant – elle ressemble en cela à ses parents. Le nombre de ses élèves, par la suite, ne cesse d'augmenter : 27 en 1867 sur les 105 filles âgées de sept à treize ans qui habitent la commune [1]. Les chiffres cependant ne sont en rien comparables aux effectifs des garçons dans la classe de Joseph.

Cette année-là, Marguerite a déjà cinquante-huit ans, mais l'inspecteur ne signale pas son âge comme un handicap; bien au contraire, il la trouve toujours « recommandable sous tous les rapports ».

Marguerite remplit fidèlement son rôle pendant toute la durée de l'Empire. Quelques mois avant le désastre de Sedan, en avril 1870, elle est nommée « institutrice publique de la commune ». Pour ce qui est considéré comme une première nomination, elle reçoit enfin un traitement fixe de quatre cents francs. Promotion bien tardive

1. Sur les vingt-sept élèves, trois quittent l'école en cours d'année, sachant seulement lire.

pour Marguerite qui ressent le poids de l'âge, même si l'inspecteur n'a pas la cruauté de le lui dire comme à Joseph. Ses enfants sont grands désormais et, pour la plupart, casés. Il n'est plus aussi impératif que les deux époux continuent de travailler côte à côte. Marguerite démissionne le 30 juillet 1871. A la rentrée elle voit arriver une jeune veuve de vingt-huit ans : Madeleine Syrieux. Celle-ci se trouvait auparavant en congé à Verneuil : son mari a sans doute été tué à la guerre, ce qui la contraint à retravailler. Elle succède à la vieille institutrice en percevant un salaire annuel porté à sept cents francs.

Ainsi, à une époque où l'instruction populaire n'en est qu'à ses prémices, Marguerite, et surtout Joseph, ont consacré l'essentiel de leur vie à répandre autour d'eux une culture qui leur paraissait primordiale dans une petite commune du Limousin. Ils ont favorisé l'implantation du français au détriment du « patois » limousin, diffusé les grandes découvertes technologiques et scientifiques de leur siècle. Toutefois, et il faut bien insister sur ce point, les époux Laroche ne font pas figure de révolutionnaires à Séreilhac. Il est vrai que l'attitude de Joseph, dans les premiers temps du Second Empire, a suscité quelques réserves de la part des inspecteurs. Mais le maître d'école devait davantage exprimer son profond respect des anciennes institutions qu'un idéal républicain. A Séreilhac, Joseph Laroche et Marguerite Dusoulier n'incarnent pas Jules Vallès et Louise Michel. Non : ce couple se dévoue aux enfants de la commune, et également aux adultes, s'efforce de faire progresser l'alphabétisation des habitants, tout en pratiquant une instruction religieuse. Ils sont tous deux catholiques et ne jugent pas antinomique l'enseignement sous le double respect de l'État et de l'Église. Certes, Joseph a pu composer des livrets d'opéra « un peu lestes », ce que François Mitterrand a entendu

« murmurer » dans sa famille [1]. Pourquoi pas? La mode est bien aux couplets sensuels et équivoques de *La Belle Hélène* et de *La Vie parisienne.* Leurs échos parviennent jusqu'à Séreilhac : Joseph s'amuse peut-être à les fredonner, à les imiter. Rien de plus distrayant après s'être usé les yeux à corriger toute une pile de cahiers que de chanter : « *Je suis l'époux de la reine...* »!

Joseph a écrit aussi des poèmes « d'inspiration mystique [2] ». Était-ce pour se faire pardonner son audace, voire son inconvenance? François Mitterrand n'a cependant jamais eu l'occasion de les lire – pas plus que les livrets d'opéra. Les adultes ne baissaient plus la voix pour évoquer ceux-là. Ce témoignage transmis oralement reste vague, surtout en ce qui concerne la date de composition. Joseph passait-il de l'un à l'autre ou bien est-ce surtout au moment de la retraite qu'il s'est livré à une inspiration mystique, reléguant au fond d'un tiroir les livrets « un peu lestes » de la jeunesse?

En tout cas, il n'a pas dû les faire lire à ses propres enfants, Marguerite veillant bien à leur éducation emplie de morale religieuse et civique.

1. Entretien avec François Mitterrand, 28 juillet 1993.
2. *Ibid.*

5

La courte vie des enfants Laroche

Si les deux instituteurs ont ressenti la fierté d'exercer leur métier, en revanche ils se sont fait beaucoup de souci pour la santé de leurs enfants. Tandis que les progrès de la médecine permettent, dans le pays, de mieux combattre les maladies et d'allonger l'espérance de vie, la mort continue de frapper avec la même régularité cette famille : quatre au moins des six enfants de Marguerite et de Joseph ne connaîtront même pas une existence aussi longue que la leur.

Martial, l'aîné, ne vit que deux jours

Marguerite s'est trouvée enceinte pour la première fois, à vingt ans, environ huit mois après son mariage. Elle ne travaille plus et attend l'heureux événement, entourée seulement de sa belle-famille. Il n'a pas été possible à sa sœur Catherine de quitter son foyer pour être auprès d'elle le moment venu. En tant que femme instruite, Marguerite organise parfaitement son premier accouchement et fait appel à « l'officier de santé » Joseph Debord plutôt qu'à une des matrones du bourg. Sages précautions pour la jeune parturiente, mais qui n'assure pas néanmoins la survie de l'enfant. Deux jours plus tard, le 22 novembre 1838, Joseph retourne à la mairie pour déclarer le décès du petit Martial. A-t-il conscience à ce moment-là qu'il se retrouve dans la même situation que ses parents qui, eux aussi, ont perdu leur premier garçon en 1812?

Émile, le second fils, étudiant réformé

Joseph et Marguerite ne se découragent pas pour autant. Quatorze mois plus tard, en janvier 1840, Marguerite met au monde un second garçon : Joseph, Émile, François. Le père et le grand-père paternel ont confié tous deux leur prénom à ce nouveau-né. Pour la circonstance, François Laroche n'a pas hésité à faire le déplacement depuis Limoges. L'ancien charron a soixante-deux ans et est désormais propriétaire. Il est fier de l'unique fils qui lui reste, qui assure bien la relève et rétablit le lien avec les ancêtres notaires. Peut-être caresse-t-il l'idée flatteuse que son fils, instituteur et secrétaire de mairie, accède un jour à la plus haute fonction, se retrouvant maire de Séreilhac, comme Jean-Baptiste Robert l'avait été au début de la Révolution?

Le petit Émile réussit à franchir le cap terrible des premières années. Les soins attentifs ne lui ont jamais manqué, d'autant que ses parents n'ont plus eu, par la suite, que des filles. Bientôt, il profite de l'attention particulière de l'instituteur qui n'est autre que son père. Son horizon d'enfant et d'adolescent se limite à l'école.

Pourtant, à vingt ans il n'est plus à Séreilhac. Convoqué pour passer devant le conseil de révision de la Haute-Vienne en 1860, il est représenté par J.-B. Mayeras, le maire de sa commune. Cette année-là, il se trouve à Tain, dans la Drôme : il est précisément exempté du service militaire parce qu'il est « cataleptique ». Il peut sombrer à tout moment dans un état de léthargie peu propice à la vie de soldat. Son éloignement de Séreilhac s'explique peut-être par son état de santé. Que fait Émile Laroche, en tant qu'étudiant, dans ce chef-lieu de canton célèbre avant tout pour son vignoble? Aucune attache familiale ni la présence d'une université particulièrement réputée n'ont pu l'attirer ici. Ne lui a-t-on pas conseillé cet exil pour préserver la réputation de ses plus jeunes sœurs, éviter que les commérages ne nuisent à leurs futurs mariages? Simple hypothèse d'une situation fréquente à l'époque.

Le mystère demeure en ce qui concerne Émile. En 1885, lorsque sa mère décède, il n'est toujours pas rentré au pays. Installé à Marseille, il ne travaille pas, se distinguant ainsi de ses parents et de ses sœurs. Que fait-il dans ce port à l'âge de quarante-cinq ans sans même être qualifié de rentier? Sa trace se perd ensuite comme celle de Léonard Dusoulier...

Les quatre filles Laroche ne sont bientôt plus que trois

Le sort s'est également acharné sur les jeunes sœurs d'Émile. La première, née en juin 1841 – Joseph s'est empressé de la prénommer Pétronille comme sa mère – meurt à l'âge de six ans. Les trois suivantes auront le temps de grandir, de se marier, mais deux d'entre elles mourront assez précocement.

Sidonie, née en 1844, s'est retrouvée bien vite en position d'aînée à l'âge de trois ans, après la disparition de sa sœur. Neuf mois plus tard, le 16 juillet 1848 à quatre heures du matin, dans l'école communale naît une autre fille, le cinquième enfant de Marguerite Dusoulier. La république vient de succéder une nouvelle fois à la monarchie. Comme son père en 1791, Martial Robert, peu effarouché par le changement de régime, a pris la tête de la municipalité : c'est lui qui, en tant que maire, inscrit sur le registre la naissance de sa nièce, Pétronille Zelma Laroche, la future grand-mère de François Mitterrand. Joseph n'a pas hésité à redonner le prénom de sa mère à cette enfant. Quant au second qui apparaît pour la première fois dans la famille, il est d'origine germanique;

dérivé d'Anselme, il signifie pour les chrétiens : protégé de Dieu [1].

Zelma semble bien avoir été conçue juste après le décès de la sœur aînée survenu le 6 octobre 1847 : ses parents se sont visiblement efforcés d'effacer le deuil cruel qui venait une fois encore de les frapper. En revanche, il n'est pas tout à fait sûr que la dernière fille, Léontine, née trois ans plus tard, le 19 juillet 1851, ait été autant souhaitée. A cette date, Marguerite, redevenue institutrice, est fort occupée. Même si elle est courageuse, la charge des enfants et de ses élèves est lourde à porter. Elle a déjà trente-huit ans; c'est son sixième accouchement. En tout cas, les parents veillent par la suite à ce qu'il soit bien le dernier.

La mort semble s'écarter pour un temps du foyer des Laroche. Les trois filles, comme le frère aîné, bénéficient d'une solide instruction, recevant à chaque instant des leçons de morale par leurs parents-instituteurs. Il faut bien se tenir à la maison, et bien se tenir en classe. Impossible de mentir, de désobéir. L'éducation et la morale sont omniprésentes.

Les fillettes ne songent qu'à donner entière satisfaction à leurs parents et à les imiter. L'image du père est particulièrement chérie par elles trois. Pas étonnant si la première épouse un instituteur, si la cadette épouse un homme qui se prénomme Joseph; prénom que choisira Zelma pour son unique fils!

L'aînée et la cadette vont également copier celle qui incarne à leurs yeux la figure idéale de la femme. Après avoir appris auprès de leur mère à lire et à écrire, ainsi que les rudiments d'une culture élémentaire, elles poursuivent leurs études à Limoges afin de pouvoir devenir institutrices à leur tour.

1. Ce prénom est oublié aujourd'hui. En revanche, il semble populaire à cette époque. On peut le rapprocher de Zulma et penser aussitôt au magnifique poème de Tristan Corbière *A la mémoire de Zulma vierge folle.*

Sidonie, l'institutrice morte à quarante ans

Sidonie joue son rôle d'aînée en se mariant la première en octobre 1861. Jean-Baptiste Segue, le jeune instituteur de Beynac, commune voisine, a sans doute rencontré pour des raisons professionnelles son collègue de Séreilhac. Joseph Laroche, séduit par les qualités du jeune homme, n'hésite pas à lui confier sa fille qui n'a que dix-sept ans.

A Beynac, Jean-Baptiste et Sidonie deviennent l'exacte réplique des époux Laroche. La jeune femme, après avoir mis au monde deux garçons, profite de son brevet de capacité pour solliciter un poste aux côtés de son mari. L'inspecteur qui lui rend visite en 1867 note que la direction de l'école est assez bonne, que l'institutrice est « intelligente, assez zélée, estimée » : remarques élogieuses qui montrent que Sidonie est bien la digne fille de Marguerite.

Son époux, qui est également secrétaire de mairie, est tout autant apprécié pour ses capacités, son zèle et sa moralité. Il est toujours excellemment noté. En 1871, l'inspecteur trouve qu'il est un « homme sérieux, à la conduite irréprochable, très bien avec les autorités, capable et modeste ». A cette date, il a trente-deux ans et s'occupe avec énergie de son école, au moment où son beau-père commence à être jugé trop vieux.

Malheureusement, ce couple modèle n'a pas le bonheur de connaître une existence aussi longue que celle des époux Laroche. Sidonie s'est retrouvée enceinte quatorze ans après son mariage. Cette grossesse tardive n'a sans doute pas plus été désirée que la dernière de Marguerite. Quatre ans plus tard, en mai 1884, Sidonie qui venait juste d'avoir quarante ans, décède : avait-elle toujours eu une santé fragile comme ses aînés, comme ses ancêtres, ou bien est-ce sa dernière grossesse qui est responsable de sa mort?

Cette disparition bouleverse tous ses proches. Huit mois plus tard, en février 1885, Marguerite Dusoulier ferme les yeux à son tour. La fin précoce de sa fille aînée, de celle qui s'était efforcée de l'imiter fidèlement, l'a profondément affectée. Pour la première fois, Marguerite lâche la main de son époux. Joseph Laroche et Jean-Baptiste Segue ne peuvent résister bien longtemps à ces disparitions. L'instituteur de Beynac meurt l'année suivante, âgé de quarante-sept ans, laissant trois orphelins. Quant au vieux maître de Séreilhac, il rejoint sa chère épouse Marguerite au cimetière, deux ans plus tard, en juin 1887.

Léontine, la cadette

Léontine, comme Sidonie, a obtenu le brevet de capacité et n'a pas attendu de se marier pour devenir institutrice. A vingt-deux ans, elle épouse Joseph Vallon, un employé de commerce qui a dix ans de plus qu'elle, et qui lui a été présenté par son second beau-frère, Théodore Mitterrand[1].

Joseph Vallon, ayant perdu sa mère fort jeune, a été élevé par son père, un « limonadier » établi place Royale à Limoges. Au moment de son mariage, Joseph habite encore avec son vieux père qui s'est retiré du commerce et est désormais « propriétaire ». Situation similaire à celle de François Laroche ou de Jean Mitterrand à Bourges : tous ces petits artisans, petits commerçants, n'ont qu'un seul but dans la vie : devenir rentier et léguer à leurs héritiers quelques biens. Ce que fait également Joseph Laroche qui ne peut compter sur sa modeste retraite d'instituteur. De ses parents et des Robert, il a hérité de rentes qui rapportent 4,5 pour cent par an, en a acheté d'autres ainsi que des obligations des chemins de fer de la Compagnie Paris-Orléans (certainement sur les conseils de son gendre) qui, elles, rapportent 3 pour cent. Tout cela finit par constituer une jolie somme de plus de cent cinquante

1. Voir chapitre suivant.

mille francs lors de la succession de Marguerite Dusoulier [1].

L'argent ne fait certes pas le bonheur mais n'est jamais négligé au moment des tractations qui précèdent les fiançailles et le mariage. Joseph Laroche et Jules Vallon n'hésitent pas à en discuter. Tout se fait dans les règles avant la cérémonie nuptiale. Le vieux notaire, Martial Robert, âgé de quatre-vingt-quatre ans, joue une dernière fois le rôle de témoin, rôle qu'il a exercé le plus fidèlement possible depuis 1816. Et après avoir pu assister aux mariages de ses trois petites-nièces, il ferme les yeux en août 1874, lui qui les avait ouverts à l'automne de l'année 1789. Disparaît ainsi le patriarche, celui qui a servi de mémoire pour Joseph et ses descendants, mémoire partiale qui a privilégié les Robert au détriment des lointains ancêtres de la Roche.

A la différence de sa sœur aînée, Léontine n'a pas choisi un instituteur pour époux mais un homme de la grande ville... comme sa sœur Zelma qui a épousé quatre ans plus tôt Théodose Mitterrand.

---

1. Succession de Marguerite Dusoulier, enregistrée le 3 août 1885 (Archives départementales de la Haute-Vienne).

III

La famille de Joseph Mitterrand

« Mon père, le premier à quitter le pays, se maria en Saintonge », écrit François Mitterrand dans *Ma part de vérité*, tout imprégné de l'histoire de sa famille à Jarnac. La mort ayant fait disparaître beaucoup plus tôt ses grands-parents paternels, il ne savait rien de la plupart des personnages qui viennent d'être évoqués. Son père n'aimait guère se livrer aux confidences sur les événements antérieurs à sa rencontre avec Yvonne Lorrain, son mariage et son installation en Charente. Pour François Mitterrand, la rupture avec le Berry datait donc du mariage de son père. L'enfant ignorait que l'éloignement remontait en fait à la génération précédente : c'était son grand-père qui avait été le premier Mitterrand à choisir son épouse hors du terroir natal.

Les grands-parents paternels et leurs trois enfants

Gilbert Théodose		Pétronille Zelma
Mitterrand 11 janvier 1844 Audes (Allier)		**Laroche** 16 juillet 1848 Séreilhac (Hte-Vienne)
	x 10 avril 1869 Séreilhac	
cheminot (Cie P.O) † 12 janvier 1920 Jarnac 76 ans		† 16 janvier 1897 Poitiers 48 ans

Marie	Adrienne	**Joseph**
6 mai 1870 Limoges	19 août 1871 Limoges	27 sept. 1873 Limoges cheminot (Cie P.O)
x ? Gustave Lirand contrôleur (Cie P.O)	x 1900 St-Amand-Montrond Eugène Thirion ingénieur (Cie P.O)	x 17 avril 1906 Jarnac Yvonne Lorrain
s.p.	s.p.	8 enfants
† ?	† 6 avril 1958 Cognac 87 ans	† 5 mai 1946 Jarnac 72 ans

1

Théodose et Zelma unissent leurs destins

Comment s'est faite la rencontre entre la deuxième fille des instituteurs de Séreilhac et l'employé de la Compagnie d'Orléans ? Théodose Mitterrand a-t-il remarqué la jeune fille tandis qu'elle traversait le hall de la gare ? S'est-il arrangé pour lui communiquer un renseignement qui lui faisait défaut ? L'a-t-il aidée à porter un sac un peu trop chargé ? Ou plus vraisemblablement s'agit-il d'une entrevue ménagée par des amis communs ? Ce qui est sûr, c'est que Théodose Mitterrand fait officiellement sa demande à l'instituteur, alors âgé de cinquante-huit ans. Joseph et Marguerite Laroche prennent des renseignements sur le jeune homme qui n'est pas originaire du Limousin. Qui sont les Mitterrand ? Cette famille leur est totalement inconnue, alors que tous deux portent des patronymes familiers aux habitants de Séreilhac depuis maintes générations. Cependant Théodose a une bonne situation. En tant qu'instituteur, Joseph n'est nullement réfractaire au progrès. Bien au contraire, il enseigne à ses élèves les bienfaits des grandes transformations qui s'accélèrent sous le Second Empire. L'instituteur et l'employé des chemins de fer sont tous deux les nouveaux combattants du XIXe siècle œuvrant pour améliorer l'état de leur patrie. Ils font confiance à la science et au progrès, sans toutefois rejeter l'Église catholique. Entre les deux hommes, les sujets de conversation ne manquent guère.

Le contrat de mariage

Selon l'usage, trois semaines avant la cérémonie nuptiale, le 18 mars 1869, un contrat de mariage est rédigé par Me Denis, le nouveau notaire de Séreilhac, qui a pris la succession du vieux Martial Robert. Moment crucial avant l'échange du consentement des époux.

Zelma Laroche reçoit de ses parents une donation, à titre de préciput, d'1/24e de tous leurs biens et immeubles composant leur succession. Elle dispose également d'une dot de 1 824 francs qui lui vient de l'héritage de son oncle paternel, Jean-Baptiste Thuillier [1], et de 5 000 francs, don de son oncle maternel Martial Robert (à prendre sur sa succession).

Dans le bureau de Me Denis, au côté de son fils se tient Charles Mitterrand. L'éclusier a fait une infidélité à son canal et emprunté le train de Vierzon à Limoges. Sa présence est indispensable pour la signature du contrat. En effet, Charles fait une donation, à titre d'avance sur hoirie, de la somme de 5 000 francs qu'il s'oblige à lui payer dans les six ans à venir (ceci sans intérêt). Il est désormais le propriétaire de la maison que lui a léguée sa tante Anne et d'une vigne de cinquante ares, part qui lui reste, après les multiples successions, des vignobles des Mitterrand. L'éclusier fait visiblement un effort pour adapter la dot de son fils à celle de sa future belle-fille. Ici, à Séreilhac, l'éclusier se sent intimidé auprès des deux instituteurs et du vieux notaire. Mais ce voyage lui a permis de voir la gare de Limoges, d'observer le travail de son fils, si différent du sien. Avec ces belles impressions, il retourne près de son écluse à Vierzon.

1. Le Dr Thuillier est mort à Limoges en 1858.

La cérémonie

Le samedi 10 avril 1869, dans la matinée, Théodose Mitterrand et Zelma Laroche échangent leurs serments dans la mairie de Séreilhac. Joseph et Marguerite se souviennent de leur propre mariage en ce lieu trente-deux ans plus tôt. Près d'eux, il y a Sidonie et ses deux petits garçons ainsi que Léontine qui va avoir dix-huit ans. Émile, l'aîné, n'assiste pas à la cérémonie. Pas plus qu'en 1861, sa signature n'apparaît au bas de l'acte de mariage de sa sœur [1]. Mais près de Zelma, il y a Martial Robert, sans oublier de nombreux habitants de la commune, très attachés au couple Laroche et à ses enfants.

En revanche, Théodose Mitterrand est plus isolé. Charles n'a pu s'absenter de son travail une seconde fois. Sa présence, indispensable dans l'étude de Me Denis, ne l'est plus en ce jour : c'est la mère qui donne le bras au fils pour pénétrer dans la mairie et dans l'église. Charles Mitterrand a simplement adressé une procuration attestant qu'il consent au mariage de son fils. Théodose, bien que majeur, a besoin de ce consentement officiellement établi. Mais sa mère a tenu à être près de lui. Que d'émotion pour Augustine d'entreprendre seule un voyage en train, elle qui n'a connu que les pérégrinations sur les péniches du canal de Berry ! La voici sur une terre étrangère, entourée de gens lettrés, mais fière de constater la réussite de son fils.

Face à sa belle-famille, Théodose se retrouve dans une situation semblable à celle qu'avait connue sa mère lorsqu'elle s'était unie à Charles en 1840. A Limoges, il est seul; il a effectué une coupure plus importante que celle de son père. Théodose est descendu encore plus

---

1. Présent, il aurait été choisi comme témoin. Ces détails confortent l'hypothèse de son éloignement pour raison de santé.

loin, vers le sud. C'est son métier qui a décidé de son nouveau port d'attache. Dans cette ville, il s'est fait quelques amis, en particulier deux jeunes employés de son âge, un conducteur de travaux et un caissier qui lui servent de témoins.

2

Le couple Mitterrand à Limoges

L'installation faubourg des Bénédictins

Le jeune couple s'installe dans une modeste maison (aujourd'hui démolie), située au bord de l'avenue des Bénédictins, nouvellement tracée pour relier la gare au centre de Limoges. Théodose a quitté son logement de fonction dans la gare afin d'offrir à sa jeune femme un cadre de vie plus agréable que ce qui lui convenait lorsqu'il était célibataire; logement cependant situé dans ce faubourg de Limoges où résident essentiellement les familles d'ouvriers employés dans les manufactures de chaussures et de porcelaine.

Dans cet appartement, Zelma met au monde sa première fille, Marie, le 6 mai 1870. Quatre mois après cette naissance, l'Empire n'existe plus et la guerre ravage la partie septentrionale de la France. Théodose ne participe pas aux combats en tant que soldat, mais, à son poste, veille au trafic des troupes. La situation est tragique et le travail du jeune employé des chemins de fer devient difficile, lourd de responsabilités.

Victor Hugo, qui s'est embarqué à Paris en février 1871 pour rejoindre l'Assemblée nationale à Bordeaux, a décrit dans son Journal le long voyage de plus de vingt-cinq heures qu'il fit sur les lignes de la Compagnie Paris-Orléans : « Voyage rude, lent, pénible. Le salon-wagon est mal éclairé et point chauffé. On sent le délabrement de la

France dans cette misère des chemins de fer... » Lors de sa courte escale à Limoges au matin du 14 février, Théodose a peut-être eu la possibilité de reconnaître le célèbre poète.

Les événements se précipitent. Après s'être occupé du transfert des soldats, Théodose est confronté à d'autres tracas au printemps 1871. Les ouvriers limougeauds s'insurgent au début du mois d'avril. Un détachement de troupe qui doit s'embarquer à la gare pour aller écraser les Communards est désarmé par la foule. La Commune est proclamée à Limoges mais l'insurrection écrasée dès le 9 avril. Pendant ces journées, les bourgeois ont tremblé comme lors des émeutes de 1848, lorsque la ville avait été baptisée « la Rome du socialisme ».

A la gare des Bénédictins, Théodose Mitterrand est toujours au cœur de l'action. Il remplit fidèlement sa mission, désapprouvant les désordres de la guerre civile. L'employé n'a pas les mêmes aspirations que les ouvriers limougeauds. A cela s'ajoute la préoccupation d'une nouvelle paternité. Mais le calme est revenu dans la cité lorsque le 19 août naît sa seconde fille, prénommée Adrienne.

Deux ans après cette année terrible, Théodose est toujours chef de district. Il s'installe avec sa femme et ses deux filles dans un autre logement, sans doute un peu plus grand, rue des Tanneries, au numéro 17. L'immeuble existe encore : c'est une bâtisse assez modeste, étroite, à trois étages, comme la plupart des maisons limougeaudes. La rue des Tanneries est située plus vers le centre de Limoges, ce qui traduit le désir de Théodose de s'éloigner des quartiers périphériques où vivent les ouvriers.

La naissance de Joseph Mitterrand

C'est rue des Tanneries qu'est né le père de François Mitterrand, le 26 septembre 1873. Théodose a enfin un fils qu'il prénomme : Félix, Gilbert, *Joseph*. Il lui donne le prénom qu'il tient lui-même de son grand-père Gilbert, le vigneron, mais Zelma a choisi comme prénom usuel celui de son propre père, le prénom si cher aux Laroche depuis plusieurs générations. Joseph Mitterrand est bien né dans le fief maternel des Laroche, au cœur du Limousin.

Théodose Mitterrand se fait accompagner par deux amis, un dessinateur et Louis Vallon (celui qui est devenu, depuis trois mois, son beau-frère en épousant la sœur cadette de Zelma). L'employé de l'état civil se trompe en écrivant le nom du père : Mitterand *(sic)*, le raye et réécrit à la fin de l'acte près des signatures le patronyme orthographié correctement. Erreur compréhensible puisque ce patronyme n'est pas familier aux Limougeauds.

Le garçon qui vient de naître est l'objet de soins attentifs : Théodose se souvient de son jeune frère disparu et Zelma n'ignore pas la mort qui plane au-dessus de sa famille. Cependant le petit Joseph semble robuste : ses parents, rassurés, ne cherchent plus à avoir d'autres enfants par la suite. Certes, du côté des Mitterrand, au cours des dernières générations, les naissances n'ont jamais été trop nombreuses, mais ce n'était pas le cas pour la famille de Zelma. Le couple se conforme aux mœurs de l'époque qui poussent les parents (surtout dans les milieux bourgeois et paysans) à ne pas trop multiplier les naissances à cause de l'héritage. Puisqu'ils ont un héritier et que celui-ci dépasse le cap des premières années, autant se limiter à trois enfants. Joseph sera donc l'unique porteur du patronyme, celui sur qui Théodose porte tous ses espoirs, comme son père Charles avait fait pour lui.

L'agent voyer

Deux ans après la naissance de Joseph, Théodose, qui a trente et un ans, démissionne de son emploi de chef de district à la Compagnie d'Orléans.

Depuis son installation à Limoges, Théodose s'est fait un certain nombre d'amis qui lui ont permis de sortir de son isolement. Il choisit des hommes de sa génération, légèrement plus âgés que lui, et toujours dans le même milieu social, le monde des employés [1]. En ce début de IIIe République, chaque classe sociale continue de vivre dans sa caste. A Limoges comme ailleurs, dès que l'on est un employé, on ne fréquente pas ceux qui portent une casquette, pas plus que l'on peut espérer, à moins d'être un féroce arriviste, pénétrer dans les plus hautes sphères de la cité limougeaude.

Son ami Coldefi, dessinateur, l'a peut-être incité à solliciter un nouveau poste. Théodose Mitterrand devient ainsi « agent voyer de la voirie municipale », fonction créée sous la monarchie de Juillet et qui désigne les ingénieurs chargés du service vicinal.

Une nouvelle fois, Théodose Mitterrand montre qu'il sait se tourner vers un secteur dynamique. En cette cité à la sinistre réputation, il y a fort à faire depuis la Révolution. Les grands travaux d'urbanisme commencés après 1830 se sont accélérés sous le Second Empire. Des sociétés immobilières se sont constituées pour acheter des terrains, établir des plans de quartiers à rénover ou à aménager et revendre ensuite des lots aux constructeurs. A Limoges comme à Paris, l'heure est à la « curée ».

En 1876, la société immobilière qui s'occupe de la zone qui s'étend de la gare jusqu'au Champ de Juillet et la route de Paris obtient de la municipalité l'approbation de ses plans. C'est précisément dans ce quartier qu'il connaît fort bien que Théodose commence à œuvrer. En 1877, il supervise l'aménagement de l'avenue des Bénédictins qui prend une importance de plus en plus grande et ne mérite plus son ancien nom d'« allée », mentionnée encore ainsi lors de la naissance de Marie Mitterrand en 1870 [2]. Le revêtement de cette

---

1. Ce sont eux qui lui servent de témoins.
2. Quelques archives concernant ces travaux ont été conservées aux Archives municipales de Limoges.

artère est entièrement refait, ceci pour une somme de 3 929 francs. Théodose, en tant que « directeur des travaux de la ville », signe et certifie l'état dressé pour cette réalisation.

Théodose Mitterrand reste à ce poste pendant six ans avant de prendre une nouvelle décision dont il fait part au maire de Limoges, le 9 mai 1881 : « J'ai l'honneur de vous prier de vouloir bien accepter ma démission d'agent voyer de la Voirie Municipale. Des raisons de famille d'un grand intérêt pour moi m'obligent à quitter les fonctions qui m'avaient été confiées et que j'occupais depuis 1875.

« Je profite de l'occasion présente pour vous exprimer à vous particulièrement, Monsieur le Maire, et à votre administration en général, mes sentiments de profonde gratitude pour la bienveillance et la sympathie que vous n'avez jamais cessé de me témoigner.

« Veuillez agréer, Monsieur le Maire, l'hommage de mes sentiments très respectueusement dévoués [1]. »

Cette lettre permet, faute d'autres documents archivés, de saisir la personnalité d'un homme consciencieux qui a exercé avec beaucoup de zèle son office. Il écrit toujours avec un soin extrême, sans ratures ni fautes d'orthographe – la lettre citée, les comptes consultés l'attestent. Théodose a fait de bonnes études. Dans chacun de ses postes, il veille à se concilier ses supérieurs par son honnêteté, sa compétence. De son père, Théodose a retenu les leçons de civisme, de fidèle dévouement pour une charge qui répond aux besoins de tous. Théodose Mitterrand est le représentant typique de ces « classes moyennes », foncièrement attachées à la jeune République, qui se mettent au service de leur pays afin que règnent la paix, l'ordre social et la prospérité. Théodose a participé, dans sa modeste fonction, au développement de Limoges qui s'efforce d'étendre sa renommée à tout l'hexagone, et même, grâce à ses célèbres

1. Lettre conservée aux Archives municipales de Limoges.

porcelaines, au monde entier. En revanche, il ne s'est jamais placé du côté des ouvriers qui mènent un autre combat, contribuent eux aussi à bâtir le mythe d'une cité gagnée par la vague socialiste, celle qui sera baptisée en 1905 : « la Ville Rouge »...

3

Le retour au pays natal

Dans sa lettre de démission, Théodose Mitterrand invoque les raisons familiales à l'origine de sa décision. Il a trente-sept ans et souhaite se rapprocher du berceau des Mitterrand. A-t-il eu beaucoup de mal à convaincre Zelma de la nécessité de cet exode? La jeune femme n'a jamais quitté la terre limousine où ses parents, ses deux sœurs, leurs enfants se trouvent encore. Sans doute est-ce pour elle un déchirement, mais il faut bien suivre le mari et surtout penser à l'avenir de Joseph qui va bientôt fêter son huitième anniversaire.

Théodose souhaite revoir plus souvent ses parents avant que la mort ne les lui ravisse. Il reproduit le même cheminement que son propre père – en a-t-il conscience? Charles Mitterrand s'était d'abord éloigné de Bourges, avait tenté une expérience dans un département plus au sud, puis, en sollicitant d'autres postes, avait pu se rapprocher progressivement de sa ville natale.

Cependant, Théodose n'a pris cette décision qu'avec l'assurance d'un nouveau poste. Il a obtenu de son premier employeur, la Compagnie Paris-Orléans, d'être nommé chef de section à la gare de Romorantin. Les bons souvenirs que Théodose a laissés à Limoges, les relations qu'il a sans doute continué d'entretenir autorisent non seulement sa réintégration dans la Compagnie mais aussi une promotion. Il s'installe donc avec sa femme et ses trois enfants dans la sous-préfecture du Loir-et-Cher, d'abord rue des Guideaux.

La mort de Joseph Laroche à Romorantin

En février 1885, Zelma revient, avec son mari, à Séreilhac, pour assister aux dernières heures de sa mère Marguerite. Après l'enterrement, Zelma ne peut se résoudre à laisser son père, âgé de soixante-treize ans, tout seul dans cette commune où il n'a plus aucune attache. Voici presque dix ans qu'il a pris sa retraite, est coupé des enfants. Sidonie, sa fille aînée, est morte l'été précédent. Quant à Émile, il est toujours à Marseille : son état de santé l'a empêché d'être auprès de sa mère en ce douloureux moment. A Zelma revient donc le soin de s'occuper de son vieux père.

Joseph Laroche quitte son Limousin natal pour son ultime voyage de son vivant et s'installe dans la famille de son gendre. Il retrouve ses trois petits-enfants, et surtout le dernier qui se prénomme comme lui.

Deux ans plus tard, le 5 juin 1887, Joseph Laroche ferme définitivement les yeux. Zelma, peut-être en respectant la dernière volonté de son père, veille à ce qu'il soit enterré dans le cimetière familial de Séreilhac, juste à côté de Marguerite. Les tombes jumelles sont sobres et comportent chacune, suivant la tradition limousine, un médaillon émaillé. Celui de Marguerite a sans doute été composé par Joseph et exprime ses sentiments à l'égard de celle qui a partagé sa vie : « Ici repose Marguerite Laure Émilie du Soulier de Clareuil, ÉPOUSE LAROCHE, décédée à Séreilhac à l'âge de 72 ans / VERTU SUBLIME / Elle fut la mère et la consolatrice des pauvres / Son âme remonta au ciel [1]. » L'expression « Vertu sublime » impressionna particulièrement François Mitterrand lorsqu'il vint se recueillir sur ces deux tombes dans les années 1980 [2]. De ses bisaïeux dont il ignorait

1. Marguerite retrouve ainsi, *post mortem*, le patronyme exact de son grand-père, le chirurgien de Saint-Junien.

2. Au cours de l'entretien du 28 juillet, évoquant cette visite, il répéta plusieurs fois l'expression.

quasiment toute l'histoire, ne restaient que deux pierres tombales, fidèlement unies, et cette inscription émouvante célébrant la vertu de celle qui sut se dévouer à sa famille et aux enfants de Séreilhac.

La mort de Charles Mitterrand à Bourges

Si Théodose a hébergé son beau-père, en revanche, il n'a pu faire venir près de lui ses parents. L'appartement ne permet sans doute pas de loger autant de personnes. Et puis la situation n'est pas tout à fait la même : le père de Zelma s'est retrouvé veuf, donc dans une situation plus délicate que les parents de Théodose.

En effet, Charles Mitterrand a pu se constituer une rente suffisante et renoncer à son dur métier. Avec son épouse, il peut enfin s'installer dans la fameuse maison située rempart Villeneuve [1]. Mais à Bourges, où cinq générations de Mitterrand se sont succédé, Charles et Augustine se retrouvent seuls, sans autre repère que le canal de Berry, tout proche de la maison. Charles a au moins l'ultime distraction de suivre du regard les péniches, d'observer le travail de l'éclusier, les gestes nouveaux adaptés à la modernisation de la navigation.

En 1886, son état de santé devient très inquiétant et Théodose se rend à Bourges. Charles Mitterrand s'éteint dans la nuit du 22 septembre 1886. Théodose a quarante-deux ans et va à la mairie déclarer le décès de son père, comme Charles, exactement au même âge, avait fait la démarche pour Martin. Y songe-t-il? Se souvient-il de l'écluse de Boisbuard, de Parnay, de ses premières

1. Cette artère a été tracée sur la ligne de l'ancien rempart Saint-Paul, appelé ainsi au Moyen Âge en raison de la proximité du prieuré du même nom construit en bas de la vallée. En 1815, elle fut appelée « rempart Villeneuve » ou rempart de la tour à poudre, à cause de la tour d'angle qui se trouvait face à l'ancienne usine métallurgique établie près de la rivière. En 1846 elle devint le boulevard Saint-Paul, puis, à partir de 1903, le boulevard Lamarck (cf. Richet, *Bourges pas à pas, op. cit.)*.

années? Il a au moins la certitude, de par sa fonction actuelle, d'avoir donné toute satisfaction à son père, d'avoir continué l'ascension sociale des Mitterrand. A lui de transmettre le flambeau à ses enfants et en particulier à Joseph.

4

La jeunesse de Joseph Mitterrand

Joseph a fait ses premiers pas dans la capitale limousine. A-t-il eu le temps de fréquenter une école pour apprendre à lire et à écrire ou bien a-t-il bénéficié de l'enseignement particulier de sa mère, secondée par les instituteurs de Séreilhac? Mais par suite de la démission de son père, Joseph se retrouve, à l'automne 1881 – il vient juste d'avoir huit ans – en terre étrangère, c'est-à-dire dans le Loir-et-Cher.

Les trois amis de Romorantin

A Romorantin, Joseph ne demeure pas longtemps isolé et noue de solides amitiés. D'abord avec Léonce Courant, qui a un an de plus que lui et est originaire de la cité solognote. Le père de Léonce est commis-greffier au tribunal civil [1]. Exemple qu'imitera Léonce : après des études de droit à Paris, il reviendra se fixer à Romorantin auprès de lui.

Le deuxième ami de Joseph, Maurice Gaveau, lui est très cher. Son père, employé au service de l'enregistrement, est parent du célèbre manufacturier de pianos. A cette amitié de jeunesse, Joseph restera fidèle toute sa vie. Maurice sera toujours son ami le plus proche. Bien

1. Cf. article de Claude Courant, in *Bulletin de la société d'Art, d'Histoire et d'Archéologie de Sologne*, n° 3, 1987.

plus tard, lorsque leurs mariages et leurs métiers les auront entraînés tous deux loin de la Sologne, Joseph à Jarnac et Maurice à Lille, ils continueront à s'écrire, à se fréquenter. Joseph demandera en particulier à Maurice d'être le parrain de son deuxième fils : François, le futur président.

Le troisième ami de Joseph s'appelle Charles Cordonnier. A la différence des deux autres, il est originaire du nord de la France mais vient régulièrement passer ses vacances à Romorantin où il retrouve Léonce, Maurice et Joseph. Charles poursuit ultérieurement des études théologiques. Devenu prêtre, il se fixe à Paris tout en étant le prédicateur et le chanoine de la cathédrale de Rouen. Sa vocation ne le coupe pas de ses anciens camarades. A Paris, il continuera à servir de point de ralliement à ses trois amis : Joseph ne manquera jamais de lui rendre visite chaque fois qu'il viendra séjourner dans la capitale.

Outre sa fidélité à ceux qu'il a connus au cours de son adolescence, son respect de l'amitié – attitude qu'il léguera à ses enfants –, se révèle également le fait que Joseph, comme Théodose à Limoges, ne sort jamais de son milieu social : les pères de ses amis sont à l'image du sien, honnêtes employés et fervents catholiques, appartenant tous à cette petite bourgeoisie provinciale.

Les études à Blois dans une institution religieuse

Joseph ne retrouve ses amis qu'au moment des vacances, à moins que Maurice et Léonce ne soient, comme lui, pensionnaires à Blois. Pour Joseph, pas d'éducation qui ne soit catholique : ainsi en ont décidé ses parents, préférant inscrire leur fils à Notre-Dame-des-Aydes, une institution privée assez réputée, plutôt qu'au lycée de Blois. Même si les lycées ne bénéficient pas de la gratuité que Jules Ferry vient d'imposer pour les écoles communales et, de ce fait, demeurent le fief d'une jeunesse aisée, les parents de Joseph tiennent avant tout à ce que leur fils reçoive une éducation fortement imprégnée des préceptes chrétiens, sa mère surtout. Zelma a suivi les cours de Marguerite, a observé ses parents allier l'apprentissage de la lecture et de l'écriture à l'instruction religieuse : elle est sans doute convaincue d'offrir à son propre fils une voie que n'auraient pas reniée les deux instituteurs communaux.

A Notre-Dame-des-Aydes, Joseph fait de brillantes études littéraires, reçoit régulièrement d'honorables distinctions pour ses résultats. Par exemple, en classe de rhétorique, il obtient le deuxième prix d'excellence, le troisième accessit en instruction religieuse, le premier prix en ce qui concerne la diligence et le premier prix également pour le discours français. Théodose peut être fier de son fils, s'estimer récompensé des sacrifices qu'il consent pour financer ses études.

Joseph se montre également passionné par l'art dramatique. A la fin de son année, il interprète avec six autres élèves une scène des *Femmes savantes* lors de la fête de fin d'année de l'école. Détail amusant : la scène jouée par des adolescents, certains déguisés en femmes, ne choque pas l'évêque de Blois qui assiste à la représentation. Au moment où partout en France s'affrontent violemment partisans de l'école laïque et de l'école libre, Molière n'apparaît plus comme un sujet tabou dans cette institution blaisoise.

Autre distinction pour Joseph : il reçoit le prix qu'accorde l'amicale des anciens élèves de Notre-Dame-des-Aydes à celui qui « s'est fait le plus remarquer, pendant son séjour à l'École, par ses succès, sa conduite et son caractère », récompense qui prouve que ses résultats sont estimés de tous, qu'il a su, ici comme à Romorantin, se faire aimer et respecter.

En mars 1892, Joseph, qui a dix-neuf ans, assiste à la séance académique de l'école : il est reçu comme nouvel académicien pour « l'agrégation des Arts ». L'occasion lui est offerte une fois encore de participer à plusieurs spectacles et de déclamer un texte intitulé : *Pour la patrie* [1].

La vocation sacrifiée

Ces trop rares renseignements sont les seuls éléments qui permettent de cerner la personnalité du jeune Joseph Mitterrand. Il manifeste très tôt une prédilection pour les études littéraires et révèle en particulier un talent d'orateur. Il prend plaisir à jouer, à affronter le public, à faire entendre une voix dont la justesse déclamatoire est récompensée. Il aspire à devenir journaliste. Comme tant d'autres adolescents provinciaux en cette fin de siècle, il rêve de poursuivre ses études à Paris, d'y rencontrer les grands écrivains qu'il admire, de se faire un nom, d'être reconnu.

Les fréquentations qu'il a entretenues dans son école ont sans doute étayé ses rêveries. Parmi les élèves de Notre-Dame-des-Aydes participant aux fêtes ou récipiendaires des prix figurent pour moitié des héritiers de familles nobles : de Verneuil, dc Saint-Venant, de Montpezat, de Clinchamp, de Pierrebourg, etc. Le descendant des notaires de la Roche et du Soulier se trouve en bonne compagnie. Mais Joseph ignore sans doute ses lointaines origines : ce qu'il connaît de son histoire familiale est restreint aux trois dernières générations, et aux patronymes roturiers des Laroche, Robert, Desjean, Mitterrand. Il faut défendre un nom qui n'est pas précédé d'une particule. Peut-être est-ce dans une salle de classe de Notre-Dame-des-Aydes que Joseph a songé à ses ancêtres prévôts de Bourges?

Mais Théodose Mitterrand n'apprécie guère la vocation de son fils. Lui qui a pris soin de lui offrir une solide instruction recherche pour Joseph avant tout la sécurité. Il

1. Tous ces renseignements sur l'école Notre-Dame-des-Aydes font partie des archives personnelles du président à l'Élysée.

lui dépeint longuement les avantages que présente un poste d'employé dans la Compagnie d'Orléans, l'avancement régulier pour qui sait être efficace et respectueux du règlement. A quoi bon poursuivre des études coûteuses dans la capitale, courir ensuite après une hypothétique place dans un quotidien alors que Joseph peut être assuré d'être immédiatement embauché par une compagnie qui offre toutes les garanties aux yeux de son père [1]?

Joseph n'a rien d'un rebelle. Il aime profondément ses parents et les respecte. Dès son enfance, il a appris à obéir, se conformer à l'autorité parentale. L'éducation religieuse reçue à Blois abondait dans le même sens. Ce n'est pas lui qui partirait en claquant la porte, affirmerait accomplir coûte que coûte son destin. Il enfouit donc ses rêves, ses ambitions : puisque son père tient à ce qu'il devienne employé, il le sera...

A vingt ans, en 1893, ses études achevées, Joseph se présente devant le conseil de révision. La République est désormais solidement installée et l'avenir ne semble menacé d'aucun nuage. Pour Joseph, le service militaire est une parenthèse d'un an avant de s'engager dans l'âge d'homme.

Les sœurs de Joseph

A côté de Joseph grandissent ses sœurs aînées, Marie et Adrienne. Quelles études ont-elles suivies? Ont-elles été placées, elles aussi, dans une institution religieuse? En tant que filles, elles ont été plus négligées. Zelma, oubliant l'exemple de sa mère et de sa tante, n'a nullement songé à en faire des institutrices. Elle a simplement veillé à leur transmettre l'éducation qu'elle-même a reçue pour devenir une excellente épouse, une mère parfaite, qui n'a nullement besoin de travailler si le salaire du chef de

1. François Mitterrand a évoqué les problèmes d'argent pour expliquer les pressions de Théodose sur son fils (entretien du 31 mars 1993).

famille est suffisant. Au reste Zelma, renouant ainsi avec les descendantes des Robert, a été la seule fille des époux Laroche à ne jamais enseigner. François Mitterrand n'a pu se faire de cette femme qu'une opinion à partir des photographies qu'il a conservées : « Je pense que c'était une personne sévère, un peu étroite. J'ai l'impression qu'elle a élevé ses filles de façon aussi étroite. Elle me paraît un personnage assez peu commode [1]. » A-t-elle hérité de sa mère cette sévérité, cette étroitesse d'esprit ? Marie et Adrienne ont donc subi cette éducation rigide, austère. Elles ne se sont sans doute pas éloignées de Romorantin, n'ont pas été à Blois comme leur frère. Dans ces familles de la petite bourgeoisie, tous les efforts financiers sont consacrés à l'héritier.

De Marie, il ne reste que fort peu de traces car elle a vécu en marge de la famille après son mariage. En revanche, pour celle qui deviendra la « tante Adrienne », il y a plus de témoignages [2]. C'est vraisemblablement son frère qui lui a présenté un de ses amis, ingénieur à la Compagnie de Paris-Orléans, comme autrefois Théodose Mitterrand avait présenté Joseph Vallon à la sœur cadette de sa femme. L'a-t-il fait avant ou après le triste mois de janvier 1897 ?

Eugène Thirion a trois ans de plus que Joseph. Il a vu le jour à Rennes en octobre 1870 tandis que son père, lieutenant dans l'artillerie, était fort occupé à combattre les Prussiens. La paix retrouvée, ses parents se fixent à Poitiers. Eugène y fait ses études secondaires avant de monter à Paris pour suivre les cours de l'École centrale. Plus tard, il entre à la Compagnie Paris-Orléans, a la chance d'être nommé à Poitiers. C'est là qu'il fait la connaissance de Joseph Mitterrand.

1. Entretien du 28 juillet 1993.
2. Elle sera davantage présentée dans la dernière partie, chapitre 5.

La mort précoce de Zelma Mitterrand

Or, c'est dans cette ville que la mère de Joseph meurt le 16 janvier 1897. En ce qui concerne cette mort précoce – elle n'a que quarante-huit ans –, il n'y a aucun témoignage, Joseph Mitterrand ayant toujours été d'une très grande discrétion sur sa vie personnelle. Les seules hypothèses peuvent donc être faites à partir de la lecture attentive de l'acte de décès de la grand-mère de François Mitterrand.

Que faisait Zelma Laroche à Poitiers en ce mois de janvier 1897? C'est Eugène Thirion qui va faire la déclaration du décès, accompagné d'un jeune aide-contrôleur de la Compagnie, Gustave Lirand. Est-elle venue rendre une visite à son fils Joseph à l'occasion des fêtes de Noël? A-t-elle fait à ce moment la connaissance des deux amis de son fils, pressentant déjà en eux de futurs gendres possibles?

Cette mort a été totalement imprévue. Zelma, qui vivait dans le Loir-et-Cher avec son mari et ses deux filles, aurait-elle entrepris un long voyage en train si elle avait su ses jours menacés? La maladie ou un malaise sont venus la surprendre dans cette ville où rien ne l'attachait en dehors de la présence provisoire de son fils.

Pour Joseph qui n'avait que vingt-trois ans, le choc fut terrible. Savait-il que la mort avait pris l'habitude de faucher précocement les membres des familles Laroche et Dusoulier? Ses deux cousins Segue étaient encore plus jeunes que lui lorsqu'ils avaient perdu leur mère Sidonie. Mais personne ne lui avait sans doute parlé de la disparition précoce de ses trisaïeux, Pierre et Claudine de la Roche, de celle de Jean-Baptiste Dusoulier mort au fond de la maison d'arrêt de Limoges, à quarante-huit ans lui aussi. Le jeune homme est trop écrasé de chagrin pour chercher des explications dans sa généalogie. Cette plaie vive, il la camouflera soigneusement toute sa vie. François Mitterrand en témoigne : « Ma grand-mère... je ne sais rien d'elle. Je n'ai jamais entendu parler d'elle par mon père qui cependant avait la photographie de sa mère au-dessus de son lit [1]. » Cette photographie placée à Jarnac dans sa chambre, donc à l'endroit le plus intime, et le silence de Joseph témoignent de cette douleur profonde, de ce deuil secret.

1897 : une année cruelle pour Théodose Mitterrand

L'année 1897 est tout aussi éprouvante pour le père de Joseph. A l'âge de cinquante-trois ans, Théodose Mitterrand se retrouve veuf avec trois grands enfants, non encore mariés. Il est toujours chef de section de la Compagnie Paris-Orléans, désormais en poste à la gare de Saint-Amand-Montrond. Grâce à sa nouvelle affectation, il a pu se rapprocher de Bourges et de sa mère.

Augustine Desjean n'habite plus la vieille maison familiale mais s'est installée dans une maison de retraite voisine. Est-ce elle qui a souhaité ne pas s'éloigner de la cité chère à son cœur, bien qu'elle ne puisse plus vivre seule? Se sent-elle trop épuisée, trop vieille pour apporter un peu de réconfort à son fils? Elle est déjà fort âgée et s'éteint à la fin de l'année, le 30 décembre exactement, à l'âge de quatre-vingt-cinq ans. Théodose a été appelé à Bourges pour ses derniers moments. Comme il l'a fait pour son père, il va déclarer le décès à la mairie, accompagné seulement par un voisin de la défunte : à cette date, Théodose n'a plus aucun parent à Bourges.

Adrienne reste près de son père. Même si des dispositions avaient déjà été prises au sujet de son mariage, la jeune fille ne veut pas abandonner son père après ces deux deuils successifs.

1. Entretien du 7 avril 1993.

Eugène Thirion réussit à être muté à Tours en 1900. Cette année-là, il épouse la sœur de Joseph. Le mariage a lieu le 8 mai à Saint-Amand-Montrond. Adrienne a vingt-huit ans, Eugène un an de plus. Il a perdu son père lorsqu'il était adolescent et sa mère, lui aussi, à vingt-trois ans. Lorsqu'il se présente à la mairie, il est tout seul, sans aucun parent à ses côtés. Son témoin, son ami, devient son beau-frère, l'introduit dans ce qui va désormais constituer son unique famille.

Joseph, cheminot à son tour

En 1900, Joseph a vingt-sept ans. Intérimaire à la Compagnie d'Orléans, il se trouve en poste en Bretagne, près de Nantes. Il s'est rallié aux arguments raisonnables de son père. Nul doute que la mort de sa mère a aussi pesé sur son choix, l'a maintenu dans la voie conseillée. Après un deuil cruel, la fatigue s'abat sur le corps comme sur les ambitions. Désormais Joseph veille à être un employé modèle comme son père l'a été. Il poursuit la mission que se sont fixés les Mitterrand depuis la rupture avec les ancêtres vignerons. Sa vie se déroule avec les changements habituels d'affectation. Sur ces années, Joseph a posé une chape de plomb qu'il n'a jamais voulu soulever pour ses enfants. Le fil de son histoire se perd jusqu'au moment où, à trente-deux ans, il est sous-chef de gare à Saint-Nazaire. Une nouvelle vie pour lui va commencer : il épouse Yvonne Lorrain à Jarnac.

Deuxième Partie

LA BRANCHE MATERNELLE

François Mitterrand est né à Jarnac chez ses grands-parents maternels. Il grandit dans cette petite ville charentaise, comblé de soins attentifs et de tendresse. De cette famille qui l'entoure, dont il fréquente les membres, dont il entend souvent parler autour de lui, ne vont pas naître les mêmes rêveries qu'au sujet des lointains Mitterrand, de ceux qui, finalement, en dehors de son père et de sa tante, sont les grands absents. En revanche, les anecdotes précises conservées par François Mitterrand sont plus nombreuses et ont permis à plusieurs reprises de résoudre une petite énigme, de rectifier un élément défaillant.

Des Lorrain et des Touzet prédominent quelques figures, celles entretenues par les vivants et celles enfouies dans l'oubli, qu'il est nécessaire de dégager pour poursuivre l'inventaire de ce legs familial qu'a reçu François Mitterrand. Ce qui est étonnant dans cette branche, c'est que deux quadrisaïeux, François Lorrain et Claude Touzet, ne sont pas nés en Saintonge. Du côté paternel, tous les descendants étaient originaires, soit du Berry, soit du Limousin, les unions se faisant toujours sur place, jusqu'au moment où le Berrichon Théodose Mitterrand vint chercher sa femme à Séreilhac. Du côté maternel, des hommes migrants ont arrêté leur course sur cette terre charentaise, s'y sont fixés au moment de leur mariage. C'est également ce qui arrive au père de François Mitterrand au sortir de la Première Guerre mondiale.

I

Du côté des Lorrain

Lorsque François Mitterrand se gaussait de Barrès en lui opposant ses ancêtres berrichons, ardents patriotes, il ne rendait pas justice aux Lorrain, à ceux qui précisément avaient fait montre d'un constant dévouement à leur patrie, l'un d'eux n'hésitant pas à « mourir pour la France », selon l'expression consacrée. Mais il n'est pas pour autant responsable de cette omission. Un processus d'effacement s'est opéré dans la famille Lorrain au niveau du trisaïeul : celui-ci, à la différence de son père et de ses trois aînés, a refusé de porter l'uniforme et a choisi le commerce. Il faudra attendre qu'un des frères de François Mitterrand se tourne à nouveau vers l'armée pour que le lien soit renoué avec le quadrisaïeul François Lorrain.

La Charente
La famille **Lorrain** jusqu'au grand-père maternel

Les quadrisaïeux

François **Lorrain** gendarme † 1805 Aigre Charente	Jean **Saisit** cultivateur † ? ?	Pierre **Berthelot** ? † 1808 Puits-N-D Maine-et-Loire	François **Dhiersat** aubergiste † 1822 Rouillac Charente

Les trisaïeux

Jules **Lorrain** 1801 Barbezieux marchand	Marie **Saisit** 1804 Rouillac	René **Berthelot** 1785 Puits-N-D menuisier	Marie **Dhiersat** 1785 Rouillac
x 1819 Rouillac		x 1812 Rouillac	
† 1832 Aigre 31 ans	† 1864 Rouillac 60 ans	† ?	† 1867 Rouillac 82 ans

Les bisaïeux

Léon **Lorrain** 1821 Rouillac	Joséphine **Berthelot** 1821 Rouillac
x 1845 Rouillac	
menuisier à Rouillac puis marchand de bois à Jarnac	
† 1882 Jarnac 61 ans	† 1906 Jarnac 85 ans

Le grand-père

Jules **Lorrain** 1853 Rouillac négociant † 1937 Jarnac 83 ans

1

Les militaires : François Lorrain et ses trois fils aînés

François Lorrain, l'homme de l'Est

Sur la famille Lorrain plane un certain mystère. Le quadrisaïeul maternel de François Mitterrand est né le 27 décembre 1757 dans une petite paroisse de Franche-Comté, Rosières-sur-Mance, à une trentaine de kilomètres au nord-ouest de Vesoul. Ce renseignement n'a pas été facile à trouver car François Lorrain a effectué très tôt une coupure radicale avec son pays d'origine, ses racines. Plus tard, sous la Révolution, mal familiarisé avec le nouveau découpage du territoire en départements, il précisera à plusieurs reprises être né dans le Doubs, sans avoir vérifié que Rosières-sur-Mance était désormais localisé en Haute-Saône. François Mitterrand, en revanche, pensait que son ancêtre était originaire du même village que le peintre Claude Gellée dit Le Lorrain – c'est-à-dire Champagne, dans les Vosges –, cette association lui paraissant la plus plausible, du fait de la similitude du patronyme [1].

Le père de François, Nicolas Lorrain, simple manouvrier, s'était éloigné des siens et avait épousé en 1745 la fille d'un laboureur établi à Rosières. Sa femme mourut deux ans plus tard, à la fin de l'année 1747, lui laissant une petite fille à élever. Un mois plus tard, Nicolas se

1. Entretien du 27 juillet 1993.

remaria avec la fille d'un modeste vigneron, Jeanne Vautherin. Celle-ci lui donna à son tour dix enfants, dont quatre ne purent survivre.

François est leur sixième enfant et leur troisième garçon. Cette place dans la fratrie, les faibles revenus du ménage, déterminent le sort du jeune homme [1]. Que faire lorsqu'on est le benjamin, que le lopin de terre doit revenir à l'aîné? François pourrait imiter son père et épouser la fille d'un vigneron mais il n'en est rien. Sa terre natale, la Comté, a été longuement convoitée dans le passé [2]. Même si la paix semble enfin y régner, les passages de troupes sont fréquents et ne laissent pas indifférent le jeune homme. Là est son avenir : il s'engage comme grenadier dans le régiment de la Reine [3] et revêt un uniforme tricolore – habit blanc, veste bleue aux revers et parements rouges, sans oublier le bicorne noir bordé d'argent [4].

Ce régiment est amené à se déplacer en France. Faute d'un historique détaillé, il n'est pas possible de le suivre pas à pas. Seule certitude : en 1785, François Lorrain se trouve à Cognac où il sollicite un « congé absolu », congé auquel il a droit après avoir accompli ses huit années de service.

L'année suivante, il a vingt-neuf ans et épouse une jeune Cognacaise de vingt ans. A cette date, son père est déjà décédé; sa mère est encore vivante mais n'a pas

1. La situation des Lorrain se dégrade à partir de 1764. Les deux derniers garçons de Nicolas et Jeanne Lorrain meurent cette année-là. La famille quitte la paroisse après 1766.

2. Les Espagnols et les Français se sont âprement disputés cette terre : elle n'a été cédée définitivement à la France qu'au traité de Nimègue en 1678.

3. Régiment aux origines obscures qui devint officiellement la propriété de la reine Marie-Thérèse d'Autriche en 1661, d'où son nom.

4. Ce choix révèle un certain courage. Lorsque au siège d'Arles, en 1536, des volontaires avaient été chargés de catapulter à la main les premières grenades, on les avait surnommés les « enfants perdus » : la mission était risquée, suicidaire. Par la suite, Louis XIV voulut utiliser cet esprit de bravoure et créa en 1667 des soldats d'élite appelés « grenadiers », mieux payés que les autres. Plus tard, tous les régiments eurent une compagnie entière de grenadiers. Armés d'un fusil, ceux-ci portaient dans un sac de cuir une douzaine de grenades qu'ils devaient lancer avec habileté; cf. général Susane, *Histoire de l'infanterie française*, tome 4.

assisté au mariage. Est-elle seulement au courant de ce qui arrive à son fils?

La famille de Suzanne Cachet

Le père de la mariée est décédé lui aussi. Natif de Cognac, il a exercé le rôle de « messager » et de « postillon », s'occupant de la distribution du courrier, encore fort aléatoire à l'époque [1]. Lorsqu'il meurt en octobre 1780, il reçoit les sacrements du curé. Les Cachet sont donc catholiques : détail qui a son importance en cette Saintonge profondément endeuillée par de terribles guerres de Religion qui ne sont pas encore estompées des mémoires. A la veille de la Révolution, les familles se distinguent toujours suivant leur foi, et même dans les cimetières les morts ne peuvent cohabiter.

Cognac a gardé bien des aspects de la cité médiévale. Les habitants (on en dénombre environ trois mille cinq cents à cette époque) vivent pour la plupart à l'intérieur de la ville fortifiée, dans un enchevêtrement de ruelles étroites et tortueuses, au pavé grossier, avec le caniveau central aux odeurs nauséabondes. D'anciennes maisons à colombages de bois alternent avec des façades de pierre. De nombreuses brèches ont été pratiquées dans l'enceinte qui n'a plus aucune utilité depuis la fin des guerres de Religion, mais les principales portes subsistent encore comme la porte Saint-Jacques [2].

C'est dans ce décor que Suzanne Cachet a grandi. Au moment où elle se marie, elle a encore une sœur ainsi que deux frères cadets qui vont bientôt mourir, l'un, à neuf ans, l'année suivante, et l'autre, à vingt-deux ans, en juin 1790.

---

1. « Messager » est le joli nom de sa profession en 1765 lorsque naît sa fille Suzanne.
2. *Cognac à l'heure de la Révolution de 1789.*

Sa sœur cadette, Antoinette, a d'abord connu l'épreuve d'être engrossée et abandonnée à l'âge de quinze ans, fait assez rare à l'époque, du moins dans les familles unies et, comme celle-ci, catholiques [1]. L'enfant du péché mourut à sa naissance, ce qui fut peut-être interprété comme un signe de la justice divine. Quelques années plus tard, en octobre 1789, Antoinette épouse un graveur de Cognac et retrouve ainsi une position honorable dans la cité. Elle travaille désormais comme lingère, les revenus de son mari, en ces temps assez rudes, n'étant pas suffisants pour leur ménage. Tout est bien rentré dans l'ordre. Elle met au monde un fils qui, cette fois, a un père et survit. Antoinette devient même une fervente citoyenne qui n'hésite pas à servir de témoin à ses voisins pour déclarer la naissance d'un garçon prénommé « Égalité » en l'an III de la nouvelle République.

Mais c'est Suzanne, son aînée, qui lui a montré les vertus du mariage et de la respectabilité. En effet, la Bastille n'était pas encore prise lorsqu'elle a fait la connaissance du jeune grenadier franc-comtois.

Le gendarme charentais

Leur union est célébrée à Cognac le 21 août 1786, « après pénitence et eucharistie ». François Lorrain signe maladroitement le registre paroissial mais est néanmoins le seul à accomplir ce geste, aucun membre de la famille Cachet présent à ce mariage ne pouvant l'imiter.

Auprès des Cachet, François Lorrain a trouvé un point d'ancrage sur cette terre saintongeaise. Peu de temps après son mariage, il reprend du service : il doit s'occuper de sa femme ainsi que de ses proches. Du fait de la dispa-

---

1. La rareté du fait, constatée par les historiens, est confirmée dans cette famille. Pour les quatre branches étudiées, en remontant bien avant la Révolution et en suivant le sort de plus d'une centaine de jeunes filles, c'est le seul cas de fille mère. De même, pas une seule fois n'a été notée l'existence d'un enfant né moins de dix mois après le mariage de ses parents.

rition du père de Suzanne et de ses beaux-frères, c'est lui qui assume désormais le rôle de chef de famille. Le benjamin des Lorrain a enfin trouvé sa place et peut pleinement s'épanouir.

De grenadier, le passage vers la maréchaussée était tout tracé. C'est vraisemblablement vers ce corps que se tourne François. Cela lui permet de retrouver la sécurité de la solde tout en pouvant bénéficier d'un poste relativement sédentaire, compatible avec la vie de famille qu'il vient de choisir. Ses deux premiers enfants ne sont pas inscrits sur le registre paroissial de Cognac. François a dû s'installer là où il a été nommé, cependant sans trop s'éloigner de la ville natale de sa femme.

Bientôt la Révolution embrase tout le pays. En 1792, la maréchaussée est remplacée par la gendarmerie nationale. Pas étonnant si François Lorrain devient « gendarme national ». Il remplit toutes les conditions requises par le nouveau règlement qui stipule qu'il faut avoir plus de vingt-cinq ans, savoir lire et écrire et avoir « fait au moins un engagement sans reproche dans les troupes de ligne », sans qu'il puisse y avoir plus de trois ans d'intervalle depuis la date de son congé. Son uniforme n'a subi que peu de changements. Il porte toujours l'habit à la française de drap bleu avec collets, revers et parements rouges; seul un passepoil blanc a été ajouté. La veste et la culotte sont en drap jaune. Le chapeau, bordé de blanc, est orné maintenant de la cocarde tricolore et d'un pompon rouge.

En 1792, François revient à Cognac. Sa fille Marie meurt juste cinq jours avant la bataille de Valmy. Elle est « âgée de près d'un an », précise l'abbé Coutant. Ce prêtre n'est nullement hostile au cours des événements : il vient de bénir un « guidon [1] » destiné à la compagnie de la garde nationale, ce qu'il note sur le registre paroissial qu'il tient scrupuleusement, juste avant d'enregistrer le décès de la petite Marie Lorrain. En 1791, il avait prêté le serment

1. C'est-à-dire un fanion.

civique à la Constitution et adhéré à la Société des Amis de la Constitution. Les réformes votées, les transformations radicales ne lui déplaisent pas [1].

Sur le front de l'armée

Le patriotisme vibre à Cognac comme ailleurs en ces jours enflammés de septembre 1792. A l'engagement civique, François Lorrain ne se dérobe pas, à la différence de Martin Mitterrand, le jeune vigneron de Bourges. Qu'importe le régime! Autrefois, il servait Marie-Antoinette et la monarchie. Désormais, le gendarme porte sur ses boutons la nouvelle devise de ce corps : « Force à la loi. » Il n'hésite pas à abandonner sa femme, à nouveau enceinte, et son fils : priorité à la patrie. Il s'éloigne des berges de la Charente, retourne peut-être dans l'est de la France, retrouvant ainsi les paysages familiers et les odeurs de son enfance.

François Mitterrand peut être rassuré. Le passage cité dans *Ma part de vérité* n'est pas totalement erroné : un de ses quadrisaïeux – qui, de surcroît, se prénomme François – court au-devant des envahisseurs pour défendre la patrie en danger. Mais le Franc-Comtois se sentait sans doute plus concerné par les événements que le vigneron de Bourges. Outre le fait qu'il porte un uniforme depuis une dizaine d'années, François Lorrain ne pouvait ignorer, même s'il les laissait sans nouvelles, que sa mère, ses frères et sœurs encore vivants, se trouvaient sur des terres menacées. La fièvre patriotique de l'homme originaire de l'Est n'a pu s'éteindre avec l'exil.

Sa femme Suzanne, elle, reste à Cognac, près de sa mère et d'Antoinette. Installée de l'autre côté de la Charente, dans le populaire faubourg Saint-Jacques, elle met au monde le 20 mai 1793 un garçon qu'elle prénomme Isaac Auguste Olivier. L'abbé Coutant continue à remplir

---

1. *Cognac à l'heure de la Révolution de 1789*, *op. cit.*

scrupuleusement le registre d'état civil sans être inquiété par les autorités civiles : au moment où la Vendée se soulève, où de nombreux prêtres se refusent à prêter serment au nouveau régime, le curé cognacais reste fidèle à son poste qu'il occupe depuis 1786. En orthographiant le patronyme comme il l'entend prononcer, il note que François « Laurain » est « absent » et se trouve « sur les frontières à la défense de la patrie ». Cependant le prêtre semble troublé par les modifications apportées au calendrier et fait un lapsus en inscrivant la date de naissance de l'enfant : « Aujourd'hui, vingt et un may mil sept cent quatre vint douze, l'an second de la République française... » C'est la seule fois qu'il se trompe; banale erreur... erreur fatale qu'utilisera plus tard Olivier.

Il faut dire que le cours de l'Histoire s'accélère. La vie à Cognac est plus difficile : il y a pénurie de marchandises, la récolte de 1793 ayant souffert de la sécheresse du printemps et de l'été. Les impératifs de la guerre, la dévaluation de l'assignat, le blocus, sont des entraves à la circulation des produits. S'y ajoutent les lourdes ponctions pour nourrir les armées combattant en Vendée, les réfugiés, les prisonniers anglais ou espagnols, les troupes qui passent. L'inflation est terrible. Tandis que son mari se bat au loin, Suzanne affronte journellement cette dure réalité.

Les persécutions touchent même ce pays pourtant épargné jusque-là. L'abbé Coutant n'est nullement récompensé pour son attitude respectueuse envers la République. En novembre 1793, il est contraint de remettre sa lettre de prêtrise et de renoncer à toute fonction sacerdotale [1].

1. *Cognac à l'heure de la Révolution de 1789*, *op. cit.*

Le fidèle serviteur de l'ordre

Pendant ce temps, sur le front, François Lorrain semble donner toute satisfaction à ses chefs et est promu brigadier en février 1794. Toutefois l'éloignement des êtres qui lui sont chers commence à lui peser. Ses vœux sont bientôt comblés : il a la satisfaction de pouvoir s'établir, sous le Directoire, à Barbezieux avec sa femme et ses deux fils.

François Lorrain, qui mesure 1,78 mètre, est assez grand pour l'époque. Il a fière allure dans son uniforme qui est désormais agrémenté à la manche d'un galon argent stipulant son grade de brigadier. Dirigeant sa brigade – cinq hommes en tout –, il remplit avec zèle ses fonctions nouvelles de gardien de l'ordre public. A cheval, il effectue des tournées de surveillance, traque les malfaiteurs, les criminels, les voleurs et les contrebandiers. Le règlement revu et complété en avril 1798 stipule aussi, signe des temps, de « saisir et arrêter les émigrés et prêtres déportés... les déserteurs et militaires qui ne seraient pas porteurs de passe-port ou congé en bonne forme [1] ». L'ordre bourgeois règne depuis la chute de Robespierre. François Lorrain a cousu sur son uniforme des boutons portant la nouvelle devise de la gendarmerie : « Respect aux personnes et à la propriété. » Il surveille « les mendiants, vagabonds et gens sans aveu » et doit « protéger le commerce intérieur en donnant toute sûreté aux négociants, marchands, artisans, et à tous les citoyens que leur commerce, leur industrie et leurs affaires obligent de voyager ».

Ses supérieurs le décrivent comme un « bon chef, aimant son état, prudent dans les opérations autant que ferme. Bon militaire et bon citoyen [2] ». Ses qualités d'assurance et de fermeté sont appréciées et le distinguent de

1. Règlement de 1792, cité par Cochet de Savigny dans son *Mémorial de la gendarmerie.*
2. Registre des brigades de gendarmerie de Charente (SHAT).

certains de ses collègues « médiocres » ou qui sombrent dans « l'ivrognerie ».

François Lorrain a quarante et un ans en ce printemps 1799. Dans la gendarmerie de Barbezieux où il réside, il peut enfin assister à la naissance de son troisième fils à qui il donne un seul prénom : Paul. La politique de déchristianisation a touché cette famille qui renonce à faire précéder le prénom usuel d'un autre prénom biblique, comme cela avait été le cas pour les deux garçons précédents. Fait confirmé deux ans plus tard : au début de l'année 1801, le gendarme Lorrain déclare à la mairie la naissance d'un garçon prénommé Jules.

Après les années mouvementées, François Lorrain peut enfin goûter au bonheur de jours paisibles à Barbezieux, entouré de sa femme et de ses quatre fils, loin de la fièvre et du danger régnant sur les champs de bataille. La ville, qui sera célébrée au siècle suivant par Chardonne, est déjà réputée pour son aspect fort agréable, ses nombreuses promenades complantées d'arbres. François ne peut qu'être sensible à ce décor, à la douceur du climat qui ignore aussi bien les fortes chaleurs que les grands froids, où « l'air est pur et le ciel presque toujours serein [1] ». Quel changement avec les rigoureux hivers, les pluies glacées de son enfance !

Tout semble en effet aller au mieux pour la famille Lorrain. Le brigadier continue à monter en grade régulièrement, donnant toujours entière satisfaction à ses chefs. Il est bientôt nommé maréchal des logis à Aigre, à une soixantaine de kilomètres au nord de Barbezieux, au cœur d'une plaine fertile drainée par un petit affluent de la Charente. Or, dans ce bourg commerçant, la famille Faure est établie depuis de nombreuses générations. Le nouveau maréchal des logis croise fréquemment François Faure de la Bouharderie et le salue avec respect. Les deux hommes ne peuvent imaginer qu'un jour, sous une autre

1. Abel Cognasse, *Le Département de la Charente.*

république, la troisième, leurs deux arrière-petits-enfants uniront leurs destins à Jarnac...

En fait, le maréchal des logis – d'une gendarmerie devenue impériale – ne va guère avoir la possibilité de profiter de son nouveau grade, ni de sa nouvelle demeure. Il meurt peu de temps après, âgé seulement de quarante-huit ans, en août 1805, peut-être usé prématurément par sa vie de militaire, les épreuves sur le front, les longues marches. Sa femme Suzanne se retrouve veuve à trente-neuf ans, avec quatre garçons dont le dernier, Jules, a seulement quatre ans. Les années à venir vont être bien éprouvantes pour elle, d'autant plus qu'cllc va perdre prématurément ses deux premiers fils.

Léonard, gendarme comme son père

Léonard, l'aîné, est né au début de la Révolution. Il a été privé dans les premières années de son enfance de la présence de son père. Celui-ci n'en a que plus de mérite à ses yeux. Un peu plus tard, à Barbezieux, lorsqu'il a sept ou huit ans, il peut l'admirer dans son uniforme de gendarme, écouter les récits de ses lointains combats. Images pour lui déterminantes, qui dictent son choix.

Lorsque son père meurt en 1805, Léonard a seize ans. Sur lui repose la responsabilité de s'occuper de sa mère et de ses trois frères cadets. Est-il devenu dès cette date gendarme comme son père? C'est fort probable; malheureusement, les archives concernant la gendarmerie ne sont conservées qu'à partir de la Restauration. Impossible de détailler la carrière de Léonard sous l'Empire. Sa trace n'est attestée que lorsqu'il est en poste à la gendarmerie de Ruffec après le retour définitif des Bourbons. Il y demeure simple gendarme, n'ayant pas encore été distingué. Aurait-il connu les mêmes promotions que son père? Il meurt brusquement au début de l'année 1823, à l'âge de trente-trois ans, sans même pouvoir assister à la naissance de son deuxième enfant.

Le bref destin d'Olivier

La vie de son frère Olivier est encore plus brève que la sienne. Destin fulgurant en accord avec les grands événements nationaux; destin qui aurait pu faire rêver le petit François Mitterrand si on lui en avait rapporté l'épopée.

Olivier est le premier enfant de François et Suzanne Lorrain qui a vu le jour à Cognac. C'est en enregistrant sa naissance que l'abbé Coutant a commis l'erreur de date précédemment signalée. Olivier est né le 20 mai 1793, au cours de ce printemps enfiévré par la lutte entre Girondins et Montagnards.

En grandissant, Olivier semble autant fasciné que son frère aîné par la carrière militaire de son père. De plus, l'adolescent est exalté par les récits glorieux des armées napoléoniennes. Pas d'hésitation pour Olivier : il veut servir son pays comme son père l'a fait, ce père qui meurt lorsqu'il vient d'avoir douze ans, quelques mois avant l'annonce de la victoire d'Austerlitz.

La mère commence à s'habituer à voir les hommes s'éloigner du foyer. Après l'aîné qui a choisi d'être gendarme et n'est plus à Aigre, voici le second qui s'engage à son tour comme volontaire le 4 juin 1810. Il vient juste d'avoir dix-sept ans mais il montre des papiers prouvant qu'il est né en *mai 1792* et donc qu'il a dix-huit ans. Pourtant, après les massacres de la bataille de Wagram, beaucoup de jeunes gens cherchent par tous les moyens à éviter la conscription, certains n'hésitant pas à se couper un doigt ou se briser les dents – ce qui les empêche de décapsuler les cartouches de poudre. Pas plus que Hyacinthe Hyenne au même moment à Paris, Olivier ne songe à les imiter. Lui rêve de gloire, souhaite poursuivre ce qu'il croit être la mission confiée par son père. Le gamin mesure à peine 1,56 mètre et n'a pas encore fini de pousser. La description que fait de lui l'officier anthropomorphique est digne d'un héros romantique : c'est un jeune homme aux cheveux châtains, aux yeux bleus que surmonte un large front. La forme du visage est ovale et le nez aquilin. Il dit qu'il est étudiant.

En ce début d'été 1810, Olivier ne veut pas que l'Histoire se fasse sans lui. Il est enrôlé dans un régiment de chasseurs de la garde impériale qui se rend en Espagne [1]. Olivier traverse Bayonne au cours de l'été 1810. Peut-être croise-t-il du regard le jeune Hyacinthe Hyenne, soldat au 12e léger, qui a partagé ses rêves, s'est lui aussi engagé volontairement ? Tous deux ignorent le fil qui, un jour, par un travail généalogique, reliera le frère du trisaïeul maternel de François Mitterrand au futur beau-frère de sa bisaïeule paternelle. Or Olivier et Hyacinthe se sont trouvés au même moment, dans la même ville, pour réaliser les désirs de conquête de Napoléon. Tous deux appartiennent à cette génération élevée au rythme de tous les bouleversements de la Révolution et de l'Empire, enivrée par la scansion de récits enfiévrés, le roulement des tambours. Drapés dans leurs rêves, ils se retrouvent nus face à la triste et cruelle réalité d'une guerre qui s'appelle « guérilla » : Goya remplace les allégories de David...

De cette guerre d'Espagne, Hyacinthe revient la jambe gauche brisée. Quant à Olivier, après les épuisants combats de la retraite, il se retrouve à l'hôpital militaire de Bayonne, entouré d'agonisants. Loin de sa mère et de ses frères, il ferme les yeux le 28 mars 1812, avant même d'avoir fêté son dix-neuvième anniversaire.

PAUL, LE DRAGON

Quant la mort vient faucher son père au cours de l'été 1805, Paul a tout juste six ans. Comme ses aînés, il entretient en lui la mémoire du père trop tôt disparu. Les garçons écoutent avec enthousiasme la lecture quotidienne des bulletins de la Grande Armée, les commentaires des

1. Son historique n'a malheureusement pas été conservé.

La famille Mitterrand pose devant le photographe de Cognac en 1923. Joseph Mitterrand, le père, est debout avec ses trois filles aînées, Marie-Josèphe, Antoinette et Colette. Au premier plan, de gauche à droite, Geneviève, Robert, Jacques, Yvonne Mitterrand et son dernier fils, Philippe, sur les genoux, enfin François qui a sept ans et *« est infiniment plus présent que ne l'est son père ». Archives de la famille.*

À gauche : Eugénie Faure (la grand-mère maternelle de François Mitterrand) sous le Second Empire, lorsqu'elle proclamait : *« Je m'appelle Ninie Fonbaudie »*. À droite : les deux sœurs Lorrain, jeunes filles modèles (la tante et la mère de François Mitterrand) : Antoinette (16 ans), assise, et Yvonne (12 ans). *Archives de la famille.*

Ci-dessous : 1893-1894 ; les grands-parents maternels de François Mitterrand, Jules et Eugénie Lorrain et les trois enfants vivants qui leur restent : Antoinette, l'aînée (à droite), Yvonne et le petit Robert. Eugénie ne quitte déjà plus ses lunettes, étant myope comme l'était son père. *Archives de la famille.*

Joseph Mitterrand au centre avec deux amis : brillant élève à l'institution Notre-Dame-des-Aydes à Blois, il rêve alors de devenir journaliste.
Archives de la famille.

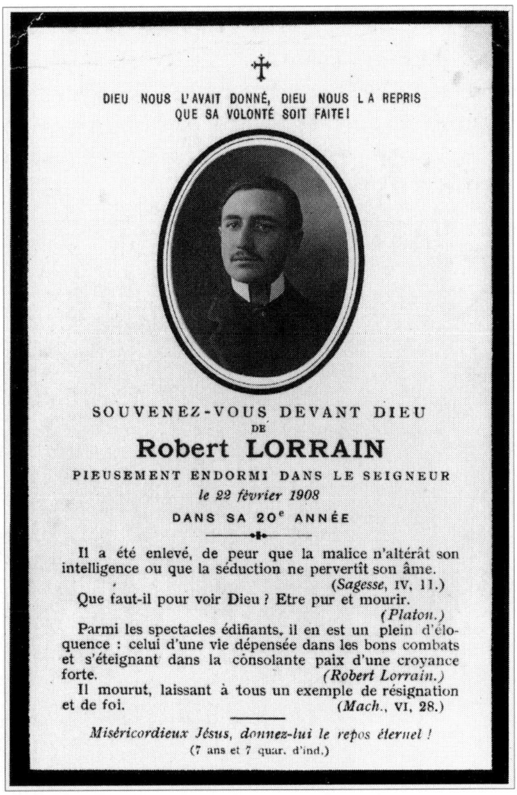

DIEU NOUS L'AVAIT DONNÉ, DIEU NOUS LA REPRIS
QUE SA VOLONTÉ SOIT FAITE !

SOUVENEZ-VOUS DEVANT DIEU
DE
Robert LORRAIN
PIEUSEMENT ENDORMI DANS LE SEIGNEUR
le 22 février 1908
DANS SA 20ᵉ ANNÉE

Il a été enlevé, de peur que la malice n'altérât son intelligence ou que la séduction ne pervertît son âme.
(*Sagesse*, IV, 11.)

Que faut-il pour voir Dieu ? Etre pur et mourir.
(*Platon.*)

Parmi les spectacles édifiants, il en est un plein d'éloquence : celui d'une vie dépensée dans les bons combats et s'éteignant dans la consolante paix d'une croyance forte.
(*Robert Lorrain.*)

Il mourut, laissant à tous un exemple de résignation et de foi.
(*Mach.*, VI, 28.)

Miséricordieux Jésus, donnez-lui le repos éternel !
(7 ans et 7 quar. d'ind.)

Image mortuaire de Robert Lorrain (l'oncle de François Mitterrand), *« les pauvres gens viennent en grand nombre nous demander sa photographie »*.
La mort de ce jeune homme sera le grand drame de la famille Lorrain.
Archives de la famille.

Bourges : les quais de l'Auron près desquels fut construite, sous la Restauration, la maison familiale qui revint en héritage à Martin Mitterrand (trisaïeul de François Mitterrand), et où vécut son grand-père, Théodose Mitterrand, après sa retraite. *Roger-Viollet.*

Une écluse sur le canal de Berry, semblable à celles qu'actionna Charles Mitterrand. François Mitterrand, ministre de l'Intérieur en 1955, signa le décret de fermeture de ce canal, ignorant alors que son bisaïeul avait exercé pendant plus de trente ans la fonction d'éclusier. *Roger-Viollet.*

Vue de Limoges des rives de la Vienne. François Laroche (trisaïeul de François Mitterrand) y vécut comme charron ; Jean-Baptiste Dusoulier (autre trisaïeul) fut le concierge de la maison d'arrêt de la ville et y mourut. Son grand-père, Théodose Mitterrand, fut employé à la gare de Limoges ; et c'est rue des Tanneries, en 1873, que naquit son père, Joseph Mitterrand. *Roger-Viollet.*

La gare d'Angoulême où Joseph Mitterrand fut chef de gare pendant la Première Guerre mondiale jusqu'à sa démission en 1919. *Roger-Viollet.*

La maison que Beaupré Lorrain (bisaïeul de François Mitterrand) acheta aux héritiers du pasteur de Jarnac ; située rue Abel Guy, au numéro 22, elle jouxte le temple protestant. C'est là qu'est né le futur président de la République. *Collection particulière.*

Les grands-parents Lorrain dans la cour intérieure de leur maison, à Jarnac. *Archives de la famille.*

1909. Yvonne Mitterrand, toute à la joie de contempler son premier enfant.
Archives de la famille.

Les grands-parents Lorrain et leur première petite-fille en 1909. *Archives de la famille.*

Toute la famille est réunie à l'occasion des noces d'or de Jules et Eugénie Lorrain en 1926. François Mitterrand, qui a dix ans, est assis (le deuxième sur la droite).
Archives de la famille.

À gauche : Yvonne Mitterrand quelques années avant sa mort. La ressemblance avec son fils François est ici frappante.
À droite : Joseph Mitterrand pendant la guerre, dans son jardin à Jarnac.
Archives de la famille.

gendarmes autour d'eux. Paul piaffe d'impatience, regrettant d'être né trop tard. Il n'a que onze ans lorsque Olivier s'engage en 1810. La mort de ce dernier, la débâcle en Russie, en Espagne, puis l'occupation de la France, la défaite de Waterloo, l'abdication de Napoléon, cette suite d'événements ne le détournent pas de sa voie. Qu'importe si l'heure n'est plus aux grands rêves de conquête! Il ne se résigne pas à l'inaction et décide, lorsque l'âge le lui permet enfin, de revêtir à son tour l'uniforme. Il ne choisit pas d'être gendarme comme Léonard, mais plutôt d'imiter Olivier. Le 17 novembre 1817 – il a réellement dix-huit ans –, il se présente à la mairie d'Aigre comme volontaire puisque Louis XVIII a supprimé la conscription. Il désire être « un homme à cheval » pour rester fidèle à la tradition paternelle.

Sans égaler son père, il est néanmoins plus grand que ses frères : il mesure 1,70 mètre. Comme Olivier, il a un visage ovale et des cheveux châtains; mais là s'arrête la ressemblance, car ses yeux sont gris, son front et son menton ronds, son nez épaté et sa bouche un peu large. De plus, son visage porte les stigmates de la petite vérole qui fait encore de nombreux ravages à l'époque.

Au début de la deuxième Restauration, en août 1815, l'armée est entièrement réorganisée. Les régiments de cavalerie réduits au nombre de quarante-sept prennent le nom d'un département [1]. Paul est donc affecté au régiment des dragons de la Gironde qui se trouve, en cette fin d'année 1817, en garnison dans le Midi. A Nîmes, à Montpellier puis à Vienne, Paul apprend les rudiments de son métier. En octobre 1820, il remonte vers le nord-est et s'installe à Besançon. Sait-il qu'il foule la terre de ses ancêtres? S'efforce-t-il de retrouver des parents, ou bien les liens avec cette branche familiale sont-ils définitivement coupés? Le dragon veille au moins à monter en grade : il est nommé brigadier en juillet 1821.

1. Sauf les régiments de grosse cavalerie qui reçoivent les noms des princes de la famille royale.

L'année suivante, son régiment est envoyé à Lunéville. A ce moment, il comporte 38 officiers, avec à leur tête le colonel Gusler, nouvellement nommé, 471 hommes et seulement 339 chevaux [1]. En mars 1823, Paul devient maréchal des logis comme l'avait été son père. A cette date, il a déjà quitté Lunéville et se dirige avec son régiment vers le sud. En effet, par le hasard de l'Histoire, il participe à son tour à la guerre d'Espagne. Sans doute est-il hanté par le souvenir de son frère. Il suit, treize ans plus tard, la route qu'Olivier avait empruntée en 1810, franchit la Bidassoa au pont d'Irun, le 18 avril.

Ainsi, par deux fois, l'Histoire a conduit les fils du gendarme Lorrain sur le sol espagnol. Les lignes que François Mitterrand écrivit durant l'agonie de Franco en 1975 prennent une étrange résonance : « Je souffre d'être ainsi séparé de l'Espagne. Je ne sais pourquoi l'imagination me souffle que cette terre est de mon paysage... Sauf erreur du destin, j'irai bientôt [2]. » Comme s'il entendait, sans pourtant en connaître le récit, les lointains appels de Paul et d'Olivier...

Cependant, la campagne de Paul en 1823 est à l'opposé de celle que connut son frère aîné sous l'Empire. Les affrontements ne sont pas aussi violents, l'adversaire ne lutte pas avec le même acharnement. Pour les dragons du régiment de la Gironde, il s'agit plutôt d'un déplacement exotique qui permet de découvrir une terre qui va bientôt enivrer les Romantiques. Ils traversent sans encombre la Navarre, puis se dirigent vers Valence avant de descendre en Andalousie. Escale à Murcie, Grenade : Paul séjourne dans cette ville tout l'été avant de remonter, fin octobre, vers la France. Pas une seule bataille digne de ce nom n'est mentionnée dans l'historique du régiment. Paul sort de l'aventure sans « blessure ni actions d'éclat ». Il repasse

1. Dès la création, en 1815, de ce régiment, avait été signalée la pénurie de chevaux; donc certains dragons étaient « à pied »!

2. *L'Abeille et l'Architecte,* p. 83.

la Bidassoa à la fin de l'année et arrive à Bayonne le 30 décembre. « Hommes, chevaux, tenue, tout était dans le meilleur état... Cette expédition d'Espagne qui, au point de vue des opérations militaires, fut absolument insignifiante, eut l'immense avantage de développer dans toute l'armée les véritables sentiments militaires et de faire disparaître les petites rivalités qui existaient entre les officiers, à cause de leurs origines différentes [1]. » En tout cas, cette balade sur la péninsule Ibérique estompe la tragique mort d'Olivier. Paul se sent conforté dans le choix qu'il a fait et renouvelle son engagement, en novembre 1823, sans la moindre hésitation.

Son régiment retourne s'installer en Lorraine, à Pont-à-Mousson. L'année 1825 est marquée de quelques changements qui doivent faire s'agiter les langues dans le mess : tout d'abord, le colonel Gusler prend sa retraite et est remplacé par celui qui laissera plus tard son nom dans l'Histoire comme massacreur des Communards, le comte de Galliffet. Ensuite, une ordonnance du mois d'août modifie le nom du régiment qui, désormais, s'appelle officiellement le « 4e dragons ». Quant au casque à chenille, il est remplacé par un casque en cuivre à crinière, avec un cimier surmonté de crins en brosse.

A l'annonce de l'agitation parisienne, fin juillet 1830, le régiment reçoit l'ordre de se diriger vers la capitale, puis, à Saint-Mihiel, celui de rétrograder sur Lunéville. Entre-temps, la monarchie a changé de couleurs : le drapeau du régiment s'adapte sans état d'âme et devient à son tour tricolore. Puis, en octobre 1830, le 4e dragons s'installe à Thionville avec un nouveau colonel à sa tête.

A cette date, Paul est affecté dans un autre régiment : le 7e dragons. Il y poursuit paisiblement sa carrière avec changements de garnison et promotions régulières. Il est maréchal des logis chef en 1831, adjudant en 1833, sous-lieutenant en 1835, lieutenant en 1844 et enfin capitaine

1. Historique du 7e régiment, SHAT.

en 1848. De plus, en 1844, il a été nommé chevalier de la Légion d'honneur. Paul Lorrain est le représentant typique de cette troupe recrutée dans le peuple. N'ayant pu suivre une instruction militaire, il a été formé sur le tas et comme tous ses semblables n'a pu dépasser le grade de capitaine. Le privilège de l'argent a remplacé celui de la naissance qui déterminait les grades lorsque son père, jeune homme, s'était engagé sous l'Ancien Régime. La parenthèse de la Révolution est bien close : il n'est plus possible de se faire général en quelques années par le seul mérite de sa bravoure. Paul est un militaire du XIXe siècle. Peut-être a-t-il souffert toute sa vie d'une carrière étriquée, loin des rêves de son enfance et de son adolescence?

Il a vécu aussi toute sa vie en marge de la société. L'armée, à cette époque, regroupe un ensemble assez homogène d'hommes en général célibataires, vivant dans le monde clos de la garnison, faisant respecter l'ordre d'une société dirigée maintenant par la bourgeoisie et ne participant plus aux changements politiques. Les régimes se succèdent, les militaires, eux, se contentent de défendre le même ordre social.

Sous la monarchie de Juillet, c'est effectivement au maintien de l'ordre intérieur que veille le régiment de Paul. En garnison à Lyon de 1832 à 1834, les dragons participent à « la répression des diverses émeutes qui désolèrent cette ville pendant cette période [1] ». Paul se trouve face aux canuts, sabre au clair, prêt à charger, à tuer. Il est le fidèle serviteur de Louis-Philippe après l'avoir été de Louis XVIII et Charles X, comme son père avait servi le roi de France, la République puis l'Empereur. Ce qui importe pour lui, c'est de servir l'État, de faire régner l'ordre comme son père l'avait fait avant lui en Charente.

En 1841, le régiment manifeste encore le « bon esprit qui l'anime » en participant à la répression des émeutes de

---

1. Historique du 7e régiment, SHAT. La journée du 9 avril 1834 fut particulièrement violente : le régiment perdit des hommes et des chevaux, ce qui lui valut d'être récompensé pour sa bonne conduite. Le narrateur de l'historique déplore ces pertes mais n'a aucun mot pour les ouvriers!

mai à Paris. A part cela, les dragons ont l'occasion de montrer leur zèle à plusieurs reprises en luttant contre des incendies (à Belfort en 1835, à Tours en 1841).

Les deux dernières années de la monarchie tricolore se passent paisiblement, avec comme seule préoccupation le passage des revues. Lorsque éclatent les journées de février 1848, le régiment qui cantonne à Cambrai est « calme au milieu d'une population exaltée ». Pour Paul, toujours aucun état d'âme particulier. Il sert dorénavant la nouvelle République et est promu capitaine le 11 avril 1848. Il veille toujours au maintien de l'ordre, en particulier à Avesnes pendant le douloureux mois de juin au cours duquel les ouvriers perdent toutes leurs illusions.

Une nouvelle fois, le calme est rétabli, le petit peuple dompté. Le capitaine Lorrain doit encore affronter deux derniers périls : le choléra qui sévit à Avesnes au début de l'été 1849 [1] et un violent incendie qui ravage Maubeuge peu de temps après.

L'année suivante, le capitaine Lorrain prend sa retraite : il a tout juste cinquante ans. Pour ses trente-deux ans de bons et loyaux services, une pension annuelle de 1 280 francs lui est accordée. Seul, il regagne la Charente où l'attendent une belle-sœur et des neveux et nièces qu'il n'a pas vu naître. Même son frère cadet est déjà mort. Il s'installe à Aigre, où sont enterrés ses parents, et y demeure sans songer à fonder une famille, bien que sa situation le lui permette aisément.

La branche des Lorrain se serait peut-être éteinte si le quatrième fils de François avait également choisi la carrière militaire. Il n'en fut rien.

---

1. Cinquante dragons sont touchés par l'épidémie, sept succombent.

2

Le destin tragique de Jules Lorrain, marchand de mouchoirs

Deux mois après avoir fêté son trente et unième anniversaire disparaissait le dernier fils du gendarme François Lorrain. Un destin implacable semblait peser sur lui, comme sur trois de ses garçons qui moururent encore plus précocement que lui. Pourtant Jules Lorrain, à la différence de son père et de ses trois aînés, n'avait pas choisi l'engagement militaire mais un métier présentant beaucoup moins de risques. Pourquoi est-il mort le 27 mars 1832 dans la force de l'âge? La cause de son décès n'est pas précisée sur le registre de l'état civil mais Jules Lorrain a peut-être succombé à la terrible épidémie de choléra qui emporta plus de cent mille Français cette année-là.

Sans les confidences de François Mitterrand, le voile sur la disparition précoce de son trisaïeul maternel n'aurait pu être levé. De ses ancêtres Lorrain, il ignorait tout du récit qui vient d'être fait; il ne connaissait que le portrait de Paul Lorrain, peint dans son uniforme de capitaine, qui était accroché dans le salon de ses grands-parents à Jarnac. Cependant, il se souvenait que, dans son enfance, était évoqué à mots couverts par les adultes le suicide d'un lointain parent. De qui s'agissait-il? Il ne pouvait le préciser, ne sachant ni son nom ni le degré exact de parenté. On lui avait simplement signalé que cet homme, un marchand de mouchoirs, avait accumulé les dettes de jeu. Ruiné, il avait finalement été acculé à la solution extrême [1]. Or, chez les Lorrain, il n'y avait que Jules, le dernier fils du gendarme d'Aigre, qui ait exercé cette profession particulière. L'anecdote permettait de reconstituer avec plus d'exactitude le récit d'une vie qui devait finir aussi tragiquement.

Jules Lorrain ne sera pas un militaire

Le dernier enfant de François et Suzanne Lorrain est né dans la gendarmerie de Barbezieux, le 24 janvier 1801. Du fait de la mort précoce de son père en août 1805, il est resté le petit dernier.

Il grandit sous l'Empire et voit ses frères succomber, l'un après l'autre, à la fascination de l'uniforme. En 1812, il a onze ans lorsqu'il apprend la mort de son frère Olivier. Est-ce cette triste nouvelle qui le détourne de la voie ouverte par le père, les épisodes sinistres de la fin du règne de Napoléon, ou bien les craintes d'une mère qui aspire à garder près d'elle, et en vie, son dernier fils ? Des quatre garçons de François Lorrain, Jules est le seul à demeurer civil. Sa mère, sans aucun soutien familial à Aigre, a été contrainte, par son veuvage précoce, ses enfants à élever, de devenir marchande après 1805. Raison qui a déterminé aussi ses fils à la décharger au plus vite d'un lourd fardeau... mais en s'éloignant d'elle par la force des choses. Jules, lui, décide de la seconder et, dès qu'il le peut, devient « marchand détaillant ». Contrairement à ses frères, il ne connaîtra pas d'autres horizons que cette plaine charentaise. Il a fréquenté quelque temps l'école communale, juste assez pour apprendre les rudiments de la lecture et de l'écriture nécessaires à son activité.

Le 2 novembre 1819 – il n'a pas encore dix-neuf ans –, à l'âge où ses frères se sont engagés, lui préfère se marier, bien que la paix rétablie ne pousse plus autant les jeunes

1. Entretien du 26 mars 1993.

hommes à chercher refuge dans les liens du mariage. Ni Léonard, ni Paul, n'assistent à la cérémonie qui a lieu à Rouillac, une cité plus importante située à une quinzaine de kilomètres au sud d'Aigre. Seule sa mère et deux amis – un boulanger et un gendarme qui a peut-être joué le rôle de père remplaçant après la mort de François Lorrain – se sont déplacés depuis Aigre pour être à ses côtés en cet heureux jour.

Jules a choisi pour épouse Marie Saisit, la fille aînée d'un cultivateur de Rouillac qui a juste quinze ans. Par cette union, il se lie avec deux familles paysannes, catholiques – les Saisit et les Bersiaud – qui, à la différence des Lorrain, sont établies en Saintonge, et plus précisément dans cette commune, depuis maintes générations. Si nombre d'entre eux sont d'humbles journaliers, d'autres comme Jean Saisit, le père de la mariée, ont pu acquérir un peu de terre, de quoi vivre, certes modestement, mais en toute indépendance.

Après son mariage, Jules s'établit comme marchand d'étoffes à Rouillac, laissant sa mère seule à Aigre : Marie, sa très jeune femme, n'a sans doute pas voulu quitter ses parents. De plus, Rouillac, point d'embranchement de la route de Ruffec à Jarnac avec la route nationale de Périgueux à La Rochelle, est un gros bourg commerçant qui entrepose les principales richesses du canton (céréales, vin et eau-de-vie ainsi que le chanvre) et où se déroule chaque mois une foire importante. Argument convaincant pour le jeune homme.

Jules se tourne vers le commerce des étoffes, de la serge ou du droguet, une étoffe grossière de couleur grise qui est fabriquée localement. Les paysans charentais sont accoutumés à acheter à Pâques ou à la Saint-Jean une pièce de tissu qui sert à vêtir toute la famille : gilets, vestes, culottes, brassières et jupe, sont confectionnés dans le même tissu et selon des modèles invariables [1]. A cette clientèle un peu

1. Abel Hugo, *Le Département de la Charente.*

fruste s'ajoute celle des citadins et surtout des femmes qui cèdent parfois à la coquetterie. Le marchand Lorrain peut espérer se faire une place à Rouillac.

Il se lie bientôt d'amitié avec un marchand drapier. C'est avec ce dernier et le garde-champêtre qu'il déclare le 24 avril 1821 la naissance de son premier fils prénommé Léon. Jules a tout juste vingt ans.

Deux ans plus tard, en février 1823, il renouvelle cette démarche pour la naissance d'un deuxième garçon qu'il prénomme comme lui. A l'époque, l'orthographe de ce prénom est encore floue : l'employé de l'état civil inscrit la naissance de ce nouveau « Julles », tandis que le père signe « Julle Lorrain » comme il le fait régulièrement sur tous les actes, et sans doute aussi sur ses reçus de commerce.

Malheureusement le petit Jules meurt huit jours après sa naissance. Un troisième garçon né en septembre 1825 disparaît lui aussi précocement.

A cette date, Jules s'est spécialisé dans la vente des mouchoirs. Les Charentaises aiment agrémenter leurs toilettes, qui selon Abel Hugo « manque[nt] de grâce et n'offre[nt] rien de particulier », par des mouchoirs de cou bigarrés [1]. Jules l'a sans doute remarqué et espère augmenter ses revenus par cette spécialisation.

Peu de temps après, il retourne s'installer à Aigre avec le petit Léon. Pourquoi ce déménagement? Jules tient peut-être à retrouver sa mère qui vieillit et peut difficilement rester seule. Mais ce changement de résidence peut également signifier que l'homme se serait déjà adonné à sa passion dévastatrice, celle du jeu. Désapprouvé par sa belle-famille, ne trouvant plus d'âme charitable à Rouillac pour éponger ses dettes, il retournerait vers sa mère, son ultime secours...

A Aigre, en août 1828, naît son quatrième enfant. Événement doublement heureux puisqu'il s'agit d'une fille, Louise, la première dans cette famille depuis deux générations. Jules, qui a vingt-sept ans, se déclare « proprié-

1. Abel Hugo, *Le Département de la Charente, op. cit.*

taire », bien qu'il soit toujours marchand. Désormais, c'est lui qui joue le rôle de chef de famille. Quelle revanche pour le benjamin ! Les temps ont bien changé : l'heure n'est plus aux conquérants avides de gloire sur les champs de bataille mais aux bourgeois qui, patiemment, font fructifier leurs biens et assurent la continuité de leur patronyme.

Le testament de Suzanne Cachet

Cependant, sa mère ne verra pas longtemps ses petits-enfants réunis autour d'elle. Celle qui a continué sa modeste vie de marchande sent la menace de la mort planer sur elle. En septembre 1829, elle dicte ses dernières volontés à son notaire, Me Baud, « dans l'état actuel de mes affaires et de ma position critique, attaquée d'une maladie grave qui menace mes jours, animée du désir de traiter mes enfants de la même manière parce que je les aime également ». Âgée de soixante-quatre ans, affaiblie, elle veille à ne léser aucun des êtres qui lui sont chers. Elle redoute surtout que son « faible patrimoine [ne soit] dévoré par les formalités judiciaires d'une part et les poursuites des créanciers nombreux sur [sa] boutique de l'autre ». Elle ne possède qu'un peu de mobilier et une propriété foncière, le tout étant estimé à mille francs. Mais sa boutique est lourdement grevée; elle a vécu jusqu'à présent plutôt sur son crédit que « sur le produit de [son] faible patrimoine et de [son] industrie ». Comme Anne Mitterrand le fera plus tard à Bourges, elle tient à diviser le peu qu'elle possède en parts égales entre ses trois petits-fils : Léon, Jean-Gustave et Louise, qu'elle considère comme les trois enfants de son « fils le plus jeune [1] ». Elle

1. Léon et Louise sont les deux enfants de Jules Lorrain; Jean-Gustave est son neveu, le fils posthume de Léonard qui était né à Aigre et avait toujours vécu avec sa grand-mère. Jules l'a donc recueilli dans son foyer. Lorsque l'enfant meurt en 1831, Jules déclare son décès en se présentant comme son père.

leur lègue la totalité de ses biens, à charge pour eux de payer ses dettes, l'usufruit et la jouissance du tout revenant à son fils Jules qu'elle désigne comme exécuteur testamentaire. Elle charge ce dernier de verser à son frère Paul la somme de quatre cents francs, et trois cents francs à son neveu, le premier fils de Léonard. Enfin, elle souhaite que sa garde-robe soit donnée à part égale à ses deux brus. Personne n'est oublié. Louable effort de cette femme dont le notaire précise qu'elle ne peut signer à cause de son extrême faiblesse et « la paralysie dont elle se trouve frapé (*sic*) [1] ».

Mais, deux mois plus tard, Suzanne Cachet se ravise. Paul a obtenu une permission et est venu à Aigre, peut-être alerté par une lettre de son frère Jules. Sa mère a-t-elle quelques scrupules devant lui, craint-elle d'avoir trop favorisé le benjamin resté près d'elle au détriment de celui qui s'est éloigné? Redoute-t-elle un affrontement entre ses deux derniers fils après sa mort? A moins que Paul n'ait découvert la passion du jeu qui dévore son frère cadet et insisté sur la nécessité d'intervenir pour que les quelques biens familiaux ne soient pas dilapidés par le joueur impécunieux?

Suzanne Cachet rappelle Me Baud pour modifier son testament. Désormais, Jules et Paul seront conjointement ses exécuteurs testamentaires. Jules gardera, sa vie durant, l'usufruit et la jouissance de tous les biens constituant son legs, mais celui-ci sera ensuite partagé pour moitié entre Paul et ses trois petits-enfants, à charge pour eux tous de verser quatre cents francs au fils de Léonard qui vit à Lussac.

La description du modeste mobilier que Jules a déposé chez elle à son retour de Rouillac est établie avec minutie afin qu'il ne soit pas éventuellement repris par les créan-

1. Suzanne Cachet ne savait pas signer au moment de son mariage. Elle a peut-être appris à écrire par la suite. Pourtant, sur aucun acte, même lors du mariage de Jules, elle n'a apposé sa signature. Son testament est conservé avec toutes les archives de Me Baud aux Archives départementales de la Charente.

ciers de la vieille marchande [1]. Tous ces détails montrent bien le poids des dettes qui pèsent sur la famille, l'inquiétude qui ronge le cœur de la vieille femme.

Ce testament a été établi dans la maison de Suzanne Cachet – cette maison où elle s'est installée après la mort de son époux –, « sur une table près de son lit », le 23 novembre. Près d'elle se tiennent Paul et Jules, ses deux fils réunis après tant d'années d'éloignement. Suzanne a donc cette ultime satisfaction avant de fermer les yeux le 15 décembre 1829.

Paul a ainsi pu revoir son jeune frère, embrasser ses neveux et nièces, peut-être rêver sur la famille qu'il ne peut bâtir du fait de son statut de soldat. Après avoir assisté aux derniers jours de sa mère, à son inhumation, il regagne sa garnison en Lorraine.

Jules, lui, demeure à Aigre et continue à vendre ses mouchoirs, tout en accumulant ses dettes. Le 11 septembre 1831, il a encore un garçon. Mais en allant déclarer la naissance de Joseph, Jules ignore que c'est la dernière fois qu'il fait cette démarche.

Le suicide de Jules Lorrain et la leçon de morale retenue

Six mois plus tard, le 27 mars 1832, le marchand de mouchoirs met fin à ses jours : il n'a que trente et un ans. Lui, le civil, le seul des quatre fils de l'ancien grenadier qui aurait dû avoir la destinée la plus longue, disparaît de cette tragique façon.

N'est-il pas étrange de constater que cet homme, qui avait été le seul dans la famille à refuser de porter l'uniforme, ait succombé à la passion du jeu puis se soit donné la mort... à l'instar de nombreux militaires? Dans les

1. Il s'agit d'un lit garni à deux chevets, 11 draps de lit, 7 nappes, 12 essuie-mains, 20 serviettes, un grand chaudron de cuivre rouge, une pelle à feu, une paire de chenets, quatre seaux et six chaises en bois blanc.

casernes, les jeux de cartes semblaient à beaucoup le remède idéal – avec la quête des femmes – pour dissiper l'ennui. Qu'importent les lourdes dettes qui s'ensuivaient, que la maigre solde ne pouvait couvrir ! Au bout de ce parcours infernal, il ne restait que le suicide pour sauver un honneur éclaboussé.

Issue fatale à laquelle Jules Lorrain a recours, comme si le besoin impérieux de se comporter comme un militaire, le désir refoulé, avait ressurgi à travers l'irrépressible fièvre du jeu...

C'est le seul cas de suicide relevé dans cette famille [1] et qui n'aurait pu être noté sans la confidence de François Mitterrand. En effet, dans la plupart des familles, ce genre de drame est soigneusement caché. Une faillite, un suicide, jetaient sur le patronyme une tache indélébile. Le secret devait donc être scrupuleusement gardé afin que les mariages des proches ne soient pas compromis, de même que leurs diverses entreprises [2]. François Mitterrand a reconnu que dans sa famille, les grandes personnes n'évoquaient ce suicide que de façon allusive et dans le seul but de mettre en garde les enfants contre le danger des jeux d'argent.

Leçon que François Mitterrand a fort bien retenue. La chronique en date du 15 janvier 1975 qui ouvre *L'Abeille et l'Architecte* débute ainsi : « Enfant, je ne jouais pas aux cartes et je n'y joue pas davantage aujourd'hui. Si je pratiquais les échecs, appris vers ma dixième année, c'était que mon grand-père maternel chez lequel je vivais six mois sur douze, en pleine campagne, n'avait qu'un partenaire disponible sous la main... Le Monopoly existait déjà mais je répugnais à dilapider mes heures en disputant d'argent. Je n'avais pas de goûts marchands et n'en ai pas acquis. Le jeu de l'oie m'excitait davantage. La loi du hasard a le

1. A moins que Léonard Lorrain n'ait choisi lui aussi de se suicider pour le même motif : il est mort à trente-trois ans, laissant sa femme enceinte...
2. Avant de conclure un mariage, une enquête minutieuse concernant la fortune, l'honorabilité et la santé était menée par chaque famille.

sombre attrait de la philosophie. Ce dé qui vous expédiait au cachot, en enfer, qui, tout près du but, vous tirait soudain vers le zéro avec le chemin à refaire ou qui traversait les embûches comme s'il avait des yeux pour les voir, j'éprouvais une délectation à le regarder décider pour moi. La sincérité m'oblige à dire que je n'imaginais pas qu'il pût tromper mes espérances quelque malheur qu'il m'arrivât, que ma confiance en lui tenait à la foi que j'avais en moi-même. De telles dispositions me destinaient, croira-t-on, à fréquenter les casinos. Eh bien j'en ai horreur ! Mes amis ne m'ont pas vu risquer un franc à la roulette. C'est simple, je n'y mets pas les pieds. D'ailleurs j'ai vite cessé de jouer aux dés. L'idée seule d'en jeter sur le tapis, de dépendre, aussi peu que ce fût, de ce petit cube qui roule, me révulse. Je suis devenu le contraire d'un joueur... » En écrivant ces lignes, François Mitterrand, en 1975, songeait surtout à la leçon de conduite politique qu'il tirait de cette anecdote et qu'il développait ensuite. Il ne se doutait pas qu'il révélait ainsi, inconsciemment, un lointain et douloureux secret de famille.

3

Léon Lorrain, menuisier puis marchand de bois à Jarnac

Le bisaïeul maternel de François Mitterrand n'a pu qu'être profondément marqué par le suicide de son père, survenu un mois avant son onzième anniversaire au printemps 1832. Puisque l'oncle Paul, le dragon, est cantonné au loin, c'est au jeune Léon que revient le rôle de chef de famille : il doit veiller sur sa mère et les frères et sœur qui lui restent, qui ont avec lui une grande différence d'âge – Louise a trois ans, Jules, un an et demi et le petit dernier, Joseph, six mois. Lourde responsabilité pour un enfant qui, à onze ans, doit désormais se comporter comme un homme, essuyer les regards pesants, les remarques acerbes des habitants d'Aigre.

Le retour à Rouillac

Marie Lorrain, née Saisit, se retrouve veuve à vingt-huit ans et ne désire plus vivre dans cette ville après le scandale provoqué par le suicide de son mari. Au reste, elle n'a aucune attache à Aigre. Même si elle peut continuer à vivre dans la maison familiale qui revient en partie à ses enfants selon le testament de sa belle-mère, elle préfère retourner à Rouillac où ses frères et sœurs demeurent, tous fidèles au travail de la terre. Elle peut espérer trouver auprès d'eux réconfort moral et aussi matériel.

Elle se réinstalle dans la commune de ses jeunes années et se consacre aux trois enfants qui lui restent [1]. Elle vit modestement, tirant quelques ressources du legs de Suzanne Cachet : par exemple une petite pièce de vigne qui a pu être augmentée par l'autre portion rachetée à Paul en 1830 sur sa part d'héritage, le tout d'une superficie de quatre-vingt-onze ares.

Léon, son fils aîné, s'empresse de grandir pour alléger son fardeau. Côtoyant ses oncles et ses tantes à Rouillac, il découvre le monde paysan mais ne se sent guère à l'aise dans une société aussi fruste. Il ne peut se résoudre à travailler la terre en dépit de sa position d'aîné et des petits lopins qu'il a hérités. Peut-être est-ce le peu d'éducation qu'il a reçue qui l'en détourne? En tant que Lorrain, il est un homme de la ville. Ce n'est pas pour autant qu'il tienne à devenir marchand : le commerce et la manipulation de l'argent n'ont-ils pas causé la perte de Jules Lorrain? L'ombre du père suicidé pèse en permanence sur Léon. Il n'est pas plus tenté par le prestige de l'uniforme qui a tant fasciné son grand-père et ses oncles. Il opère donc une coupure radicale en décidant de travailler de ses mains. Il lui faut du concret pour échapper aux dangereuses rêveries qui semblent avoir marqué la génération précédente du côté paternel.

René Berthelot, le menuisier angevin

Auprès d'un menuisier, à Rouillac, il apprend le maniement du ciseau, de la scie, du rabot, l'assemblage des tenons et mortaises. René Berthelot n'est pas un enfant du pays : il est le seul à porter ce patronyme dans le bourg. Doté d'un prénom courant en Anjou, il a vu le jour en novembre 1785 dans une petite paroisse, Puits-Notre-Dame, près de Saumur. Est-ce la recherche du travail, le désir aussi d'échapper à la conscription qui le conduisent

1. Son dernier-né, Joseph, est mort peu de temps après.

vers le sud [1]? Il s'établit bientôt menuisier en Charente – à Vars plus précisément – à partir de 1811. Pour s'approvisionner en bois et proposer ses services, il se rend fréquemment à Rouillac, le grand bourg commercial tout proche. Bonne occasion pour se désaltérer à l'auberge tenue par François Dhiersat [2]. René n'est pas indifférent à Marie, la fille de l'aubergiste. Il l'épouse en avril 1812 et se trouve ainsi adopté par une famille de commerçants établie depuis plusieurs générations à Rouillac; il s'y fixe donc comme menuisier.

René Berthelot et Marie vont avoir six enfants en tout : d'abord trois filles puis trois garçons. Si René laisse le soin à sa belle-famille et à sa femme de choisir les prénoms des filles, il impose en revanche pour ses trois garçons des prénoms qui lui rappellent son pays d'origine, manifestant la nostalgie qu'il conserve au fond de son cœur : René pour le premier, Jean pour le deuxième et Beaupré Joachim pour le troisième. Malheureusement, ses enfants n'ont guère une santé robuste. Félicité, la deuxième fille, meurt à l'âge de douze ans. L'aînée est emportée par une phtisie pulmonaire à l'âge de quarante et un ans. Quant aux garçons, deux meurent jeunes sans avoir fondé de famille [3].

Joséphine, la troisième fille, semble la plus solide. C'est vers elle que se portent les regards de Léon Lorrain. Peut-être l'avait-il déjà remarquée lorsqu'il était enfant, puisque Joséphine est née comme lui à Rouillac en 1821, juste un mois avant lui [4]?

René Berthelot ne repousse pas la demande de son apprenti bien qu'il soit le fils d'un suicidé. Le menuisier a

1. Sa mère est morte précocement alors qu'il n'avait que dix ans et il a été élevé ensuite par son père, resté veuf. Lorsque ce dernier meurt à son tour en 1808, le jeune René n'a plus aucune raison de rester en Anjou.

2. Ou Dhiersac.

3. Jean, devenu peintre, est mort à vingt-deux ans; Beaupré Joachim, encore plus fragile que son frère, n'a jamais pu travailler et est toujours resté chez ses parents, et à leur charge, jusqu'à sa mort à l'âge de vingt-sept ans. Quant à l'aîné, s'il est recensé comme conscrit en 1844, il est exempté du fait de sa petite taille. Il ne séjourne plus à Rouillac et sa trace se perd par la suite.

4. Situation qui rappelle celle de François Laroche et Pétronille Robert, nés tous deux en 1779 à Séreilhac et se retrouvant plus tard pour se marier.

pu apprécier le jeune homme, constater son ardeur au travail, et observer peut-être sa répugnance pour les jeux de hasard. Natif d'une autre contrée, il est aussi plus ouvert, moins sensible aux ragots que les autochtones.

Joséphine est tailleuse d'habits pour dames, les revenus de ses parents n'étant pas suffisants. Pourtant elle a gardé pour elle, comme le font toutes les jeunes filles, un peu de temps pour se confectionner son trousseau. En portant ses regards vers Léon Lorrain, elle est en parfait accord avec ses parents : comme sa mère, elle épouse un homme qui a le même âge qu'elle et qui est menuisier, comme son père.

Le mariage a lieu à Rouillac le 3 février 1845. N'est-ce pas en février que l'on tue le cochon? Ce n'est pas un hasard si, à cette époque, dans les campagnes françaises, ce mois est fréquemment adopté pour les épousailles.

Par cette union, Léon Lorrain se fixe définitivement à Rouillac. C'est la commune de ses premiers pas, celle des jours heureux, avant l'époque douloureuse vécue à Aigre. Il peut rompre avec l'épisode tragique de son enfance. Une page sombre est bien tournée. Rien ne l'empêche d'espérer prendre la relève de son beau-père, conserver sa clientèle. Il se sent enfin à son aise dans ce milieu, ce monde de petits commerçants et d'artisans. Les témoins des mariés sont cabaretier, charron et boulanger. Installés dans le bourg comme lui, ils savent tous signer, même s'ils le font avec maladresse.

Léon n'aime pas son prénom

Comme ses amis, ce jour-là, Léon s'est appliqué pour bien signer son nom. L'usage de la plume ne lui est pas familier. Il trace lentement sur la page du registre, en dessinant soigneusement les lettres : « Lorain [1] Julles ».

1. L'orthographe de ce patronyme n'est pas encore fixée : *Laurain* alterne avec *Lorin* ou *Lorrain*, ce dernier nom étant écrit indifféremment avec un ou deux « r ».

Signait-il toujours ainsi depuis qu'il avait appris à écrire? En tout cas, il est surprenant de constater qu'il a fait sien le prénom de son père, comme s'il tenait à affirmer aux yeux de tous le rôle qu'il s'est fixé en tant qu'aîné, montrer qu'il ne veut pas renier celui qui a prématurément disparu. Devenu le seul survivant mâle des Lorrain, il maintient la continuité de la lignée en reprenant le prénom de son père et de ses jeunes frères disparus.

En fait, il ne semble guère apprécier son prénom de baptême, qui est le diminutif de Léonard. Sur aucun acte officiel il n'est appelé : *Léon Lorrain.* Au contraire, il se complaît à modifier sans cesse son état civil chaque fois que l'occasion lui est offerte de faire une déclaration officielle. Pour la naissance de sa première fille, il se présente comme « Jean » Lorrain, prénom qu'il emprunte à son grand-père maternel Jean Saisit et à son beau-frère Jean Berthelot, tout en reproduisant la même signature qu'à son mariage : « Lorain Julles ». L'employé de mairie n'est nullement étonné mais, en revanche, a plus de mal à orthographier le patronyme : « Lorein » dans le texte et « Lorain » dans la marge. Qu'importent les confusions possibles! A l'époque, les déclarations se font oralement et sans fournir automatiquement un papier d'identité. Le menuisier Lorrain étant bien connu à Rouillac, l'officier de l'état civil, sans méfiance aucune, recopie ce qu'on lui dicte.

Les changements de prénoms sont une pratique courante pour Léon Lorrain [1]. En février 1850, il déclare le décès de Laurence Lorrain « âgée de deux ans et six mois » : il s'agit en fait de sa première fille, née en août 1847, qu'il avait alors prénommée Marguerite, Louise, comme sa femme et sa sœur. Sans doute a-t-il pris par la suite l'habitude de l'appeler Laurence, sensible à l'accord des sonorités et comme s'il cherchait à doubler son

1. Agissant ainsi, il ne pouvait se douter qu'il ralentirait considérablement cette recherche généalogique : il a fallu vérifier chacun des actes, ainsi que l'identité des témoins et les signatures.

patronyme. Quant à lui, s'il signe : « Lorrain Jules », enfin correctement orthographié, il se présente cette fois sous l'identité de « Beaupré Lorain ».

Léon Lorrain continue donc de s'approprier les prénoms de ses beaux-frères, même celui de Beaupré qui est encore vivant. En adoptant ces prénoms, chers à René Berthelot, il agit comme s'il tenait à affirmer son appartenance à sa belle-famille, à faire montre d'un sentiment filial qu'il n'a pas eu le loisir de manifester longtemps à son propre père. De plus, robuste au travail, réfractaire à la maladie et à la mort contrairement aux fils de René, il peut ainsi prendre leur place et devenir le fils adoptif de l'émigré angevin.

Mais, le 17 janvier 1853, lorsque naît son premier fils, il n'a aucune hésitation et déclare ce jour-là s'appeler *Jules Lorrain*; quant à l'enfant, il ne lui donne qu'un seul prénom : *Jules*. Léon est fier de cette naissance et souhaite rendre un vibrant hommage à son père. Son héritier s'appellera donc comme lui. Il devra poursuivre l'histoire de la famille, effacer la tache causée par le suicide de l'aïeul : il y a une revanche à prendre. D'autant plus que, du fait de la mort de la première fille, cet enfant se retrouve en position d'aîné.

L'installation à Jarnac

Louise, la sœur de Léon, a épousé en août 1851 Lucien Babaud, un jeune menuisier. Léon a sans doute apprécié ce jeune confrère qu'il a peut-être lui-même formé. Il peut espérer bientôt que Lucien prenne soin également de sa mère. La naissance de son garçon, le souci de laisser la place à son nouveau beau-frère, lui offrent un double alibi pour réaliser pleinement son ambition : tenter sa chance à Jarnac, la cité attrayante, où Pierre François Faure, son ami le plus cher, s'est installé depuis peu comme marchand de chandelles [1].

1. Voir *infra*.

Cependant le changement n'est pas aisé. A Rouillac, du fait de ses ancêtres maternels, Léon Lorrain était connu de presque tous les habitants. Son beau-père Berthelot lui avait ensuite facilité son entrée dans la vie professionnelle. Cette fois, il n'en est rien. Léon a environ trente-cinq ans, ainsi que sa femme, lorsqu'ils emménagent dans le faubourg du Chail [1], un quartier populaire situé à l'ouest du centre de Jarnac.

Le menuisier Lorrain appartient à la petite bourgeoisie qui ne fraie pas avec les grands négociants d'eau-de-vie, l'aristocratie jarnacaise. A défaut de pouvoir pénétrer dans ce monde fermé, Léon Lorrain, homme fort sociable, noue de solides amitiés dans la cité, et pas seulement en rapport avec son travail. Ce commerçant avisé, soucieux de ses affaires, n'est pas dénué de curiosité intellectuelle. Il porte un grand attachement aux traditions de son pays. Parlant couramment le patois saintongeais, il fait la connaissance de Burgaud des Marets, le célèbre barde de fables locales et traducteur du poète polonais Adam Mickiewicz. En lisant une biographie de ce poète jarnacais, François Mitterrand a découvert que son arrière-grand-père était « non seulement le compagnon du grand homme, mais aussi son diseur de fables et de poèmes [2] ». Doué de ce grand talent de conteur, Léon Lorrain sut le transmettre à son fils, ce dont témoigne toujours François Mitterrand, non sans fierté : « Mon grand-père maternel racontait dans un patois irréprochable de succulentes histoires charentaises qui faisaient la joie des soirées familiales [3]. »

1. « Chail » signifie en patois saintongeais une grosse pierre très dure. Cette pierre était une partie d'un dolmen érigé dans ce secteur et qui servit de pont pour enjamber le petit cours d'eau à l'entrée de cette rue; cf. Sophie Apert *Les Rues de Jarnac, op. cit.*.
2. *La Paille et le Grain, op. cit.*, p. 256.
3. *Ibid.* François Mitterrand écrit cela le 18 février 1974 et en profite pour témoigner sa sympathie aux Bretons qui mènent alors un violent combat pour la défense de leur langue.

Léon se lance dans le commerce du bois

Mais il n'y a pas que le plaisir des veillées. Léon Lorrain a bien retenu la leçon de Guizot : il souhaite s'enrichir. A Jarnac, il n'a plus peur de suivre la voie que lui avait indiquée son père. Il s'est éloigné de sa famille maternelle, a laissé sa mère sous la garde de sa sœur Louise et de son mari. Ayant coupé les attaches du passé, il peut prendre des risques. Il a compris que son métier artisanal entrave ses espérances. Dans le quartier du Chail, Léon passe tous les jours près des chais, observe les fûts dans lesquels s'opère la lente et savante maturation de la précieuse liqueur, hume le parfum lourd et entêtant qui imprègne les murs des maisons. Être menuisier lui paraît une activité par trop limitée : il n'hésite pas y adjoindre le négoce du bois, provenant de la Haute-Vienne et de la Creuse, afin d'approvisionner les fabricants de fûts.

Jarnac est une ville prospère, située sur les bords de la Charente, au cœur d'une contrée riche et bien cultivée. La distillation des vins fait sa fortune. Le commerce du cognac est stimulé par le traité de libre-échange que Napoléon III vient de signer avec les Anglais [1]. Tous les espoirs sont permis à qui n'a pas peur de se lancer dans l'aventure.

Léon Lorrain accentue donc les ruptures qui se sont opérées au cours des générations précédentes. Avec l'installation en cette terre de Charente, et surtout le retrait de la carrière militaire qu'a opéré le marchand de mouchoirs, la famille s'écarte des valeurs trop chauvines pour accepter un commerce qui dépasse le cadre étroit de la commune et de ses environs.

Léon Lorrain s'est parfaitement intégré à sa terre natale, en parle le patois, lui, le petit-fils de l'émigré

1. Cette région est déjà « européenne » avant la lettre; et ce n'est sans doute pas le fruit du hasard si Jean Monnet, le « père » de la Communauté économique européenne, est natif de Cognac, si François Mitterrand, signataire du traité de Maastricht, est natif de Jarnac...

franc-comtois. Cependant, s'il est revenu au commerce, il n'oublie pas ce qui a perdu son père. Seule l'activité commerciale devra être l'objet de tous ses efforts... Et surtout pas le jeu. Il a pour charge de transmettre à son fils un certain capital et les valeurs nécessaires pour poursuivre l'ascension sociale ainsi ébauchée. Il faut parvenir à se faire un nom dans cette ville pour effacer la tache du passé. Toute son attention se focalise à présent vers le seul enfant qui lui reste, et qui précisément porte le prénom de l'aïeul.

4

Une bonne éducation pour le fils du marchand

Léon et Joséphine Lorrain surveillent attentivement le petit Jules, s'alarment à la moindre fièvre, craignant que la maladie n'emporte à son tour cet enfant comme elle l'a fait pour leur première fille. Cette inquiétude est encore renforcée par le fait que l'enfant est né prématurément en janvier 1853, alors que l'accouchement n'aurait dû avoir lieu qu'en mars [1]. Joséphine ne peut oublier que la mort, avec une implacable fatalité, s'est abattue sur sa fratrie, qu'elle est la seule survivante.

Jules restera l'unique héritier

Jules fait ses premiers pas dans le quartier du Chail qu'il ne quittera pas jusqu'à sa mort. Alors qu'il vient d'avoir six ans, sa mère retourne à Rouillac chez sa belle-sœur Louise. Comme toutes les femmes à cette époque, elle préfère accoucher dans une demeure familiale et être entourée de femmes en qui elle a toute confiance. Le 13 février 1859, elle met au monde une fille. Léon n'est pas à ses côtés : ses affaires l'ont retenu à Jarnac.

1. Robert Mitterrand précise que son grand-père est « né [...] avec deux mois d'avance sur le calendrier de la grossesse de sa mère » *(Frère de quelqu'un)*.

Mais, pas plus que la première, cette fillette ne vit bien longtemps. Deux ans plus tard, Léon doit aller déclarer son décès à la mairie de Jarnac. Fidèle à son habitude, il change de prénom et se désigne comme « Jean Beaupré Lorrain ». L'employé découvre pour la première fois ce patronyme et l'inscrit avec un seul « r ».

Pour les parents, ce deuil est une nouvelle épreuve. Cette petite, née quelques jours après leur quatorzième anniversaire de mariage, apportait une touche de jouvence, offrait une sœur à Jules, affermissait le couple dans son installation à Jarnac. Sa mort précoce a cruellement frappé les parents, leur rappelant la disparition de leur première fille onze ans plus tôt, et à Joséphine le décès de ses deux sœurs aînées.

Laurence Lorrain est inhumée dans le cimetière de Jarnac qui se trouve à l'extrémité ouest de la ville, au-delà du faubourg du Chail. Paradoxalement c'est l'être le plus jeune de la famille qui prend place en ce lieu où, par la suite, ses parents la rejoindront ainsi que leurs descendants.

L'éducation de Jules

Léon et Joséphine renoncent à avoir d'autres enfants et portent leurs efforts sur leur unique héritier. Jules est élevé scrupuleusement dans la religion catholique comme tous ses ancêtres. Il fait donc partie d'un camp : comme les autres cités de la région, Jarnac connaît cette profonde division qui oppose depuis trois siècles les communautés catholiques et protestantes. Son père veille également à ce qu'il acquière une bonne culture générale, lui qui n'a eu qu'une éducation succinte à Rouillac. Pour Jules, tous les sacrifices sont faits.

Après les premiers rudiments appris sans doute à l'école communale, il est envoyé au collège de Pons, situé à une trentaine de kilomètres au sud-ouest de Jarnac. Cette ville était célèbre au Moyen Âge comme étape pour les pèlerins qui se rendaient à Saint-Jacques de Compostelle; elle allait le redevenir à la fin du XIXe siècle en tant que forteresse du radicalisme et de l'anticléricalisme militant sous la tutelle de son maire Émile Combes. Mais en cette fin du Second Empire, au moment où Jules Lorrain s'y installe comme pensionnaire, règne une atmosphère paisible, les querelles au sujet de la question scolaire n'étant pas encore à l'ordre du jour.

Ses parents ont choisi ce collège en raison de sa solide réputation et parce que le prix de la pension correspond aux efforts qu'ils peuvent accomplir. Les établissements plus prestigieux d'Angoulême ou de Bordeaux sont réservés aux fils des riches négociants de Jarnac.

A Pons, Jules Lorrain acquiert une bonne formation secondaire. François Mitterrand se souvient que son professeur de philosophie était précisément Émile Combes, celui qui allait susciter par la suite tant de polémiques. Peut-être est-ce lui qui a renforcé le jeune homme dans son attitude de non-pratiquant. En tout cas il l'a fortement marqué; plus tard, au début du siècle suivant, lorsque les affrontements deviendront très violents, Jules Lorrain ne reniera jamais son ancien professeur et parlera toujours de lui « sans aucune acrimonie, ce qui était très rare dans les familles catholiques [1] ».

Lorsqu'il achève ses études secondaires, la France a changé une nouvelle fois de régime. Jules est envoyé en Grande-Bretagne afin de se perfectionner dans l'usage de l'anglais. « Beaupré » Lorrain tient à ce que son fils ait une solide éducation, tournée avant tout vers la bonne pratique du commerce. Il ne s'agit pas de poursuivre de longues études dans les humanités, d'envisager une profession libérale. Jules doit poursuivre la voie commerciale esquissée par le grand-père à partir des années 1820, en accentuant l'ambition sociale. Il doit avoir tous les atouts en mains.

Étant en Grande-Bretagne en 1873, il assiste aux

1. Entretien du 7 avril 1993.

obsèques de Napoléon III dans l'église Sainte-Marie de Chislehurst, près de Londres. Simple curiosité de jeune homme qui ne signifie nullement une nostalgie envers le régime bonapartiste. Par la suite, Jules Lorrain tiendra toujours à affirmer son attachement à la République. Il était en particulier très fier de conter à ses petits-enfants que son père avait été emprisonné sous le Second Empire pendant quelques jours. Dans quelles circonstances? François Mitterrand rapporte ce souvenir sans pouvoir donner d'autres précisions [1]. Cette anecdote a peut-être eu lieu au moment du coup d'État du 2 décembre, Léon Lorrain manifestant alors des sentiments semblables à ceux de Joseph Laroche à Séreilhac... En tout cas la tradition républicaine se transmet bien au fil des générations.

Le temps du service militaire

Mais, en 1873, Jules a vingt ans et doit revenir à Jarnac pour passer devant le conseil de révision. Il tire le numéro 69 et choisit la formule de l'engagement volontaire d'un an. Comme son grand-oncle Paul, il est assez grand pour l'époque, mesurant 1,71 mètre, sans toutefois rattraper la hauteur de l'ancêtre. La suite de la description est contestée par Robert Mitterrand qui se récrie en particulier sur le nez et la bouche qualifiés de « gros ». Il faut dire que, l'usage de la photographie d'identité n'existant pas encore, les physionomistes dévisageaient rapidement les conscrits et soulignaient leurs principales caractéristiques. Pour Robert Mitterrand, le nez de son grand-père est plutôt « bourbonien » et la bouche ornée « d'une belle moustache fièrement relevée et d'une petite mouche sur le menton à la mode du second Empire [2] ».

1. Entretien du 7 avril 1993.
2. *Op. cit.*, p. 20. Le lecteur pourra donner le qualificatif qui lui conviendra en observant les photographies de Jules Lorrain (cf. album ci-joint).

Le 1er septembre 1873, Jules Lorrain est affecté au 87e régiment d'infanterie de ligne où il demeure un an comme convenu. Par la suite, il est placé en disponibilité dans l'armée passive avant de passer, à partir du 1er septembre 1878, dans la réserve de l'armée active. Tous les deux ans, de 1879 à 1895, il accomplit une période d'un mois dans le 95e régiment territorial d'infanterie et monte régulièrement en grade : lieutenant en 1883, capitaine en 1885. Tout en ayant choisi une activité civile, Jules garde ainsi un lien avec son aïeul franc-comtois. Il apprécie sans doute ces moments d'évasion qui, même s'ils l'arrachent à sa vie familiale et professionnelle, lui permettent de s'exercer physiquement, d'entretenir en particulier son aisance dans le tir, peut-être même de continuer l'escrime qu'il a pratiquée au collège de Pons.

Auparavant, après avoir fini son année de service militaire, Jules est revenu à Jarnac pour se familiariser, aux côtés de son père, avec le commerce du bois. Malheureusement, l'entreprise n'offre pas assez de ressources pour eux deux, ce qui limite les ambitions du jeune homme. Parlant couramment l'anglais, Jules peut devenir le représentant général de la maison de cognac Pellisson en Grande-Bretagne. L'ascension sociale de la famille se poursuit pas à pas.

Il est temps pour lui de songer au mariage. Aucun problème de ce côté-là puisque son père n'a cessé d'exprimer le souhait qu'il épouse la jolie Eugénie, la fille de son meilleur ami, Eugène Faure, le marchand de chandelles.

II

Du côté des Faure et des Touzet

Celle qui va incarner la figure chérie de la grand-mère et qui a été destinée à être l'épouse de Jules Lorrain s'appelle Eugénie Faure. Robert Mitterrand précise « Eugénie Faure de la Bouharderie » et rapporte à son sujet cette anecdote : « A l'âge de quatre ans, elle avait répondu à quelqu'un qui lui demandait son nom : " je m'appelle Ninie Fonbaudie " et depuis ce temps-là, elle garda le prénom de Ninie, au point que ses petits-enfants l'appelaient tous " Maman Ninie [1] ". »

Jules Lorrain est fier des origines prestigieuses de son épouse. Sur ses vieux jours, il se complaît à établir la généalogie de la famille Faure, s'efforce de remonter le plus loin possible, s'intéressant surtout à la lignée des Barbezières. En revanche, il ne prête pas la même attention à ses propres ancêtres. La rupture avec les racines franc-comtoises qu'a opérée son bisaïeul se trouve ainsi confirmée. Le descendant du grenadier se veut fermement ancré en Saintonge. La famille de sa femme le fait rêver et c'est ce rêve qu'il transmet à ses petits-enfants.

Une fois encore, il faut lever le voile, partir à la recherche de toutes les figures qui constituent les familles Touzet et Faure, ne pas se limiter aux seuls descendants des Barbezières.

1. *Op. cit.*, p. 24.

La Charente
La famille **Faure** jusqu'à la grand-mère maternelle

Les quadrisaïeux

François **Faure** **La Bouharderie** rentier	René **Couturier** marchand	Claude **Touzet** tisserand	Alexandre **Bernard** **de Javrezac** aubergiste puis rentier
† 1805 Aigre 67 ans	† 1787 Tusson 31 ans	† 1837 Rouillac 74 ans	† 1833 La Houlette 50 ans

Les trisaïeux

Pierre **Faure** 1780 Aigre aubergiste	Marie -Magdelaine **Couturier** 1785 Tusson	Jean **Touzet** 1796 Givry bourrelier puis aubergiste	Marie -Thérèse **Bernard** 1804 Rouillac
x 1806 Aigre		x 1823 Rouillac	
† 1861 Aigre 81 ans	† 1857 Aigre 72 ans	†1863 Jarnac 67 ans	† ? ?

Les bisaïeux

Pierre François **Faure** (dit Eugène) 1818 Aigre marchand de chandelles	x 1853 Rouillac	Marie-Rose **Touzet** 1824 Rouillac Institutrice
† 1893 Jarnac 75 ans		† 1904 Saint-Macaire 79 ans

La grand-mère

Eugénie **Faure** 1857 Jarnac
† 1931 Jarnac 74 ans

1

François Mitterrand, cousin de la reine d'Angleterre ?

Le premier sujet dont François Mitterrand tint à m'entretenir fut sa parenté avec la famille Barbezières. Il s'attarda en particulier, avec force détails, sur le destin si romanesque de Sophie Dorothée de Brunswick-Zelle qui inspira l'écrivain Pierre Benoit, servit de trame à une de ses œuvres les plus célèbres : *Kœnigsmark* [1]. Ce lien familial était fréquemment évoqué par ses grands-parents à Jarnac et Eugénie Faure se plaisait à souligner la ressemblance physique existant entre sa grand-mère maternelle, Marie-Rose Bernard, et la reine Victoria.

Cette parenté illustre a été signalée par quelques journalistes et développée en particulier par Arnaud Chaffanjon dans un article publié dans la revue *Gé-Magazine* en 1982, « Mitterrand, cousin des rois? » Pourquoi pas? Mais il ne s'agit nullement d'une parenté directe et, surtout, il faut remonter au début du xve siècle pour parvenir à établir ce lien...

1. Entretien du 26 mars 1993.

L'HISTOIRE DES BARBEZIÈRES ET D'ÉLÉONORE DESMIER D'OLBREUSE

Selon le spécialiste de l'histoire des familles du Poitou, Beauchet-Filleau, l'origine des Barbezières est attestée à partir du début du XIVe siècle dans l'ancienne principauté de Marcillac, aux confins du Poitou et de l'Angoumois [1].

En 1426, Pierre de Barbezières épouse Catherine Guinée. De cette union naissent deux fils : Jean, l'aîné, et Perrinet, le cadet, qui va former la branche de Montigné : c'est ce dernier qui est le très lointain ascendant de François Mitterrand [2].

Or, seule l'histoire de la branche aînée des Barbezières a retenu l'attention des historiens. Le fils de Jean, Jean II de Barbezières, épousa Clémence d'Orgement avec qui il eut une fille et deux fils, Philippe et Louis. Philippe succéda à son père, prenant le titre de sieur de Barbezières, et devint écuyer. De son mariage avec Hélène de Fonsèque, il eut seize enfants. Parmi eux, une fille Jacqueline qui se maria en 1541 avec René Poussard. Son arrière-petite-fille, Jacqueline Poussard, devint en 1631 l'épouse d'Alexandre Desmier d'Olbreuse. Ils eurent quatre enfants : deux garçons et deux filles. La dernière, la fameuse Éléonore, vit le jour dans le château d'Olbreuse, demeure de ses parents, en janvier 1639 [3]. Devenue une jolie jeune fille, elle retint l'attention de la duchesse de La Trémoille qui la choisit comme demoiselle de compagnie. Cette distinction lui valut d'être remarquée par le prince Georges-Guillaume de Brunswick : il demanda à la duchesse de La Trémoille la permission d'emmener la jeune fille en Allemagne afin qu'elle s'occupât de ses neveux. Ce n'était qu'un prétexte qui lui permit bientôt

1. H. Beauchet-Filleau, *Dictionnaire historique et généalogique des familles du Poitou.*

2. Et non pas Louis, le fils cadet de Jean II de Barbezières, comme Arnaud Chaffanjon l'a précisé dans son article. Cette erreur est communément reprise.

3. Ce château est situé à Usseau, au sud-ouest de Niort.

d'épouser morganatiquement la jeune et séduisante préceptrice. Plus tard, en 1675, il parvint à convaincre l'empereur d'accorder à Éléonore le titre de princesse et en fit ainsi son épouse à part entière. De cette union, avant même qu'elle ne fût officiellement reconnue par l'empereur, étaient nées quatre filles dont une seule survécut. Ce fut par elle que le scandale arriva.

Les « amants du siècle » : Sophie Dorothée de Brunswick et Philippe de Kœnigsmark

Sophie Dorothée, née en 1666, hérita de sa mère un étonnant pouvoir de séduction. La raison d'État lui imposa d'épouser, à l'âge de seize ans, son cousin Georges, duc de Brunswick et électeur de Hanovre. Elle eut avec lui par devoir deux enfants, un garçon et une fille. Mais dans son cœur brûlait toujours la flamme de l'amour qu'elle avait éprouvé, fort jeune, pour Philippe de Kœnigsmark, un suédois au charme troublant. Les serments qu'ils avaient échangés, adolescents, n'avaient pu être concrétisés : la rigueur de l'étiquette, le mariage décidé par le père de Georges, despote ambitieux et implacable, les avaient séparés.

Pour surmonter son chagrin, effacer de sa mémoire celle qu'il aimait d'un amour profond et respectueux, Philippe de Kœnigsmark avait mené à travers l'Europe une vie aventureuse, de Paris à Dresde en passant par Venise. Mais la distance imposée, le tourbillon des liaisons passagères, ne parvenaient pas à distiller l'oubli dans son cœur. Il ne put s'empêcher de revenir à Hanovre. Bientôt ses entretiens avec Sophie Dorothée firent jaser une cour où ne régnaient pourtant que débauche et corruption. Tous les ingrédients pour tisser le drame se trouvaient réunis, à commencer par la comtesse de Platen que Kœnigsmark avait prise pour maîtresse... et pour alibi afin de préserver l'honneur de Sophie Dorothée. Furieuse d'être la risée de tous les courtisans, l'intrigante comtesse s'arrangea pour éveiller la jalousie du duc de Brunswick et attirer Philippe de Kœnigsmark à un faux rendez-vous dans la nuit du 1er juillet 1694. Personne ne revit plus le bel aventurier suédois. Se répandit alors l'horrible rumeur que le duc de Brunswick avait fait assassiner son rival. Le corps du malheureux, découpé en morceaux, aurait été placé sous le dallage de la grande salle du château. Telle est l'histoire minutieusement rapportée par Blaze de Bury [1]. Pierre Benoît s'inspira de ce récit et le fit se reproduire, par un étrange mimétisme, à travers les personnages d'Aurore et de Raoul Vignerte à la veille de la Première Guerre mondiale...

La vengeance du duc de Brunswick ne se limita pas au dépeçage de son soi-disant rival. Cet homme cruel, débauché, fit enfermer Sophie Dorothée, alors âgée de vingt-huit ans, dans le château d'Ahlden où elle demeura cloîtrée jusqu'à sa mort en 1726 : la pauvre femme fut ainsi recluse pendant trente-deux ans. Pendant ce temps, arguant de l'infidélité de sa femme, Georges de Brunswick obtint du pape la possibilité de dissoudre son mariage. Plus tard, en 1714, il fut couronné roi d'Angleterre sous le nom de George Ier mais ne daigna même pas séjourner sur cette île : il préférait le charme délétère de sa cour de Hanovre. Son fils George II lui succéda en 1727, tandis que sa fille, par son mariage avec Frédéric Guillaume, accédait au titre de reine de Prusse.

Un siècle plus tard, une jeune fille fort sage devenait à son tour reine d'Angleterre : elle s'appelait Victoria...

C'est avec cette lignée que la grand-mère maternelle de François Mitterrand prétendait avoir un lien de parenté. Était-ce bien raisonnable? Pourquoi tenir à de telles alliances dont le seul attrait est leur nom gravé dans l'Histoire [2]? Quel intérêt pour le couple modèle de Jarnac

1. H. Blaze de Bury, *Épisode de l'histoire du Hanovre*.

2. Ce souci de parenté illustre est à l'origine de nombreuses recherches généalogiques. Au reste, en examinant les dossiers personnels de François Mitterrand au palais de l'Élysée, j'ai trouvé la copie traduite d'une lettre de

d'être apparenté avec cette Sophie Dorothée... et donc son époux, un homme qui, toute sa vie, avait multiplié intrigues, liaisons scandaleuses et orgies à l'instar de son père!

Et quelle famille! George III, son petits-fils, sombra dans la folie et fut écarté du pouvoir. Son fils George IV lui succéda. Copiant son arrière-grand-père, il mena une vie fort dissipée. Dans sa jeunesse, couvert de dettes, il n'avait pu se sortir de cette situation désastreuse qu'en épousant sa cousine Caroline de Brunswick. Ce qui ne l'empêcha pas un peu plus tard, lui, le plus infidèle des époux, de lui intenter un procès pour adultère! Ce roi, très impopulaire, mourut sans postérité. Enfin, après le court règne de Guillaume IV qui avait eu une jeunesse semblable à celle de son frère, monta sur le trône cette jeune fille de dix-huit ans, à la morale irréprochable, qui devait restaurer l'honneur de la monarchie britannique...

Mais tout cela est fort loin du Poitou natal et des ancêtres directs de François Mitterrand, roturiers, menant des existences qui ne surent inspirer aucun romancier, s'efforçant simplement de léguer à leurs enfants un héritage décent.

Ronald Reagan en date du 7 juillet 1986. Le président des États-Unis le remerciait de sa récente visite dans son pays et ajoutait : « Je voudrais vous faire part d'un détail que je viens de lire en rentrant, dans un de nos plus prestigieux magazines, le *Reader's Digest*, de juillet, page 148. Il y est dit que les généalogistes britanniques ont établi un lien entre ma famille et Riagan, parent du roi d'Irlande Brian Boru, et que j'étais, de ce fait, cousin du président François Mitterrand parmi d'autres. Ainsi notre récente rencontre était en quelque sorte une réunion de famille... » Cette remarque surprit le président de la République qui, prudent, mit un point d'interrogation dans la marge et ajouta : « s'informer ». Serait-il possible que les grands de ce monde soient tous cousins? Il y a du travail pour les généalogistes!

Tableau généalogique simplifié de la famille de Barbezières

Pierre de Barbezières
x 1426 Catherine Guinée

Branche aînée de Barbezières

Jean

Jean II de Barbezières
x Clémence d'Orgemont

Philippe de Barbezières
x Hélène de Fonsèque

Jacqueline de Barbezières
x René Poussard

Jean Poussard
x Anne de la Jaille

Joachim Poussard
x Suzanne Gaillart de Saint-Dizant

Jacqueline Poussard
x Alexandre Desmier d'Olbreuse

Éléonore Desmier d'Olbreuse
x Georges Guillaume duc de Brunswick

Sophie-Dorothée de Brunswick-Zelle
x Georges, duc de Brunswick
George Ier, roi de Grande-Bretagne

George II, roi de Grande-Bretagne
x Caroline de Brandebourg

Frédéric-Louis, prince de Galles
x Augusta de Saxe-Gotha

George III, roi de Grande-Bretagne
x Charlotte de Mecklembourg

Édouard, duc de Kent
x Victoria de Saxe-Saalfed-Cobourg

Victoria, reine de Grande-Bretagne
x Albert de Saxe-Cobourg-Gotha

Branche cadette de Montigné

Perrinet

Pierre de Barbezières
x Guyonne Eschallé

Louis de Barbezières
x Catherine Guytaud

Hercule de Barbezières
x Guillemine Jay

Jean de Barbezières
x Marie de la Faye

Jérémie de Barbezières
x Marie Thévenin

Étienne de Barbezières
x Fleurence Corgnolle

Louis Charles de Barbezières
x Marguerite André

François de Barbezières
x Marie Arnault

François de Barbezières
x Marie-Anne Guy

Étienne de Barbezières
x Marie-Anne de Lainé de Francheville

Marie-Rose de Barbezières
x Alexandre Bernard de Javrezac

Alexandre Bernard
(quadrisaïeul de François Mitterrand)
x Thérèse Raby

2

Un bien étrange couple : Alexandre Bernard et Thérèse Raby

Alexandre Bernard, ce quadrisaïeul de François Mitterrand, est rattaché par sa mère à la fameuse famille des Barbezières. En effet, Marie-Rose est une descendante du fils cadet de Pierre de Barbezières, Perrinet, celui qui fonda la branche de Montigné. Mais, depuis le XVe siècle, les liens se sont totalement distendus entre les deux familles.

La déchéance des Bernard

Marie-Rose de Barbezières est née en 1750 dans la paroisse de Montigné, à quelques kilomètres au nord de Rouillac, où résident ses parents, Étienne, comte de Barbezières, et Marie-Anne de Lainé de Francheville. Son père est devenu à son tour le seigneur de Montigné. Marie-Rose est la dernière-née mais, sur les onze enfants qui l'ont précédée, neuf sont déjà morts. Sa mère, épuisée par tant de grossesses, meurt alors que Marie-Rose n'a que neuf ans.

En mai 1776, elle épouse Jean Alexandre Bernard de Monsanson qui habite Courbillac, à l'ouest de Rouillac. Les Bernard portent tous, de père en fils, le même prénom, se distinguant entre eux par le nom de la terre qu'ils possèdent, terre qui leur confère leur particule spécifique.

Le jeune couple demeure quelque années à Courbillac [1] avant de s'établir à la Houlette, paroisse voisine, sur une propriété que Jean Alexandre a héritée. Le 4 mars 1784 naît leur premier garçon qui portera, comme il se doit, le prénom Alexandre si cher aux Bernard.

En déclarant cette naissance, le père se fait appeler « messire Jean Alexandre Bernard de Javrezac » et sa femme « Dame Marie Rose de Barbezières »; mais derrière ces titres se cache une réalité plus prosaïque. Le couple vit dans des conditions modestes, à l'écart du bourg central. Aucun membre de leurs familles respectives ne s'est déplacé pour célébrer l'heureux événement ni pour tenir le nouveau-né au-dessus des fonts baptismaux : celui-ci n'a pour parrain et marraine que les domestiques de ses parents. Les époux Bernard appartiennent bien à la catégorie des nobles provinciaux qui, n'étant pas les aînés, vivent chichement sur les quelques terres qui leur ont été données en dot. Par leur mode de vie, ils sont proches du petit peuple, ce tiers état, tout en tenant à s'en démarquer par l'étalage de leur titre.

Les bouleversements politiques ne vont pas améliorer la situation des Bernard de Javrezac après 1789. Pas question d'émigrer. Où pourraient-ils aller? La famille ne songe guère à faire état d'une bien vague parenté avec le roi George III, l'arrière-petit-fils de Sophie Dorothée de Brunswick. En a-t-elle seulement connaissance? Oubliant les origines nobiliaires, l'ancien sire de Javrezac cherche à passer à travers les mailles de l'Histoire.

Le jeune Alexandre grandit, apprend à lire et à écrire sous la férule de ses parents et non celle d'un précepteur. Se souvient-il de l'Ancien Régime, lui qui n'avait que cinq ans lorsque la Bastille fut prise? Alexandre est obligé de prendre conscience de la dure réalité qui l'attend. Impossible de prétendre à la vie oisive de ses lointains ancêtres. Bientôt rien ne distingue le descendant des Bernard et des Barbezières de la plupart des habitants de la Houlette.

1. C'est là que naît leur première fille, trois ans après leur mariage.

Alexandre est un agriculteur qui porte le patronyme roturier de Bernard; il a simplement la chance de posséder le bout de terre qu'il a hérité à la mort de son père.

En 1802, au moment où Bonaparte s'apprête à se faire proclamer consul à vie, il a dix-huit ans; il n'hésite pas à épouser une jeune tailleuse qui n'a, elle, que quatorze ans.

Thérèse Raby est la fille unique d'un modeste tailleur d'habits dont la famille n'est fixée à Rouillac que depuis une génération [1]. C'est auprès d'eux qu'Alexandre va vivre après son mariage : il est devenu cafetier et, selon toute vraisemblance, s'est installé chez l'oncle de sa femme qui tient une auberge dans le bourg. La rupture avec ses origines sociales se confirme : il renonce au travail de la terre et se tourne vers le commerce [2], imitant ainsi tous les membres de sa belle-famille.

En mars 1804, Alexandre se présente devant les autorités militaires. Il mesure 1,65 mètre, seul détail inscrit sur le registre : grâce à sa situation d'homme marié, de futur père de famille, il n'est pas requis. Sa femme, en effet, est enceinte; elle n'a que seize ans lorsqu'elle met au monde, en juillet, une fille à qui elle donne ses deux prénoms – Marie-Thérèse. Six autres enfants suivront jusqu'en 1814 : cinq filles (dont trois mourront en bas âge) et un garçon.

L'HÉRITIER ET LE SOUCI DU PATRONYME

Le 24 novembre 1811, Alexandre, qui a trente ans, est heureux de pouvoir déclarer la naissance de son garçon : voici enfin l'héritier tant attendu après cinq filles. Est-ce la raison pour laquelle il modifie sa signature? Jusqu'à présent, sur le registre de l'état civil de Rouillac, il a toujours signé : « A. Bernard ». Ce jour-là, pour la première fois, il trace avec le plus grand soin : « A Bernard demon-

1. Voir fin de ce chapitre.
2. Il conserve cependant sa terre de la Houlette.

sanson » et l'entoure d'une gracieuse arabesque. Il reprend à son compte le nom que portait son père en 1776 lorsqu'il se maria avec la descendante des Barbezières.

En 1811, l'Empire est à son apogée et Napoléon a eu lui aussi son héritier au mois de mars. Tout semble se stabiliser. Il y a bien longtemps que la guillotine n'est plus redoutée par les porteurs de noms à particule. Alexandre peut redresser la tête. Certes, il n'est qu'un aubergiste [1] mais il aspire à retrouver le lustre de son patronyme; ce prestige de l'énoncé qui en impose aux roturiers, à défaut de pouvoir faire étalage d'une certaine fortune : réflexe d'orgueil qu'avait précisément eu son propre père à sa naissance en 1784.

Trois ans plus tard, en novembre 1814, Alexandre appose une signature à peu près identique pour la naissance de sa dernière fille et se présente comme propriétaire. Une parenthèse semble se refermer sur sa vie : après tant d'agitations, tant d'épreuves, le fils de messire Bernard de Javrezac qui a dû travailler la terre de ses mains puis s'occuper des clients d'une auberge peut enfin redevenir rentier comme ses ancêtres et profiter du retour des Bourbons.

La rupture entre Alexandre et Thérèse

Neuf ans plus tard, lorsque sa fille aînée se marie, Alexandre ne vit plus avec Thérèse. Que s'est-il passé entre les deux époux depuis la naissance de la petite dernière – qui est morte en bas âge? En novembre 1814, ils sont encore tous deux dans le même foyer à Rouillac. Quelques années plus tard, Alexandre retourne vivre avec son fils Louis à la Houlette, sur la terre où il est né, tandis que sa femme demeure à Rouillac avec leurs trois filles.

En 1823, Alexandre semble vouloir renier tout ce qu'il a vécu auprès de sa femme et des Raby. Assistant au

1. L'oncle de sa femme est décédé en 1809. Il a pris son relais à l'auberge.

mariage de sa fille aînée – Marie-Thérèse épouse Jean Touzet –, il est fier de signer « A. Bernard Demonsanson de Javrezac ». Cette fois-ci, il n'hésite pas à coupler les deux noms de son père comme s'il avait besoin de prendre une revanche sur les années passées, celles de la Révolution où les aristocrates tremblaient et se terraient, celles de son vécu personnel, aubergiste auprès de la fille d'un modeste tailleur d'habits.

Sur la page du registre de l'état civil, en ce 3 septembre 1823, s'étale sa signature entourée d'un nuage d'arabesques encore plus volumineux que les précédents, signature qui contraste avec le tracé malhabile de Thérèse Raby, celle qui demeure son épouse aux yeux de la loi. Certes, depuis leur propre mariage, Thérèse a appris à mieux orthographier son prénom. En mai 1802, elle avait inscrit péniblement « Théraise » : son jeune âge, son peu d'instruction et l'émotion étaient de louables excuses... Vingt et un ans plus tard, elle se retrouve debout dans la salle de la mairie auprès de son époux qui l'a rejetée. Alexandre a honte de s'être lié avec une femme aux origines modestes, une ancienne tailleuse. S'il a fait l'effort de revenir à Rouillac, c'est pour offrir son bras à sa fille aînée, la conduire à l'église comme l'exige la coutume, mais il ne faut pas lui en demander plus. Après la cérémonie, il retourne sur sa terre, s'éloignant définitivement de Thérèse. Il semble qu'Alexandre soit bien décidé à tourner la page. Pour lui, il s'agit d'effacer une erreur de jeunesse, ce qui s'est passé pendant la Révolution et l'Empire, à l'instar de ces émigrés qui, rentrant dans les fourgons des Bourbons, n'ont rien appris ni rien oublié...

Le choix douloureux pour leurs enfants

Pourtant ses revenus ne se sont guère améliorés. En 1833, si son fils se fait appeler « sieur Louis Bernard », il est obligé de travailler la terre comme Alexandre y avait été contraint sous la Révolution. S'il a choisi – ou a été obligé de choisir – le camp de son père en le suivant sur ses terres, il ne peut cependant prétendre à une union avec une jeune fille de la noblesse. Le 6 février 1833, il épouse la fille d'un cultivateur de la Houlette. Ce jour-là, Thérèse Raby ne s'est pas déplacée; elle a simplement fait savoir qu'elle était consentante au mariage puisque Louis n'a que vingt et un ans.

Deux semaines plus tard, une sœur de Louis, restée à Rouillac auprès de sa mère, se marie à son tour. Marie-Rose est une humble lingère. A sa naissance en 1808, elle était la fille d'Alexandre Bernard. Désormais, elle est celle de « Monsieur Alexandre Bernard de Monsanson et de Javresac ». Oui mais celui dont le nom ne cesse de s'allonger au fil des ans n'a même pas daigné ce jour-là accomplir son devoir de père... comme s'il tenait à rendre à sa femme la monnaie de sa pièce! Puisque Thérèse n'a pas assisté au mariage de Louis, il n'a aucune raison de revenir à Rouillac pour donner le bras à Marie-Rose. Seul Louis, qui doit souffrir de cette situation, a fait le déplacement. Il sert de témoin et n'a pas honte d'apposer une signature de roturier : « Louis Bernard ».

La mort va définitivement séparer Thérèse et Alexandre. Peu de temps après ces deux mariages qui concrétisaient aux yeux de tous le « divorce » des Bernard, Alexandre s'éteint à l'âge de cinquante ans, le 9 mai 1833. Louis déclare ce décès sans juger utile de donner à son père d'autre patronyme que « Bernard », celui qu'il a adopté pour lui-même. Il précise que celui-ci était « marié » mais sans indiquer le nom de l'épouse, ce qui est inhabituel à l'époque. Pour Louis, la vie se poursuit sur la terre des ancêtres, bien loin du château d'Olbreuse, et même de celui de Barbezières, situé au nord du département de la Charente. Son unique souci consiste à élever ses enfants et faire fructifier la terre qu'il a héritée. Il renonce aux futiles prétentions qui ont obnubilé ses ancêtres, ont amené la déchéance de la lignée et ont vraisemblablement été à l'origine du différend, de la rupture, entre ses parents.

Cependant une satisfaction posthume pour Alexandre allait effacer le manque de vigilance de son fils. Par un jugement en date du 2 avril 1879, soit quarante-six ans après son décès, Alexandre Bernard était officiellement reconnu comme s'appelant : « Jean Alexandre Bernard de Javrezac » (« de Monsanson » étant jeté cette fois aux oubliettes). Les copies de ce jugement ont malheureusement disparu mais une mention est portée dans la marge de l'acte de naissance de Marie-Rose, la lingère qui s'était mariée en 1833. Sans doute est-ce elle qui, sur ses vieux jours, faisant refleurir ses souvenirs, triant, estompant, camouflant, embellissant, a dû entamer une action judiciaire pour porter enfin le patronyme complet des ancêtres comme l'avait souhaité son père à partir de 1811. Elle n'était pas la seule à retrouver les vieux réflexes monarchiques de son père au moment où la République, en 1879, s'affirmait triomphante...

Pourtant sous la Restauration puis sous la monarchie de Juillet, les trois filles Bernard n'avaient nullement cherché à renier leurs origines roturières et avaient pris pour maris de modestes artisans. Marie-Émilie épousait en février 1829, à l'âge de vingt-deux ans, un jeune charron de Montignac. Quatre ans plus tard, en février 1833, Marie-Rose épousait à son tour un serrurier d'une petite commune voisine, au moment où Louis se mariait avec la fille d'un agriculteur. Leur père avait beau s'efforcer de retrouver par son patronyme ses origines nobiliaires, cela ne s'accompagnait d'aucune ascension sociale pour sa progéniture. Ses quatre enfants demeuraient dans le petit monde des artisans et des paysans.

L'effacement des Raby

Cependant la volonté d'Alexandre Bernard de rejeter son épouse allait se concrétiser par la suite. Thérèse Raby, la femme répudiée, devait être tenue dans l'ombre, sort qui semble rappeler celui de Sophie Dorothée reléguée dans le château d'Ahlden. Aucune trace du décès de Thérèse Raby ne subsiste. Elle aussi, comme ses parents, disparaît de sa cité natale. Son nom ne figure pas sur les registres de Rouillac, ni dans celui des communes avoisinantes. Par la suite, les descendants ne conserveront pas le souvenir de ce patronyme; c'est celui de la mère : il s'estompe plus facilement des mémoires que celui du père. Oui mais ce n'est pas le cas pour les Barbezières ! En effet, le nom de Thérèse Raby est souvent escamoté, remplacé par celui de Marie-Rose de Barbezières, la mère d'Alexandre Bernard [1]. Nouvelle démonstration de la mémoire sélective des familles. Les patronymes à particule sont toujours conservés avec fierté, même si le degré de parenté est infiniment plus éloigné. Jules Lorrain reconstitue méthodiquement l'histoire des Barbezières dont descendrait son épouse, poursuivant sans en avoir conscience la tentative d'effacement qu'avait commencé à opérer Alexandre Bernard de son vivant.

Pourquoi un tel effort d'oubli? Est-ce parce que l'union entre ce descendant d'une très ancienne famille poitevine et la fille d'un tailleur d'habits était surprenante et marquait la déchéance sociale des Bernard et des Barbezières ? Il est également possible que le patronyme de Thérèse ait déplu. Certes, dans le Sud-Ouest, Raby est un nom fréquent, qui vient de « raba » c'est-à-dire rave. Mais il était aussi orthographié avant la Révolution française « rabbi », diminutif de rabbin : ce qui pourrait signifier que cette famille fût d'origine juive. Les enfants Raby nés avant la Révolution, comme leurs descendants, ont bien été baptisés par le curé de Rouillac, mais beaucoup de

1. Curieusement cet oubli de la famille Raby se retrouve dans les brèves études généalogiques consacrées à la famille de François Mitterrand; voir en particulier la généalogie établie à partir de la publication *L'Intermédiaire des chercheurs et des curieux* (janvier et mars 1982). Catherine Nay a reproduit le tableau dans son livre, *Le Noir et le Rouge*. Marie-Rose de Barbezières y figure comme étant l'épouse d'Alexandre Bernard, seigneur de Javerzac (autre orthographe de Javrezac); à la génération suivante, Marie-Thérèse Bernard de Javerzac de Monsanson épouse Jean Touzet; Thérèse Raby est ignorée.

familles juives agissaient ainsi à l'époque par souci d'assimilation. Ce qui étayerait cette thèse, c'est qu'aucune trace antérieure aux parents de Thérèse n'a pu être retrouvée à Rouillac et dans les environs, à la différence de la plupart des familles établies dans le pays depuis maintes générations [1]. D'autre part, tous les membres de cette famille ont exercé des activités artisanales ou commerciales, et en particulier, comme le père de Thérèse, celle de « tailleur d'habits ». Est-ce cela qui, outre les origines roturières, aurait pu gêner Alexandre Bernard? Simple tentative d'explication ici pour comprendre l'effacement de cette quadrisaïeule de François Mitterrand tandis que le souvenir de la mère d'Alexandre Bernard et de ses lointains ancêtres a été mis en avant...

En tout cas, si les filles de Thérèse Raby ont choisi de rester auprès d'elle à Rouillac, elles l'ont également imité en épousant toutes trois des hommes originaires d'autres paroisses, l'aînée n'hésitant pas à se tourner vers un étranger au pays : Jean Touzet.

1. Les grands-parents paternels de Thérèse, Jean Raby et Marie Roumas, ne sont pas originaires de Rouillac. Ils demeurent dans ce bourg le temps que leurs trois garçons grandissent, se marient, puis ils repartent pour aller mourir ailleurs. Leur benjamin, Jacques Raby, né le 5 mai 1764, a été baptisé le lendemain dans l'église de Rouillac. En février 1787, il épouse Suzanne Aubinaud, native de Rouillac, dont il n'a qu'une fille, Thérèse, en juin 1788. Jacques et Suzanne Raby disparaissent à leur tour de Rouillac après 1809.

3

Jean Touzet, le Bourguignon, se fixe en Charente

Pas plus que François Lorrain, Jean Touzet, un des trisaïeux maternels de François Mitterrand, n'est originaire de Saintonge. Son père Claude Touzet, l'aîné d'une famille assez nombreuse (au moins six enfants), est né en avril 1763, à Tramayes, un bourg commerçant aux confins de la Bourgogne, à l'ouest de Mâcon [1]. Quelques années avant la Révolution, la famille Touzet remonte s'établir plus au nord, près de Chalon-sur-Saône, à Givry. Ce déménagement est dû à la quête de meilleures conditions de vie : c'est là que le père de Claude exerce désormais la profession de « voiturier ».

Dès qu'il peut travailler, Claude Touzet devient tisserand et épouse Françoise Trémeau, une jeune domestique, fille de meunier : il n'a pas encore vingt ans en février 1793 mais le mariage lui semble un excellent moyen pour échapper à la grande levée qui s'effectue dans tous les départements au même moment : Claude a donc le même réflexe que Martin Mitterrand.

Un premier garçon naît dix mois après le mariage, mais meurt l'année suivante. Un second voit le jour en mars 1796. Jean restera enfant unique, ses parents pre-

1. Tramayes se situe à une dizaine de kilomètres à vol d'oiseau à l'ouest de la Roche de Solutré, lieu de pèlerinage si cher à François Mitterrand. En choisissant ce lieu, il ignorait qu'un de ses quadrisaïeux maternels était natif de cette région.

nant la précaution de ne pas multiplier les naissances : ce garçon a remplacé le premier défunt ; puisqu'il survit, cela suffit : les revenus de la famille sont modestes et les temps assez difficiles [1].

Jean Touzet échappe au service militaire

Lorsque Jean a vingt ans en 1816, une page de l'histoire de France est tournée. Lui en a profité pour s'éloigner de sa Bourgogne natale. Il ne se présente pas devant les autorités militaires. Sur le registre militaire de Saône-et-Loire son absence est notifiée. Ses parents, soucieux de lui éviter la corvée du service militaire, ont eu recours au procédé nouveau du remplacement. Ils ont pour cela fait beaucoup de sacrifices car cette famille est toujours modeste [2]. Jean, reconnu apte au service, est donc autorisé à se faire remplacer par Philibert Chapotet qui n'a trouvé que ce moyen pour se faire un peu d'argent.

Pour Claude Touzet, il s'agissait de préserver à tout prix la vie de son unique héritier [3]. Même si la paix semble rétablie en 1816, le souvenir des guerres napoléoniennes, des terribles pertes humaines des dernières années, est encore vivace. Claude ne peut oublier que lui-même a su résister à la fièvre patriotique au moment de la levée en masse. Il a transmis à Jean ce désir d'échapper à l'épreuve du feu.

---

1. Claude Touzet est « tissier en toile » au moment de la naissance de Jean. Les renseignements concernant les Touzet en Saône-et-Loire proviennent d'une notice établie par Isabelle Chèze, professeur d'histoire, conseillère municipale de la ville de Mâcon (Archives du Président), et d'informations complémentaires qu'elle a eu l'amabilité de me communiquer.
2. Voiturier sous la Révolution, le père de Claude Touzet devint manœuvre sous l'Empire puis peigneur de chanvre ; il décéda à l'hospice des malades de Chalon-sur-Saône en 1823. Quant à Claude, il a toujours été tisserand.
3. La famille est traumatisée par la mort de Jacques Touzet, le cousin germain de Jean, né presque jour pour jour deux ans avant lui. En mars 1814, à l'âge de vingt ans, Jacques a été enrôlé dans la Grande Armée. Neuf mois plus tard, il meurt à l'hôpital de Marseille : destin similaire à celui du jeune Olivier Lorrain. A un sort aussi funeste, il est nécessaire que Jean Touzet puisse échapper coûte que coûte.

Ainsi deux quadrisaïeux maternels de François Mitterrand ont adopté une attitude opposée : François Lorrain, avant même la Révolution, a choisi de défendre son pays, insufflé cette passion à trois de ses fils, tandis que Claude Touzet s'est bien gardé du même empressement, veillant à conserver en vie le plus longtemps possible son unique fils.

Le bourrelier se fixe à Rouillac

Jean Touzet a vraisemblablement quitté Givry au cours dc l'été 1814 [1]. Son errance s'achève à Rouillac, ce bourg charentais, peu de temps avant que Jules Lorrain ne s'y établisse comme marchand. Lui devient bourrelier. A l'instar du maréchal-ferrant et du charron, le bourrelier est un personnage utile : il doit fabriquer fouets, capotes, coussins et sacs, tout ce qui est nécessaire dans une économie où le cheval tient encore une place primordiale. Jean Touzet a fort à faire pour satisfaire la clientèle rurale du canton.

Bientôt accepté par les habitants de Rouillac, il songe à se marier. Le 3 septembre 1823, le bourrelier épouse la fille aînée de l'ancien aubergiste. Alexandre Bernard, pour la circonstance, a fait l'effort de revenir à Rouillac pour donner le bras à sa fille [2].

Celle-ci ne se soucie guère de reprendre le patronyme à particule auquel son père semble attacher tant d'importance. En revanche, les prénoms que le maire énonce – « Rose Marie Thérèse » – ne sont pas ceux qui figuraient en juillet 1804 sur son acte de naissance. Est-ce son père qui a tenu, dès son enfance, à l'appeler comme sa propre mère afin que soit maintenue une coutume chère aux Barbezières? En tout cas, le prénom de la mère de la mariée, donné à la naissance, se trouve désormais relégué

1. Le jour de son mariage, il produit une copie de son acte de naissance établie dans sa commune le 22 juillet 1814; ce qui permet de connaître le moment de son départ.

2. Voir chapitre précédent.

en troisième position. Thérèse Raby est décidément une personne gênante pour certains membres de la famille et beaucoup s'ingénient à l'effacer. Pour cette femme qui n'a que trente-cinq ans, être rejetée ainsi, devoir affronter les regards et les commérages n'est pas une situation confortable. Elle se réjouit peut-être que le roi Louis XVIII ait supprimé le divorce : elle a au moins échappé à cette humiliation suprême.

Le marié n'a pas à subir les mêmes tensions autour de lui, n'étant entouré par aucun membre de sa famille. Ses parents lui ont établi une procuration auprès du notaire de Givry. Faute de proches, Jean a choisi pour témoins deux représentants de la commune : le brigadier de gendarmerie et le receveur des droits indirects, deux quinquagénaires, figures parentales pour Jean et qui confirment sa bonne intégration à Rouillac.

Un an exactement après ce mariage naît leur premier enfant. Comme il s'agit d'une fille, la mère insiste pour qu'elle porte les prénoms des descendantes des Barbezières : Marie-Rose, née le 7 septembre 1824, est la bisaïeule de François Mitterrand.

Pour déclarer cette première naissance, Jean a demandé à son père de lui servir de témoin. En effet, Claude Touzet, le tisserand, maintenant sexagénaire, a quitté à son tour la Bourgogne pour rejoindre son fils. Étrange similitude : Alexandre Bernard et Claude Touzet ont tous deux choisi de vivre loin de leur épouse respective. Il est étonnant de constater que Françoise Trémeau est restée à Givry, n'a pas accompagné son mari à Rouillac pour retrouver son unique enfant. Cette situation n'implique-t-elle pas, comme dans le couple Bernard, un différend entre les époux?

Françoise Trémeau demeure donc seule au pays natal et finit ses jours, comme le père de son mari, à l'hôpital des malades de Chalon-sur-Saône. Elle meurt le 6 octobre 1830. Sur son acte de décès, elle est considérée comme veuve. Pourtant, à cette date, son mari est encore bien vivant : il va survivre plus de six ans à sa femme; mais comme il est en Charente et a disparu vraisemblablement de la région sans plus jamais y revenir depuis 1824, ce détail paraît plausible. Peut-être la pauvre femme a-t-elle inventé ce mensonge pour masquer sa disgrâce. Elle ferme les yeux sans avoir revu son mari ni son fils...

Le cafetier de Rouillac

Jean Touzet a rompu tout contact avec sa Bourgogne natale : a-t-il eu connaissance de la mort de sa mère? Il est désormais un Charentais à part entière. Depuis son mariage, sans avoir renoncé à travailler le cuir, il est devenu en plus cafetier, deux professions nullement incompatibles. Sans doute a-t-il succédé à son beau-père lorsque Alexandre Bernard a choisi de retourner à la Houlette [1] : voilà qui consolide son intégration à Rouillac. Lorsque naît sa seconde fille, il se fait accompagner par le garde-champêtre et le sacristain de la paroisse, soucieux d'entretenir de bonnes relations avec les représentants de l'ordre et de la foi [2].

Cependant, s'il est un bon catholique, il prend soin de ne pas fonder une famille nombreuse. Le deuxième enfant est encore une fille. Qu'importe! Jean adopte un comportement malthusien, ayant bien retenu la leçon de son père : il vaut mieux peu d'enfants que trop de bouches à nourrir. Il n'y aura plus d'autre naissance chez les Touzet : le couple renonce à tenter un troisième essai pour avoir un garçon.

A défaut de nombreux enfants, Jean Touzet souhaite néanmoins reconstituer autour de lui une cellule familiale

1. Dans ce cas, il s'agit de l'auberge qui était revenue à Pierre Raby, l'oncle de Thérèse, du fait de son mariage.
2. Ce qui est confirmé lors du décès de Claude Touzet le 1er avril 1837 à l'âge de soixante-quatorze ans : Jean Touzet est accompagné de Gabriel Boucherie, leur voisin, « secrétaire du culte catholique ».

importante. Lui, le fils unique, a peut-être rêvé au cours de son enfance d'un tel foyer où régneraient l'amour et l'harmonie. A Rouillac, il veille à ce que son café, sa maison, ne soient pas vides. L'homme est ouvert, sociable. Pas plus que le menuisier René Berthelot, il n'a eu de difficulté à se faire accepter par les autochtones. En tant que cafetier, il est l'amphitryon de ce bourg aux foires commerciales si animées. De plus, il tient à être entouré de son père, de sa belle-mère, des sœurs cadettes de sa femme et même de la vieille Marie-Rose de Barbezières, la mère d'Alexandre. Tous se retrouvent hébergés dans sa maison jusqu'à leur mariage ou leur mort... comme si Jean avait besoin de compenser une peine profonde, celle de l'enfance meurtrie, tout ce qu'il a cherché à fuir en s'éloignant de Givry. Ici, en cette douce terre de Charente, comme le grenadier franc-comtois, le menuisier angevin, Jean Touzet semble avoir trouvé l'apaisement, renoncé à poursuivre plus loin son exil.

La vocation des deux filles Touzet

L'aïeule Marie-Rose de Barbezières n'a pas profité bien longtemps de la tiédeur de ce foyer et est morte en 1827. Mais son nom a empli la maison des Touzet et, plus tard, fait rêver ses arrière-petites-filles. Il n'est donc pas étonnant qu'elles aient cherché toutes deux à s'élever socialement, ou du moins à sortir de la condition banale et médiocre dévolue à la plupart des femmes à Rouillac. Marie-Thérèse Bernard les a sans doute fortifiées dans leur choix. Elle avait pu observer sa propre mère, comprendre les causes de son échec auprès d'Alexandre, dû en partie à son manque de culture et ses origines modestes. Marie-Thérèse avait réussi à construire une union durable avec Jean Touzet. Son mari, sans lui offrir un nom à particule, lui avait au moins permis de se promener sans honte dans Rouillac, d'effacer peu à peu le souvenir de la disgrâce de sa mère. Cet homme avait voyagé, avait su prendre des risques. Voilà ce qui l'avait conquise, ce qui pouvait convenir à ses filles. Bien sûr, Jean Touzet ne pouvait leur constituer une dot importante. Si elles ne voulaient pas être acculées à épouser un artisan ou un cultivateur des environs, elles devaient s'efforcer d'acquérir une certaine éducation : n'était-ce pas le seul moyen pour gravir un échelon dans la société lorsque l'argent faisait défaut ? Les deux filles du cafetier surent entendre la leçon et, après les études nécessaires, devinrent toutes deux institutrices.

Cependant, même si Marie-Rose et Émilie se comportent comme les sœurs Dusoulier dans le Limousin, il faut constater qu'un tel choix reste exceptionnel à cette époque : les jeunes filles qui ne sont pas contraintes de travailler dès leur plus jeune âge se destinent essentiellement à leur futur rôle de femme au foyer et de mère de famille.

Tout en suivant la même voie que son aînée, Émilie va se marier la première. Elle n'a que vingt ans lorsqu'elle épouse en avril 1849 un jeune homme plus âgé qu'elle de quatre ans. La république a remplacé la monarchie pour la deuxième fois. Jean Julien est instituteur à Charmant, petite commune située à vingt kilomètres au sud d'Angoulême. Il a sans doute paru bien plus séduisant à Émilie que l'instituteur de Rouillac : ce dernier, qui a vingt-trois ans, doit se contenter du rôle de témoin à ce mariage en tant qu'ami de l'épouse.

Après la cérémonie, Jean Julien emmène Émilie à Charmant : là, ils vont mener une double carrière de maîtres d'école tout en s'occupant de leurs enfants, comme le couple Laroche à Séreilhac...

Marie-Rose, elle, demeure seule à Rouillac et continue de se dévouer fidèlement à ses élèves. Il ne semble pas qu'elle ait attiré sur elle l'attention de ses autorités de tutelle. Pas plus que Marguerite Dusoulier, elle ne cherche à imiter Louise Michel. C'est une jeune fille qui respecte l'ordre social. Elle est « fière d'avoir obtenu la confiance des familles et l'affection des enfants », comme elle le précise sur la feuille qu'elle fait circuler dans Rouillac au début de l'automne 1852 pour informer les parents de la réouverture, le 20 novembre, de sa classe. « Appelée de nouveau dans la localité pour diriger un externat de jeunes personnes, je viens de faire part aux mères de familles du bonheur que j'éprouve d'être encore choisie pour continuer l'éducation morale et intellectuelle de leurs enfants. Développer leur jeune intelligence, former leur cœur à la vertu, m'occuper sans cesse de leur bien-être sera le but vers lequel tendront constamment mes efforts [1]. » Elle insiste sur son zèle, ses efforts pour montrer le droit chemin à ses élèves : ce n'est pas elle qui les éveillerait aux nouvelles théories socialistes. L'institutrice précise qu'elle ne reculera devant « aucun sacrifice » pour mériter à nouveau la confiance des familles [2]. Elle s'efforce de rassurer, de vaincre les réticences encore nombreuses au sujet de l'utilité d'octroyer les rudiments de la lecture et de l'écriture aux jeunes filles. « Une surveillance active et continuelle pendant les récréations du jeudi et du dimanche aura une heureuse influence sur leur éducation. Quant aux différentes parties qui composent mon enseignement, elles seront conformes à la loi sur l'instruction primaire [3]... Afin d'étouffer les germes d'un amour-propre naturel à l'enfance, un uniforme simple et peu coûteux sera exigé, l'été seulement [4]. »

Elle consacre toute son énergie à l'éducation des fillettes de Rouillac et ne semble guère avoir le temps de songer au mariage comme sa sœur. Répugne-t-elle à

---

1. Cité par H. Thouin, in *Bulletin communal de Rouillac*, n° 3, juin 1985.
2. Souvenons-nous que les instituteurs ne perçoivent de la commune que la modeste somme de 200 francs et que l'essentiel de leur revenu provient de l'allocation mensuelle de leurs élèves; ceux-ci doivent donc être nombreux et assidus. D'où l'intérêt « publicitaire » de la démarche de Marie-Rose Touzet.
3. La fameuse loi Falloux de 1850.
4. Les vacances étaient fixées à cette époque à l'automne après la saison des vendanges.

abandonner ses parents ou redoute-t-elle de devoir renoncer à ce métier qui lui est si cher, faute de trouver un instituteur pour mari? Cette jeune fille est très exigeante et ne souhaite pas épouser un agriculteur ou un simple artisan de la paroisse. Elle a déjà coiffé Sainte-Catherine depuis trois ans lorsqu'un marchand de Jarnac parvient à la détourner de la voie qu'elle s'est fixée.

4

Les Faure : une famille sans histoires ?

A la différence de son futur beau-père, Pierre Faure est originaire de Saintonge. Il est le descendant d'une famille bourgeoise installée depuis maintes générations à Aigre. C'est un des ancêtres de Pierre qui a ajouté au patronyme le nom d'une de ses terres : « la Bouharderie ». La pratique était courante à l'époque et permettait – outre le souci de la particule – d'établir une distinction entre chaque branche [1].

François Faure de la Bouharderie, le rentier d'Aigre

François Faure, un des quadrisaïeux maternels de François Mitterrand, est né à Aigre sous le règne de Louis XV [2]. Huit mois après le décès de son père, en juillet 1772, François épouse Anne, la fille de feu Louis Baud, « sieur du Chiron ». La famille Baud est également établie à Aigre depuis fort longtemps et une branche est

1. A la veille de la Révolution, coexistent ainsi à Aigre et dans les paroisses avoisinantes, les Faure-Bouharderie, les Faure-Grivolière, les Faure Lagrave et des Faure... tout simplement.

2. Son père, Pierre Faure, « sieur de la Bohardrie » (ainsi orthographié à l'époque), est « bourgeois » dans cette cité et vit de ses rentes; il meurt en novembre 1771 à l'âge de soixante-cinq ans. Les registres paroissiaux d'Aigre ne sont conservés qu'à partir de 1763 : il n'a donc pas été possible d'établir la fratrie de François Faure ni de trouver l'origine de sa propriété.

constituée de notaires qui se succèdent de père en fils [1]. Anne apporte à son époux, selon le contrat rédigé un mois plus tôt, une dot de trois cents louis ainsi qu'un lit et un traversin de plumes.

De cette union naissent cinq enfants entre 1773 et 1787, trois garçons et deux filles : François, Marie (la seule qui meurt en bas âge), *Pierre*, le trisaïeul de François Mitterrand, Jeanne et Charles. Que quatre enfants sur cinq survivent confirme la relative aisance de la famille; d'autre part se constate le souci chez ce couple de ne pas avoir un enfant à chaque printemps comme c'était encore fréquent à l'époque [2].

François Faure s'occupe activement de faire fructifier ses biens enrichis par l'apport personnel de sa femme. Les terres louées et des sommes prêtées au taux habituel de 5 pour cent permettent de vivre sans crainte de l'avenir. Il traverse sans encombre la période révolutionnaire, ayant peut-être, en tant que bourgeois, apprécié certaines innovations. Quelle différence entre la vie de François Faure et celle de François Lorrain qui vient d'être nommé depuis peu maréchal des logis à la gendarmerie d'Aigre! Les deux hommes se croisent parfois. Le gendarme meurt le premier, au cours de l'été 1805. François Faure, âgé de soixante-sept ans, ferme les yeux à son tour à la fin de l'année, quelques jours avant que le calendrier révolutionnaire ne soit définitivement abandonné. Lui aussi laisse une veuve et quatre enfants, mais qui ne vont pas se retrouver dans une situation aussi difficile que celle des Lorrain.

---

1. Au reste, ce n'est ni la première, ni la dernière fois que les familles Faure et Baud se trouvent unies. Un peu plus tard, sous la Révolution, le notaire Joseph Baud confie sa fille Marguerite à Jacques Faure-Grivolière, qui a eu la bonne idée de se faire armurier et ne manque guère de clientèle en cette période si agitée...
2. La mère de Marie-Rose de Barbezières a eu douze enfants entre 1733 et 1751.

Querelle de famille à l'occasion du testament d'Anne Baud

Anne Baud, en femme instruite et avisée, continue après la mort de son époux à gérer au mieux sa fortune, guidée par ses enfants et surtout son notaire, qui est aussi son parent.

En juillet 1812, elle meurt à l'âge de soixante-six ans dans la maison familiale. A la fin de l'année, ses quatre enfants se partagent les biens dont Me Pierre Baud fils a soigneusement établi la liste. Il s'agit essentiellement de petites pièces de terre : treize en tout [1]. S'ajoutent quelques titres de rente provenant de prêts sur des sommes variant de trente à cent quarante francs. Il y a également une grange « en fort mauvais état » et même « un banc sous la hale d'Aigre » (*sic*) qui fait deux mètres carrés.

De tous ces biens, le notaire a établi quatre parts, ce qu'il expose aux héritiers, le 14 décembre 1812. Après cette lecture détaillée, chacun exprime son approbation. Pierre déclare qu'il est « content et satisfait » de recevoir la grange et le jardin attenant, six pièces de terres (dont celles de quatre hectares) et « un article de rente de 7 francs au capital de 140 francs ». En revanche, François, après avoir affirmé être « content et bien loti », reprend la parole pour faire remarquer que son lot est quelque peu défavorisé par rapport aux autres. Ses deux frères cadets reconnaissent le bien-fondé de sa remarque et se déclarent prêts à lui verser une contribution pour rétablir l'équilibre. Leur sœur Jeanne ainsi que son mari s'y opposent. Le ton monte et François se réserve le droit de les poursuivre juridiquement. Les deux cadets continuent de faire front avec leur frère et menacent à leur tour de réclamer aux époux récalcitrants les frais de loyer de la maison

1. Deux terres labourables ont une superficie de quatre hectares, les autres (dont seulement une toute petite parcelle de vigne) varient de quatre ares à un hectare, ce qui montre l'extrême morcellement occasionné par chaque partage successoral.

qu'ils occupent et qui leur a été louée par Anne Baud. Voilà une scène qui eût ravi Balzac...

Grâce à l'entremise du notaire, habitué à ce genre de confrontation au moment des successions, la hargne s'essouffle. Les quatre héritiers retrouvent peu à peu leur calme et la séance se clôt sur « la bonne entente » rétablie.

Une nouvelle fois, démonstration est faite des richesses que recèlent les minutes notariales. Dans ces pages soigneusement rédigées à la plume sont consignés tous les frissons, jalousies, rancunes, accumulés au cours des générations ou à l'intérieur des fratries comme c'est le cas pour les enfants d'Anne Baud, tout ce qui est refoulé ou s'exprime au contraire au grand jour lors de certaines réunions familiales, ces tensions soigneusement camouflées en surface, les éclats de voix contenus derrière les portes matelassées des notaires. Ces querelles laissent des traces dans les générations suivantes, même si l'origine de la brouille est souvent oubliée ou travestie.

Mais quelle est la situation des quatre héritiers? L'aîné, qui s'appelle François comme son père – ainsi le veut la coutume –, s'est marié quelques années avant le décès de sa mère et a deux enfants, un garçon et une fille. Propriétaire grâce aux biens que lui ont laissés ses parents, et n'ayant pas une trop lourde charge familiale, il vit dans une relative aisance à Aigre.

Jeanne, restée l'unique fille de la famille, s'est mariée la première, en avril 1805. Elle a épousé Charles Perrain, un marchand chapelier de Vertueil où elle s'établit après son mariage [1]. A la fin de cette année-là, elle est profondément affligée par la mort de son père. Cette disparition ainsi que les démarches et dépenses occasionnées par la succession l'amènent six mois plus tard à rédiger son testament. Elle est la seule à en ressentir le besoin : geste

1. Petite cité au bord de la Charente, située à une vingtaine de kilomètres au nord-est d'Aigre : les Perrain sont des commerçants installés depuis plusieurs générations dans cette commune.

assez surprenant pour une jeune femme de vingt-quatre ans. Est-ce parce qu'elle est enceinte pour la première fois et craint de ne pas survivre à ses couches ? A Me Baud elle confie ses dernières volontés, léguant à son mari l'usufruit et la jouissance de tous les biens qu'elle laissera « pour cause de mort et non autrement » et précisant que celui-ci devra être affranchi de tout inventaire, bail ou procès-verbal, toutes charges qu'elle estime « inquiétantes et dispendieuses ».

Ce testament décèle la personnalité de Jeanne, jeune femme qui veille scrupuleusement sur ses biens, tient à ne faire aucune dépense inutile; tempérament qui se trouve confirmé lors de la succession de sa mère, au moment où se produit l'affrontement avec son frère François. A moins qu'elle n'agisse en 1805 comme en 1812 sous l'influence de son époux qui, après avoir épousé l'héritière Faure, paraît fort soucieux d'augmenter son capital et de ne pas être lésé par ses trois beaux-frères.

Les craintes qui ont poussé Jeanne à se rendre chez Me Baud n'étaient pas fondées, du moins celles concernant son accouchement. Un mois après avoir rédigé son testament, elle a la chance de mettre au monde un fils. Cet enfant restera le seul. Là encore, le souci de ne pas disperser les biens de la famille au moment de la succession a conduit le couple de Vertueil à adopter le principe malthusien.

Charles Faure, le benjamin né en 1787, est aussi le dernier à se marier. L'Empire semble solidement établi, Napoléon vient d'avoir son héritier. Charles a vingt-quatre ans et est propriétaire comme ses frères aînés. Il est temps pour lui de se caser. Il choisit une jeune fille de dix-huit ans, Jeanne Marché, qui appartient à une famille de marchands, d'Aigre également. Il devra attendre presque dix ans pour avoir un premier héritier, puis encore onze années la venue d'un autre garçon qui mourra en bas âge. Ainsi Charles et Jeanne n'auront qu'un seul fils à élever comme les époux Perrain.

Nouvelles tensions chez les Faure en 1851

Faisons un saut dans le temps pour retrouver ces trois couples et leurs descendants en 1851, au moment où Louis Napoléon Bonaparte révèle ses ambitions personnelles. Pour les héritiers des Faure-Labouharderie, cette année est marquée par un certain nombre de visites chez le notaire, ce qui permet une nouvelle fois de suivre les petits drames qui forment la trame quotidienne des histoires familiales.

Le 23 septembre 1851, Jeanne Perrain meurt la première, à l'âge de soixante-dix ans. Elle était revenue s'établir à Aigre avec son fils après la mort de son mari. Très affecté par la mort de sa sœur, François Faure, qui a soixante-dix-huit ans, se rend chez son notaire le 6 octobre en compagnie de sa femme [1]. Précisant qu'il possède « toutes ses facultés intellectuelles », François Faure dicte au notaire ses dernières volontés, modifiant un testament rédigé précédemment. Désormais, il entend favoriser sa fille Aline, qui est maîtresse de pension à Cognac, en lui léguant, hors part, le tiers de tous ses biens; et il signe d'une main tremblante : « faure Labordrie ». Sa femme dicte à son tour un testament qui comporte les mêmes dispositions.

Quelques semaines plus tard, à la fin du mois de novembre, François Faure meurt. Sa veuve retourne chez le notaire et rédige un nouveau testament qui complète les informations contenues dans les deux précédents. Elle fait cette fois une donation *à part égale* à ses deux enfants de tous les biens qu'elle possède [2].

1. Il s'agit de Me Giron qui a pris la succession de Me Baud.
2. Il s'agit de meubles et objets pour une somme de 500 francs dont la liste est soigneusement établie : deux lits complets et garnis, une armoire, 24 draps « demi-neufs », 24 nappes, 24 serviettes, 24 essuie-mains et une batterie de cuisine; ici, le partage est aisé à faire... sauf pour l'armoire ! La veuve Faure laisse également un bâtiment, un jardin, des terres labourables, une vigne, qui rapportent 150 francs par an. En échange de ce legs, elle demande à ses deux enfants de lui verser, par moitié, une rente viagère de 300 francs par an.

Ces deux actes révèlent ainsi les tensions qui régnaient dans le foyer de François Faure. Le fils aîné, Émile, fait figure de fils prodigue. Visiblement, François Faure ne lui pardonne pas de s'être exilé beaucoup plus loin que sa sœur. En effet, Émile se trouve à Tours où il est employé des contributions indirectes. Cet éloignement ainsi que l'ultime testament de François Faure semblent attester l'existence d'un conflit entre eux deux [1]. Émile ne revient pas à Aigre pour l'enterrement de son père. Un peu plus tard, manifestant toujours sa farouche volonté de rompre avec sa Charente natale, il fait savoir, depuis Tours, qu'il vend à sa sœur les propriétés que lui a léguées sa mère. Il confirme son déracinement, son refus de conserver le moindre lien avec sa terre natale.

Après cet épisode douloureux, la veuve de François Faure quitte définitivement Aigre et va s'installer à Cognac auprès de sa fille tandis qu'Émile poursuit ses jours, loin des siens, au nord de la Loire.

Charles Faure continue de veiller scrupuleusement sur les intérêts de sa nièce, faisant fructifier son capital. Lui aussi se retrouve bien seul : son fils unique est parti depuis longtemps « en Afrique », sans doute à la recherche de l'exotisme.

Mais que se passe-t-il donc chez les Faure pour que les fils s'éloignent ainsi les uns après les autres? C'est ce qui va également arriver au fils de Pierre [2]...

1. Il était né en juillet 1811, quelques mois après la naissance du roi de Rome. François Faure, tout fier de la naissance de son premier fils, n'avait pas hésité à le prénommer Joseph César, faisant ainsi montre de son respect de l'Empereur, de sa confiance envers le nouvel ordre établi. Mais le jeune homme en grandissant se débarrassa bien vite de ses prénoms qui faisaient trop référence au régime déchu et préféra s'appeler Émile... (par référence à Rousseau?). Les événements de 1848 ont peut-être ravivé entre le père et le fils les querelles politiques. Impossible de le préciser faute d'autres documents; la seule certitude est qu'ils ne se revirent jamais.

2. Une nouvelle fois, il est étonnant de constater que, dans chaque branche familiale, se dégage un fait dominant qui se répète sur plusieurs destins, fait qu'il serait intéressant d'analyser plus en profondeur à l'aide de lettres et journaux intimes.

Pierre Faure épouse la fille d'un marchand

Le trisaïeul de François Mitterrand est le troisième enfant de François Faure et Anne Baud. Pierre, est né juste un an après le décès de la petite Marie, le 19 avril 1780. Son père l'a prénommé François Pierre, mais le prénom usuel est le second pour le différencier de son frère aîné qui a sept ans. A lui revient le privilège de porter le prénom du grand-père paternel.

Vingt ans plus tard, il figure sur la liste des conscrits de la Charente. Parmi de nombreux autres appelés qui se nomment comme lui, il est simplement distingué par ce qui devient ici un surnom : « Faure dit La bouchardière ». A cette date, il se présente comme « cultivateur ». La Révolution a apporté entre-temps cette modification. Cependant, il évite de se faire engager : pas plus d'ardeur militaire chez les Faure que chez les Mitterrand [1].

A l'âge de vingt-six ans, il se décide au mariage et épouse, en août 1806, Marie-Magdelaine Couturier. Cette jeune fille est née vingt et un ans plus tôt à Tusson, petite bourgade voisine. La famille Couturier est une famille instruite et catholique. René Bonaventure Couturier, le père de la mariée, est le fils d'un maître chirurgien de Raix [2]. Cependant il n'a pas choisi de prendre la relève du père et est devenu marchand à Tusson tandis que son frère, après des études au séminaire, est devenu le curé de Raix. Néanmoins René reste fidèle à ses origines en épousant la fille du maître chirurgien de la cité, Marie-Magdelaine Georget. Dix mois plus tard, en mars 1785, il a une fille à qui il donne les deux prénoms de sa femme, puis une seconde, Jeanne Euphémie, en septembre 1786. Malheureusement, René Couturier n'a pas le temps d'avoir un héritier : le 20 février 1787, il meurt à l'âge de trente et un

1. Son frère aîné François, qui a eu vingt ans en mars 1793, ne s'est pas non plus senti concerné par les appels de la patrie en danger.
2. Autre paroisse toute proche.

ans. Sa veuve, sans doute profondément affligée par ce deuil précoce, ne se remarie pas et va s'installer un peu plus tard avec ses deux fillettes à Aigre.

C'est peut-être à l'église que Pierre a remarqué Marie-Magdelaine Couturier, jeune fille instruite et pieuse, sur qui a veillé le curé de Raix. Il n'est pas le seul à être sensible aux charmes des demoiselles Couturier. Son frère François qui lui sert de témoin à son mariage épouse bientôt Jeanne Euphémie, la sœur cadette. Les deux jeunes filles ont ainsi trouvé à Aigre chez les Faure-Labouharderie une nouvelle famille.

Mais Pierre va se distinguer de François et même de ses deux cadets, Jeanne et Charles. Des quatre descendants de François et Anne Faure, c'est lui qui vivra le plus longtemps et surtout qui aura le plus d'enfants : huit en tout. De plus, il ne va pas se contenter de vivre de ses rentes. Propriétaire au moment de son mariage, il devient par la suite aubergiste, vraisemblablement pour subvenir aux besoins d'un famille qui ne cesse de s'agrandir. Enfin, il choisit de s'appeler Pierre Faure, sans souci de la particule, à la différence de ses deux frères. Il n'a aucune honte à afficher ses origines roturières. Il mène une vie simple, travaille, sans chercher à se donner l'illusion d'une vie aristocratique. Il veille à élever ses enfants le plus pieusement possible, très secondé en cela par sa femme.

5

Le marchand de chandelles se fixe à Jarnac

Le bisaïeul de François Mitterrand a reçu les mêmes prénoms que son père, ces prénoms chers aux Faure La Bouharderie et qui se transmettent depuis de nombreuses générations. Pourtant, dès qu'il le put, il préféra se faire appeler Eugène. Son arrière-petit-fils n'a entendu parler de lui que sous ce prénom, le seul connu à Jarnac et qui figure sur son acte de décès et sur sa tombe.

La fratrie de Pierre François Faure

A la différence de ses cousins, Pierre François grandit dans une famille nombreuse. Ses parents avaient eu un premier garçon juste un an après leur mariage mais qui ne vécut que huit mois. Qu'importe! Les naissances se succédèrent par la suite, à peu près tous les deux ans. Après quatre filles arriva enfin un autre garçon, le 13 novembre 1818. Le père, ravi, lui donna ses deux prénoms – Pierre François –, ce qui, outre la référence familiale, concrétisait sa bonne entente avec son frère aîné. Deux ans plus tard, il eut encore un fils, puis, en 1824, une dernière fille.

Sur ces huit enfants, trois seulement atteindront l'âge de la vieillesse et mourront en laissant derrière eux une postérité. En effet, outre le décès du premier garçon, deux filles disparaissent assez vite : Louise à l'âge de deux ans et demi et Anne juste avant son dixième anniversaire, en juillet 1825. Après cette date, les enfants ne sont plus que cinq : Pierre François se retrouve entouré de deux sœurs aînées et de deux cadets.

Mais la dernière-née est de santé fragile. Sans avoir jamais travaillé ni quitté ses parents, elle s'éteint à l'âge de trente ans « d'une maladie de cœur » en mai 1854. Quant à Marie-Magdelaine, sa position d'aînée semble l'avoir confinée dans le rôle de mère adjointe, rôle souligné par le fait qu'elle porte les mêmes prénoms que sa génitrice. Elle accepte avec résignation cette place lourde de responsabilités et de sacrifices, renforcée encore par le poids de la religion. Elle demeure auprès de ses parents sans songer à se marier et s'efforce de gagner sa vie comme couturière. C'est la vieille fille qui assiste aux mariages de ses deux frères et de sa sœur Euphémie. Elle meurt deux mois jour pour jour avant son cinquantième anniversaire en 1860. Désormais, il ne reste plus à Pierre François qu'une sœur aînée et son frère cadet.

Euphémie a plus de chance : en venant après Marie-Magdelaine, elle n'a pas eu les mêmes charges. A vingt-trois ans, elle épouse un jeune homme qui a le même âge qu'elle. Natif de Jarnac, Eugène Penne s'est installé depuis peu comme épicier à Aigre. Son père était tanneur à Jarnac et c'est Paul, son frère aîné, qui a pris le relais; lui, le cadet, a été contraint d'émigrer à Aigre. En février 1835, la fille de l'aubergiste épouse le marchand épicier. Ils auront quelques enfants – la plupart mourront en bas âge – et ne s'éloigneront jamais d'Aigre [1]...

Théodore, le frère cadet de Pierre François, restera, lui aussi, toute sa vie à Aigre, près de ses parents auxquels il semble très attaché. En 1840, ce jeune homme

1. Eugène Penne mourra en décembre 1881, s'étant retiré du commerce et vivant de ses rentes. Euphémie mourra en mars 1883 à l'âge de 72 ans.

qui mesure 1,63 mètre, passe devant le conseil de révision. Il tire un mauvais numéro et est reconnu « propre au service ». Mais comme son frère aîné est déjà enrôlé, il a la chance d'être exempté, conformément à l'usage. Théodore ne connaîtra pas d'autre paysage que celui de sa cité natale. Il y mène la vie simple et paisible de « propriétaire » grâce aux quelques biens qu'il a hérités. A trente-trois ans, sentant le moment venu de prendre une épouse, il se tourne vers la fille du perruquier d'Aigre qui a neuf ans de moins que lui. Ce mariage entre deux familles de commerçants permet de souligner une nouvelle fois les cloisonnements sociaux subsistant dans ces petites villes provinciales. Dans cette lignée, comme dans les autres précédemment étudiées, rares sont les mariages mixtes entre cultivateurs et marchands. Ces derniers vivent dans le bourg, sont des « urbains », tandis que les cultivateurs sont dispersés dans les hameaux et fermes situés aux alentours. Certes, les occasions de rencontres sont fréquentes tant à l'église que les jours de marché et de fête mais la ségrégation subsiste, renforcée par le fait que les citadins ne répugnent pas autant que les ruraux à envoyer leurs enfants à l'école communale (située précisément dans le bourg).

Après son mariage, Théodore devient épicier comme son beau-frère Penne. L'été suivant, il va déclarer à la mairie la naissance de son premier héritier. Il mène par la suite la quiète existence de petit rentier jusqu'à sa mort, en 1884, à l'âge de soixante-trois ans...

La jeunesse de Pierre François, alias Eugène Faure

Son frère aîné, le bisaïeul de François Mitterrand, a eu une vie un peu plus mouvementée, sans toutefois prendre un tour dramatique. Comme son père l'avait fait à son insu, Pierre François se distingue à son tour dans sa fratrie. Des huit enfants, c'est lui qui eut la chance de vivre le plus longtemps : il mourut dans sa soixante-quinzième année, un record de longévité par rapport à ses frères et sœurs [1].

Comme ses cousins, il semble avoir souhaité échapper très tôt à l'atmosphère familiale. Tout d'abord, imitant Émile, il ne conserve pas ses prénoms de baptême et préfère à l'âge adulte se faire appeler Eugène [2]. D'autre part, sans s'exiler en Afrique ou au nord de la Loire, Eugène ne demeure pas à Aigre auprès de ses parents. Se sent-il trop couvé par sa mère et ses sœurs aînées, étouffant dans un foyer où règnent la maladie et la religion? Désire-t-il échapper à la relève de son père en tant qu'aubergiste, rôle qui lui revenait en priorité du fait de sa position d'aîné, de sa bonne santé? Toujours est-il qu'avant même d'avoir vingt ans, il est commis chez un marchand de Rochefort. Cela lui permet de compléter les rudiments d'instruction reçus à l'école communale d'Aigre. Il est jeune, a des ambitions, se tourne vers une ville qui peut lui permettre de les réaliser et qui est à l'opposé du petit bourg charentais. Créé de toutes pièces par Colbert, le port de Rochefort semble promis à un brillant avenir sous la monarchie de Juillet. Des chantiers navals sortent le *Sphinx*, le premier grand bâtiment à vapeur de la marine militaire, puis le *Mogador*, une puissante frégate à roues. La proximité de la mer, l'air vif, doivent enfiévrer ce jeune homme qui s'est éloigné de sa paisible campagne.

Ainsi les trois cousins Faure ont rompu les attaches avec Aigre. La Révolution et l'Empire, les transformations qui s'ensuivirent, ont favorisé ces déplacements, beaucoup plus rares sous l'Ancien Régime [3]. Désormais, surtout en ce qui concerne les hommes,

1. Il imite ainsi son père qui a battu également le record de longévité. La mort ne semble pas respecter l'ordre de venue au monde dans la famille Faure; ce qui se retrouvera par la suite pour les enfants d'Eugénie Faure, épouse de Jules Lorrain, cf. *infra*.

2. Désormais, il ne sera plus désigné que sous son prénom d'adoption.

3. Dans l'ensemble de cette famille étudiée, seul François Lorrain a quitté sa terre natale avant 1789; René Berthelot émigre pendant l'Empire et Jean Touzet en 1814. A cette date, tous les Mitterrand sont encore à Bourges.

l'attrait de terres nouvelles, d'horizons plus vastes, les conduisent à émigrer, à rompre avec la tradition ancestrale qui faisait que l'on naissait, se mariait et mourait souvent dans la même paroisse.

Eugène n'a pas résisté à cette sollicitation nouvelle. Mais, en 1838, il doit retourner à Aigre pour se présenter devant le conseil de révision. Il mesure quatre centimètres de plus que son frère cadet mais est myope [1]. Handicap qui n'est toutefois pas suffisant pour échapper au service : il a tiré un mauvais numéro!

Or le service militaire n'est pas une sinécure : même si la loi Jourdan de 1832 l'a réduit d'un an, il dure encore sept ans. Pourquoi ne pas se payer un remplaçant, subterfuge auquel ont recours beaucoup de jeunes gens – du moins ceux qui le peuvent?

Pierre Faure n'est pas dépourvu de biens; pourtant il n'aidera pas son fils à se payer un remplaçant. Refuse-t-il de débourser la somme nécessaire à son aîné pour le punir de n'être pas resté à Aigre [2]? Eugène est contraint d'effectuer son service militaire... à moins qu'il n'ait saisi ce prétexte pour éviter de prendre la relève à l'auberge familiale?

Pierre Faure a vraisemblablement un différend avec Eugène. Les fils ne se soumettent plus à la loi sévère du *pater familias*. Les idées révolutionnaires ont ébranlé les sacro-saintes valeurs de la famille et, malgré la rigueur du Code Napoléon, l'ordre ne règne plus aussi facilement qu'autrefois dans les foyers. Reste la sanction de l'argent, la possibilité de déshériter, voire davantage [3]...

A défaut de voyager, de s'élancer sur les mers, Eugène Faure se trouve embrigadé pour sept ans. Pas de grands déplacements à travers l'Europe en quête de décorations

---

1. Il transmettra sa myopie à sa fille Eugénie.
2. Pierre Faure peut faire bientôt une donation hors part à Théodore, l'enfant sage, qui ne songe nullement à s'éloigner d'Aigre (donation conservée dans les minutes de Me Giron)! Quelle différence avec Jean Touzet, le futur beau-père d'Eugène...
3. Certains pères n'hésitent pas à recourir à l'internement de leur fils : ce qui arrivera à Jules Vallès à la fin du Second Empire.

ou d'actes de bravoure, les fièvres impériales sont retombées. Quant à l'expérience de la conquête coloniale, elle ne séduit pas Eugène. De 1838 à 1845, il se contente de mener la banale vie de conscrit. Seul avantage en cette période pacifique – du moins sur le sol national : ses jours ne sont pas en danger.

Mais l'expérience monotone de la vie de caserne a peut-être sapé les rêveries d'Eugène : au sortir de cette période militaire, il ne retourne pas à Rochefort ni vers un autre port. Néanmoins il ne revient pas, tel le fils prodigue, se jeter aux pieds de son père et demander à rester à ses côtés dans l'auberge. Non, tenant à maintenir une certaine distance avec la maison parentale, il s'installe plus au sud, à Jarnac. C'est peut-être Eugène Penne, son beau-frère, avec qui il semble lié, qui lui a parlé de sa ville natale où son frère aîné est toujours tanneur. La cité charmante, bercée par la Charente, en plein essor commercial, conquiert le cœur de cet homme qui a vingt-sept ans et désire enfin voler de ses propres ailes. C'est là qu'il se fixe... comme « fabricant de chandelles ».

Le fabricant de chandelles épouse l'institutrice

Amené à se rendre fréquemment à Rouillac pour son commerce de chandelles, Eugène a l'occasion de rencontrer son ami Léon Lorrain, le petit-fils du gendarme François Lorrain. Il remarque également Marie-Rose Touzet, la fille aînée de l'ancien aubergiste [1], qui n'est toujours pas mariée et jouit de sa belle réputation d'institutrice : voilà une demoiselle qui ne peut que plaire à Eugène, habitué par sa mère à côtoyer, et à apprécier, les femmes instruites. Il demande sa main à Jean Touzet qui n'a aucune raison de la lui refuser.

Le mariage a lieu à Rouillac le 25 juillet 1853. Ce qui est étrange, c'est que les deux fils de Pierre Faure ont

1. Jean Touzet vit désormais de ses rentes à Rouillac.

choisi de se marier à huit jours d'intervalle, précisément au moment où leur père est absent! Pour son fils Théodore, Pierre Faure a donné son autorisation par écrit à Me Giron, le 1er mai. Quelle est la raison de son absence? Il n'est pas à Aigre le 12 juillet, pas plus que son épouse. En revanche, il y revient la semaine suivante pour faire sa seconde démarche chez son notaire. Pourquoi ne pas assister au mariage de son fils aîné qui a lieu deux jours plus tard : Rouillac n'est situé qu'à une dizaine de kilomètres d'Aigre? Les déplacements pourtant ne semblent pas lui faire peur puisqu'il vient de voyager... N'est-ce pas parce qu'il entend signifier une nouvelle fois son hostilité envers Eugène? Toutefois, il ne va pas jusqu'à opposer un refus catégorique : ses futures brus sont d'un milieu conforme au sien...

La mère d'Eugène, absente d'Aigre comme son époux, le 12 juillet, est présente à Rouillac et peut se tenir aux côtés de son fils aîné. Oui, mais pas Théodore; pas plus qu'Eugène n'a assisté à son mariage huit jours auparavant. Quelle famille! Décidément, il semble régner un certain « malaise » dans le clan des Faure [1].

Tout cela n'empêche pas qu'en ce jour de juillet 1853 règne une chaude ambiance dans l'ancienne auberge du père Touzet. A défaut de son frère, Eugène Faure a choisi comme témoin son fidèle ami Léon Lorrain qui vient d'avoir un fils prénommé Jules. N'est-ce pas au cours du repas de noces que Léon, ému et attendri, a soufflé à l'oreille d'Eugène de s'empresser d'avoir à son tour une fille pour l'unir plus tard à son garçon [2]?

---

1. En effet, la non-présence d'un père vivant et habitant la région, de frères ne servant pas mutuellement de témoins, sont des exceptions à l'occasion d'un mariage.
2. Voir chapitre suivant.

Eugène emmène Marie-Rose à Jarnac

Pour Marie-Rose Touzet, son mariage a posé un douloureux dilemme. Le Code Napoléon prescrit à l'épouse de suivre son mari. Or, à Jarnac, il n'y a pas de place pour elle comme maîtresse d'école. Elle se trouve dans l'obligation de renoncer à sa vocation pour se consacrer uniquement à son foyer.

Elle s'installe donc dans la maison de son époux située en haut de Jarnac, au bord de la grande route qui relie Angoulême à Cognac. Quelques mois plus tard, elle a la satisfaction d'être enceinte. Au garçon qui naît le 21 juin 1855 reviennent d'abord les prénoms que les Faure se transmettent depuis plusieurs générations, en dépit des frictions : Pierre, François, *Marcel* étant choisi comme prénom usuel. Il est le premier héritier issu de cette famille originaire d'Aigre à se trouver inscrit sur le registre de l'état civil de Jarnac. Malheureusement, son père fait bientôt la démarche inverse, quelques mois plus tard, pour venir déclarer le décès de l'enfant qui n'a vécu que quatre mois.

Les parents ne se découragent pas pour autant et, l'année suivante, Marie-Rose se trouve à nouveau enceinte. Le 8 avril 1857, elle met au monde une fille. Le lendemain, Eugène Faure emmène l'enfant à la mairie, comme il est encore d'usage à l'époque, pour établir la déclaration, en compagnie de deux surveillants de l'octroi avec qui il entretient des relations amicales et professionnelles.

Il peut paraître surprenant que la mère se soit abstenue de lui donner les deux prénoms des descendantes Barbezières. Mais Marie-Rose a peut-être déjà pris l'habitude de se faire appeler Héloïse : décidément, cela devient une manie pour les membres de cette génération de refuser les prénoms choisis par les parents à l'occasion du baptême! Se prénommer ainsi traduit le désir d'identification de

Marie-Rose : l'ex-institutrice préfère la parenté avec la nièce du chanoine Fulbert, cette femme instruite et libre, plutôt que la référence à ses aïeules Barbezières, dont pourtant sa fille – celle qui vient de naître – sera si friande.

Cette dernière sera donc prénommée Victorine, Eugénie, prénoms inédits dans les familles Faure et Touzet. Le père est fier d'avoir une fille : il peut ainsi tenir la promesse faite à son ami Lorrain. Il est fier aussi de pouvoir féminiser le prénom qu'il s'est choisi mais qui ne peut encore figurer sur le registre de l'état civil. Il signe pourtant comme il l'avait fait à son mariage « Eugène Faur » puis se reprend, raye cette première signature inachevée et s'applique au-dessous pour inscrire très lisiblement « Pierre François Faure ». Mais tout le monde à Jarnac le connaît sous l'identité d'Eugène Faure ; en revanche, y a-t-il un Jarnacais qui ait entendu parler d'un « sieur de la Bouharderie » ?

Eugène et Marie-Rose vont veiller d'autant plus scrupuleusement sur cet enfant – la future grand-mère de François Mitterrand – qu'ils n'en auront plus d'autre. Est-ce un choix délibéré ? Peut-être Eugène juge-t-il inutile d'avoir une famille nombreuse : il n'a pas oublié que la mort a décimé sa fratrie. Alors, à quoi bon ? Certes, il n'a pas d'héritier mâle mais il peut compter sur le fils de son ami Lorrain, en bonne santé et désigné comme son futur gendre. Les mentalités ont évolué. Les idées malthusiennes sont maintenant bien répandues dans les provinces de France et Marie-Rose, en tant que fille de Jean Touzet, fort instruite de surcroît, ne peut les ignorer. Peut-être a-t-elle choisi de n'avoir qu'un enfant, même si c'est une fille, afin de bien pourvoir à son éducation et surtout lui constituer une dot importante.

L'étrange destin des veuves

Pour Eugène et sa femme, la vie se déroule paisiblement à Jarnac. La mort continue de faucher les ancêtres. Eugène a dû être fort éprouvé de perdre sa mère le mois suivant la naissance de sa fille Eugénie. Son père, le dernier Faure de sa génération, est resté à Aigre auprès de sa fille Euphémie et d'Eugène Penne. Il meurt à son tour à l'âge de quatre-vingt-un ans.

Marie-Rose, dite Héloïse, a tenu à ne pas être trop isolée à Jarnac où elle ne connaît personne et a fait venir ses parents auprès d'elle. Jean Touzet et Marie-Thérèse Bernard ont donc la joie sur leurs vieux jours de voir grandir la petite Eugénie. C'est peut-être Marie-Thérèse qui a pris soin de lui confier l'histoire d'Éléonore et de la famille Barbezières, de souligner sa propre ressemblance avec la reine Victoria. Mais qu'est-elle devenue après la mort de son mari? Car, si le décès de Jean Touzet survenu le lendemain de Noël 1863, à l'âge de soixante-huit ans, figure bien sur le registre de l'état civil de Jarnac, il n'y a pas de déclaration semblable pour Marie-Thérèse Bernard. Se renouvelle ainsi ce qui avait déjà été noté pour sa mère Thérèse Raby. Or Marie-Rose/Héloïse Touzet va elle aussi mourir loin des siens, dans un hospice, à Saint-Macaire en 1904. Sa fille Eugénie, désormais mère de famille, n'aura pas réussi à la garder auprès d'elle. François Mitterrand, qui ne l'a pas connue, m'a dit qu'elle ne tenait pas en place, avait le goût des voyages [1]. Peut-être souhaitait-elle, à l'automne de sa vie, rattraper le temps perdu, retrouver tout ce à quoi elle avait dû renoncer en devant l'épouse d'un marchand de chandelles?

Hasard d'une histoire familiale. Oui, mais il est étrange de constater que, sur au moins trois générations, les veuves s'éloignent pour aller mourir loin du lieu où elles ont passé une grande partie de leur existence. Étrange aussi de noter que ce fait ne se reproduit que dans cette branche, comme si une « fatalité » pesait sur les femmes de cette lignée... à l'instar du sort dévolu à la pauvre Sophie Dorothée, et qui s'achevait avec Marie-Rose Touzet, la dernière à porter le prénom des descendantes de Barbezières... et à le refuser.

---

1. Entretien du 31 mars 1993.

Troisième Partie

LA VIE FAMILIALE À JARNAC

La vie familiale à Jarnac

Les grands-parents maternels et leurs quatre enfants

Jules **Lorrain** 17 janvier 1853 Rouillac	Eugénie **Faure** 8 avril 1867 Jarnac
x 3 juillet 1876 Jarnac	
† 8 sept. 1937 Jarnac 84 ans	† 3 août 1931 Jarnac 74 ans

Antoinette	**Yvonne**	Jules	Robert
17 juillet 1877 Jarnac	26 avril 1880 Jarnac	15 mars 1883 Jarnac	30 juillet 1888 Jarnac
x 30 janvier 1912 Jarnac	x 17 avril 1906 Jarnac	s.p.	s.p.
Francis Sarrazin 2 enfants	Joseph Mitterrand 8 enfants		
† 4 août 1970 Paris 93 ans	† 12 janvier 1936 Jarnac 55 ans	† 20 octobre 1884 Jarnac 19 mois	† 22 février 1908 Paris 19 ans

Joseph et Yvonne Mitterrand et leurs huit enfants

Joseph **Mitterrand** 27 septembre 1873 Limoges	Yvonne **Lorrain** 26 avril 1880 Jarnac
x 17 avril 1906 Jarnac	
† 5 mai 1946 Jarnac 72 ans	† 12 janvier 1936 Jarnac 55 ans

Antoinette	Marie-Josèphe	Colette	Robert	**François**	Jacques	Geneviève	Philippe
19 juin 1909 Jarnac	26 mars 1912 Jarnac	9 juin 1914 Jarnac	22 sept. 1915 Jarnac	**26 oct. 1916 Jarnac**	21 mai 1918 Angoulême	8 déc. 1919 Jarnac	11 déc. 1921 Jarnac

1

Le mariage prévu : Jules Lorrain épouse Eugénie Faure

Après chaque voyage en Grande-Bretagne pour diffuser la marque de cognac Pellisson, Jules Lorrain revient habiter chez ses parents à Jarnac, toujours dans le faubourg du Chail. « Beaupré » Lorrain a acheté aux héritiers du pasteur la maison qui jouxte le temple protestant – aménagé en 1761 –, une « maison bourgeoise de dimension moyenne et de forme classique », comme la décrit Robert Mitterrand, avec sa façade de pierre de taille exposée au midi sur la rue [1]. Cet achat ne traduit nullement de la part des Lorrain un reniement : ceux-ci restent de fervents catholiques et n'honorent pas de leur présence le temple voisin.

Le contrat de mariage

Jules Lorrain a vingt-trois ans et il est temps pour lui d'épouser celle qui lui est destinée. Eugénie Faure n'est-elle pas la fille du meilleur ami de Beaupré Lorrain ? Les deux hommes ne se sont-ils pas promis de sceller leur amitié par le mariage de leurs enfants ? Cette anecdote est chère à François Mitterrand [2].

---

1. *Op. cit.*, p. 99.
2. Entretien du 26 mars 1993.

Eugénie a vingt ans et est devenue une ravissante jeune fille, comme la présente Robert Mitterrand : « Notre future grand-mère était une demoiselle de petite taille, au visage très équilibré, éclairé de grands yeux bleus frangés de noir. Ce regard clair surmonté d'un vaste front manifestait sa belle intelligence et sa mâchoire carrée, sa détermination. Son nez un peu large peut-être, était court et bien droit. Elle séparait sa chevelure par une raie médiane en deux bandeaux que couronnait une tresse qui faisait le tour de la tête et complétait parfaitement l'harmonie du visage.

« C'était une jeune fille énergique et active qui appréciait les beaux objets et les tissus de qualité. Elle aurait pu être coquette si son éducation et les épreuves de la vie lui en avaient laissé le loisir [1]. »

Eugénie n'est pas en manque de prétendants [2], mais elle n'a aucune raison de repousser la demande de Jules Lorrain. Les deux jeunes gens ne se montrent pas aussi rebelles que ceux de la génération précédente, du moins du côté des Faure.

Les liens d'amitié entre les deux familles n'ont pas empêché que la cérémonie soit préparée dans les règles. Me Mestrand, le notaire de Jarnac, a rédigé le 27 mai 1876 un contrat de mariage [3]. Jules Lorrain est « employé de commerce ». Son père décline une nouvelle fois comme identité : « Jean Beaupré Lorrain » et se présente désormais comme « négociant » et non plus comme marchand de bois. Le notaire lui reconnaît surtout le prénom de « Beaupré », seul prénom usuel à Jarnac, celui qu'il a définitivement adopté.

---

1. *Op. cit.*, p. 24.
2. Charles Moulin, dans son *Mitterrand intime*, rapporte qu'elle fut souvent taquinée par la suite au sujet d'Ernest Monis qu'elle aurait pu épouser. Ce Charentais devint député de la Gironde, ministre de la Justice à la fin du siècle et président du Conseil en 1911.
3. En juillet 1992, Me Chipault, notaire à Jarnac, m'a autorisée à consulter les dossiers de ses prédécesseurs. Ceux-ci étaient fort bien conservés dans le grenier de son office : j'y ai trouvé ce contrat de mariage ainsi que celui de leur fille Yvonne en 1906 (voir *infra*). Me Chipault m'a informée depuis qu'il avait dû remettre tous ces dossiers aux Archives départementales de la Charente.

Selon l'usage le plus courant, les futurs époux adoptent le régime de la communauté réduite aux acquêts. Les parents de Jules Lorrain lui ont constitué une dot de vingt mille francs grâce à une donation par moitié « qu'ils s'obligent à lui remettre à sa volonté, en numéraire et en billets de la Banque de France ou en bois de construction du commerce de M. Lorrain au choix des donateurs ».

Eugène Faure, qui se présente désormais comme « fondeur » et non plus fabricant de chandelles, a constitué avec sa femme une dot équivalente pour Eugénie, soit une « somme de 20 000 francs qu'ils s'obligent à remettre et payer aux futurs époux en espèces du cours actuel le jour de la célébration du mariage... ».

Ce contrat est signé par les futurs et leurs quatre parents. Se détache la signature de Joséphine Lorrain, née Berthelot, la plus gauche, la plus étalée, tandis que son époux signe très lisiblement son nom mais en le faisant suivre d'un prénom difficilement lisible, un mélange de « Jules » et de « Jean ». A travers sa signature se poursuit l'histoire de cet homme toujours partagé entre le souvenir qu'il entend conserver de son père et le choix des prénoms qu'il a fait. La signature du futur, en revanche, est très lisible et sans aucune ambiguïté : Jules Lorrain n'a qu'un prénom qu'il porte sans préjugé ni rejet, ne suivant pas l'exemple de ses père et beau-père. L'éloignement du lieu où s'est déroulé le tragique épisode, l'effacement opéré par le temps écoulé, lui facilitent cette distanciation. Portant fièrement son identité, il se sent prêt à l'assumer au moment où il devient un homme, prend réellement le relais de son père.

La cérémonie

Le mariage a lieu quelques semaines plus tard, le 3 juillet exactement. Jules a choisi pour témoin un cousin par alliance, Henri Renaud, un peintre qui réside à Cognac, et son oncle, Lucien Babaud, toujours menuisier à Rouillac.

Les témoins d'Eugénie sont Théodore Faure, son oncle, et Eugène Penne, qui ont tous deux troqué leur activité d'épicier à Aigre pour celle, plus noble d'apparence, de « négociant ». Ce mariage montre que les liens avec la famille Faure ne sont plus aussi distendus que sous le Second Empire. Pierre Faure et Marie-Magdelaine Couturier sont tous deux décédés depuis longtemps – elle en 1857 et lui en 1861 ; le temps des brouilles familiales a pu être effacé. Cette union est une bonne occasion de resserrer les liens [1].

Les parents d'Eugénie habitent encore en haut de la route de Condé et il n'y a pas un long chemin à faire pour se rendre tout d'abord à l'hôtel de ville dont la construction a été achevée neuf ans auparavant. Comme dans le Limousin, le cortège est accompagné par un musicien, la plupart du temps un violoneux. De même, Eugénie est conduite par son père tandis que Jules clôt le cortège au bras de sa mère. Ici, le maire embrasse la jeune épouse à l'issue de la cérémonie [2]. Tous redescendent ensuite vers l'église Saint-Pierre qui constitue le cœur de Jarnac, avec la Grand-Rue dans le prolongement de laquelle se trouve la rue du Chail.

Pour la première fois, le prêtre de la paroisse unit les membres de ces deux familles. Suivant la coutume locale, il bénit les anneaux ainsi que « le trézain », les treize pièces de monnaie qui doivent apporter bonheur et fécondité au jeune couple.

Il ne reste guère de trace de l'ancienne église romane qui a été incendiée en 1562, pendant les heures tragiques des guerres de Religion. Par la suite, elle a été réparée sans aucune recherche esthétique. Au XIXe siècle, le che-

---

1. Cette bonne entente durera, jetant l'oubli définitif sur les vieilles querelles des ancêtres. François Mitterrand se souvient qu'à chaque 1er janvier le fils de Théodore Faure (René, le cousin germain de sa grand-mère) venait présenter ses vœux à Jules et Eugénie; ceux-ci lui rendaient la même visite l'après-midi. René Faure servit de témoin au mariage d'Antoinette, leur fille aînée, et un de ses petits-fils, plus tard, épousa une sœur de François Mitterrand.
2. François Pairault, *La Charente autrefois*.

vet et la verrière ont été restaurés, la chapelle latérale reconstruite et une voûte de briques coiffe désormais la nef à la place de l'ancien tillage [1]. C'est là qu'Eugénie a été baptisée, c'est là qu'elle se marie : l'église Saint-Pierre tient un grand rôle dans sa vie.

La mariée porte vraisemblablement une robe de teinte claire susceptible de servir par la suite (beige, gris perle ou bleu clair) et non la robe blanche qui ne deviendra la tenue officielle qu'un peu plus tard. Ses cheveux noirs sont recouverts d'un voile de tulle genre mantille, auquel on ajoute un bouquet de fleurs d'oranger [2]. Quant à Jules, il porte le traditionnel costume sombre et un chapeau à large bord.

Le repas se déroule dans la gaieté avec les chansons, les jeux et les danses (bourrées, branles, contre-danses). Belle occasion pour Beaupré Lorrain et son fils de faire montre de ce talent de conteurs que tous se plaisent à leur reconnaître. Et nul doute qu'un arbre n'ait été planté dans le jardin des Lorrain en signe de félicité pour les jeunes mariés.

Jours paisibles à Jarnac

Pour Jules et Eugénie, leur vie commune va s'inscrire dans le petit périmètre du vieux Jarnac, près de l'église Saint-Pierre. Tous deux ont grandi dans la quiète atmosphère de cette ville lumineuse, aux maisons blanches, où règne un étonnant silence lorsque les volets sont refermés à la tombée de la nuit. Après le dîner, ils peuvent se promener le long des berges toutes proches de la Charente, berges non aménagées, bordées de joncs, suivre les gabares qui viennent accoster, observer le délestage des

1. Cf. article de Alain Braastad sur l'église Saint-Pierre, *La Tour de feu*, n° 117, « Jarnac et ses poètes ».
2. Suivant les descriptions traditionnelles. Il n'existe pas de photographie de ce mariage.

tonneaux et des barriques [1]. Le dimanche soir, pendant la belle saison, comme tous les Jarnacais, ils s'asseoient sur les chaises paillées installées en cercle autour du kiosque à musique sur la grande place du château et écoutent les concerts. Il fait bon vivre à Jarnac en ce début de Troisième République et aucune clameur guerrière ne vient troubler l'harmonie de la cité et de ses habitants.

Le jeune couple s'est installé dans la maison des parents Lorrain, rue du Chail [2]. C'est là qu'Eugénie met au monde ses quatre enfants. Comme sa mère Marie-Rose Touzet, elle accouche pour la première fois juste un an après son mariage, en juillet 1877, à l'âge de vingt ans. Mais à la différence de ses parents, elle a d'abord une fille prénommée Marie, Marguerite, Andrée, *Antoinette* [3].

Trois ans plus tard, le 26 avril 1880, Jules revient à la mairie, tenant dans ses bras une autre fille [4], née le jour même, à deux heures du matin, qu'il appelle Marie Gabrielle *Yvonne* – c'est la future mère de François Mitterrand.

Trois ans s'écoulent encore avant la naissance d'un nouvel enfant, le fils tant attendu, le 15 mars 1883. Pour cet héritier, les prénoms choisis sont bien significatifs : Henry, Eugène, Beaupré, *Jules*, c'est-à-dire les prénoms adoptés par les deux grands-pères ainsi que celui du père. Ce garçon incarne l'union des deux amis et doit poursuivre leur entreprise. Malheureusement le frêle enfant meurt l'année suivante à l'âge de dix-neuf mois. Pour les parents, ce deuil est une première épreuve. Pour Joséphine Lorrain, la grand-mère paternelle, la disparition du

1. Toutes les descriptions de l'époque insistent sur la beauté de cette petite cité. Robert Delamain, l'historien de Jarnac, la décrit avec amour : « Elle a bien son caractère propre, son originalité. Tout d'abord, elle est jolie, mollement étendue sur la rive de son fleuve presque immobile » (in *Jarnac à travers les âges*).

2. Cette rue changera de nom à partir de 1891. La municipalité lui donnera le nom d'Abel Guy, en hommage au fils du pasteur Guy qui partit faire fortune aux États-Unis et légua à Jarnac la somme de 50 000 francs. (Cf. Sophie Apert, *Les Rues de Jarnac*, *op. cit.*)

3. Le prénom souligné est le prénom usuel.

4. Comme il est toujours d'usage à l'époque.

petit Jules réveille sans doute les blessures anciennes, la mort de ses deux filles [1]. C'est vraisemblablement elle qui fit graver cette épitaphe : « Ici reposent Laurence Lorrain... Henri Eugène Beaupré Jules Lorrain... Chers anges, priez pour nous. »

Mais Jules et Eugénie ne suivent pas en cela l'exemple de leurs parents. Ils ne peuvent se contenter d'élever leurs deux filles qui grandissent sagement près d'eux. Jules désire vraiment un héritier à qui il pourra confier l'entreprise qu'il vient de créer. Les espérances des parents sont enfin récompensées : le 30 juillet 1888, après leur douzième anniversaire de mariage, ils ont le bonheur d'avoir un autre garçon, prénommé Gabriel Fernand *Robert*.

Sur lui, tous les regards se tournent ; tous vont le veiller scrupuleusement pour qu'il ne subisse pas un sort aussi triste que le petit Jules.

1. Son mari, Beaupré Lorrain, est décédé en 1882 à l'âge de 61 ans.

2

Jules Lorrain négociant et citoyen de Jarnac

Près de sa femme, de ses enfants, de sa mère et de ses beaux-parents, Jules Lorrain connaît le doux plaisir de vivre mais ne s'y alanguit pas. Il éprouve le besoin de réaliser l'énorme ambition qui l'anime : être reconnu et estimé de tous dans Jarnac ; ce qui va le motiver jusqu'à sa mort.

Le négociant en cognac

Peu de temps après son mariage, grâce à sa dot et à celle de sa femme – soit un montant de quarante mille francs –, Jules Lorrain peut songer à se mettre à son compte. Le jeune homme est téméraire et ne tient pas à rester, sa vie durant, un simple employé de commerce. L'expérience acquise lui permet quelques espérances. Il s'associe avec un nommé Louis Despas, un homme qui a « roulé sa bosse à travers le monde et notamment en Chine [1] ». Tous deux se lancent dans le négoce du cognac et cherchent à se faire une place parmi les grands noms de la cité. Malheureusement, ils n'ont pas pris en compte les difficultés de l'époque.

1. Robert Mitterrand, *op. cit.*, p. 22.

Au moment où la République se consolide, le contexte économique à Jarnac n'est plus celui du Second Empire. Le règne de Napoléon III a coïncidé avec une forte prospérité, en particulier en Charente. Jarnac est alors une cité en plein essor qui rivalise avec Cognac et s'efforce de lui ravir la première place dans le négoce des eaux-de-vie. Les grandes maisons, telles Courvoisier, Hine, Bisquit, etc., se sont multipliées. Tandis que la période du Premier Empire avait été morose pour la ville du fait du blocus, le commerce du cognac connaît un prodigieux essor par la suite, surtout après la signature du traité de libre-échange avec la Grande-Bretagne en 1860. Les ventes sont quadruplées de 1850 à 1870.

Cette prospérité ne survit pas à la débâcle de 1870. Bientôt un mal s'abat sur cette contrée paisible, un mal qui va semer la terreur : c'est « l'insecte de la mort », appelé scientifiquement le « phylloxera vastatrix ». Il commence à apparaître en Charente près de Cognac en 1872. Lorsque Jules et Eugénie se marient en 1876, le vignoble charentais atteint son record historique : cent seize mille hectares. Mais c'est aussi cette année-là que débute la terrible attaque de l'insecte. Une grande partie des vignobles est détruite, les petits vignerons ruinés. Pour nombre de paysans charentais qui sont fort superstitieux, c'est Napoléon III qui « a laissé cette maladie en partant pour [les] punir de l'avoir renversé [1] ». Vers 1900, il ne reste plus que treize mille hectares de vigne dans la région.

Face à ce fléau, seules ont pu résister les grandes maisons. Elles savent gérer leurs stocks de vieilles eaux-de-vie tandis que beaucoup de petits viticulteurs sont contraints de se reconvertir dans les herbages, l'élevage laitier, ou bien de s'exiler définitivement vers la ville.

Dans un tel contexte, il n'était guère possible de créer un nouveau négoce de cognac. La faillite de Jules Lorrain

1. Ardouin-Dumazet, *Voyage en France*; cité par François Pairault *La Charente autrefois*.

était inéluctable. Sous le second Empire, il aurait peut-être réussi, pas après 1876. Le jeune homme impétueux n'a pas su prendre en compte la réalité de son époque. Il vit encore sur les leçons acquises au sortir de l'adolescence et au cours de son séjour en Grande-Bretagne.

La vinaigrerie

Jules Lorrain n'est pas pour autant découragé. « Mon grand-père était un imaginatif », m'a confié François Mitterrand [1]. Il tire la leçon de cet échec comme il a su le faire en observant la lente fabrication du cognac. « Un bon cognac passe deux fois à l'alambic. Mon grand-père maternel, qui n'en buvait pas, était réputé pour son nez infaillible et respirait en toute certitude le coteau et l'année [2]. »

La liqueur au parfum si entêtant exige donc beaucoup de patience. Patience et imagination sont les qualités qui permettent à Jules Lorrain de faire face à son échec... comme son petit-fils saura, à son tour, le faire dans l'arène politique ; ce n'est pas un hasard si François Mitterrand évoque ce souvenir le 16 mai 1972 : il venait de préciser au préalable : « Je me méfie du premier mouvement, de cette " illusion lyrique " qui me plonge à coup sûr dans le pathos [3]. » Ce thème de la patience, doublement héritée de son pays natal et de son grand-père, lui est cher et il le reprend à plusieurs reprises pour justifier son action : « Il a fallu quinze ans à Léon Blum pour conduire au pouvoir son parti mutilé par la scission de Tours... Je prie qu'on me juge sur la distance et non sur l'accident, sur ma vie et non sur l'instant... je ne suis pas pressé [4]. »

A défaut de commercialiser le cognac, Jules Lorrain comprend qu'il peut tirer profit des richesses de son pays :

1. Entretien du 7 avril 1993.
2. *La Paille et le Grain, op. cit.*, p. 92.
3. *Ibid.*
4. *L'Abeille et l'Architecte, op. cit.*, p. 377.

pourquoi ne pas fabriquer du vinaigre, ce qui est possible avec des vins de qualité inférieure et surtout nécessite moins d'investissements? En 1884, Jules Lorrain crée sa propre vinaigrerie dans les dépendances jouxtant sa demeure. En octobre meurt son premier fils. Même s'il est profondément affligé par ce deuil, il n'en continue pas moins son combat de chef d'entreprise et peut remporter, dès l'année suivante, le premier prix d'Angoulême pour son vinaigre, et deux ans plus tard, en 1887, celui d'Hanoï, « au Tonkin » comme il le précisera fièrement sur les étiquettes de son produit [1].

D'aucuns se sont gaussés d'une telle activité (reprise ultérieurement par son gendre) sans chercher à comprendre la nécessité de cette reconversion. Pourquoi serait-il méprisable d'être fabricant de vinaigre au pays des grands négociants de cognac? En dehors même de l'explication conjoncturelle des ravages commis par le phylloxéra et de la « Grande Dépression », il n'était guère possible pour un jeune homme, si entreprenant fût-il, doté d'une solide expérience et d'un petit capital, de créer puis de faire fructifier rapidement un grand négoce de cognac sous la Troisième République comme dans la première moitié du XIXe siècle. A Jarnac, au moment où Jules Lorrain arrive à l'âge adulte, les jeux sont déjà faits, les castes bien établies. Le fils du marchand de bois, le gendre d'un ancien fabricant de chandelles, ne peut prétendre aux mêmes aspirations que les héritiers de la grande bourgeoisie jarnacaise. Sa place est difficilement définissable : il se trouve dans un « entre-deux », c'est-à-dire au-dessus du peuple mais en dessous des grands noms, ces riches familles qui, pour la plupart, sont protestantes. Pour Jules Lorrain, il n'y a guère de possibilités : soit demeurer un subalterne dans une de ces grandes maisons, soit tenter seul sa chance. Ayant échoué, il en tire l'amère leçon. Un autre se

1. M. Ribeyron-Montmartin, secrétaire général du syndicat national des fabricants de vinaigre, m'a remis une copie de cette étiquette.

serait peut-être acharné, aurait tenté de tenir coûte que coûte, quitte à provoquer la ruine complète de la famille, tel le père de Drieu La Rochelle qui n'hésita pas à engloutir la dot de sa femme s'élevant, en 1891, à cent mille francs, ainsi que la fortune de son beau-père architecte, dans des entreprises de plus en plus douteuses. Jules Lorrain n'adopte pas un comportement aussi suicidaire : peut-être se garde-t-il d'aller trop loin, n'oubliant pas le récit que son père lui a fait de la triste fin de celui dont il porte le prénom. Il cherche une voie de repli qui a au moins le mérite d'être réaliste et, surtout, de lui permettre de rester indépendant.

Sa nouvelle entreprise ne périclite pas; bien au contraire. Elle l'amène à voyager régulièrement pour rencontrer des clients. Pendant son absence, sa femme Eugénie s'occupe avec beaucoup d'efficacité de la vinaigrerie sans pour autant faillir à son rôle de mère de famille. Ses qualités d'ordre sont même un atout précieux pour son mari : tous deux se complètent parfaitement.

Ses multiples déplacements conduisent fréquemment Jules Lorrain en Grande-Bregagne, pays qui reste cher à son cœur, avec lequel il garde de multiples liens. Ce n'est pas lui qui vilipenderait Kitchener, réclamerait une nouvelle guerre contre la « perfide Albion ». Il reçoit assez souvent des Anglais à Jarnac et est fier de pouvoir évoquer la parenté de sa femme avec la reine Victoria...

Après avoir bien établi son entreprise, Jules Lorrain entend jouer un rôle actif dans le syndicat de cette branche professionnelle. Il devient bientôt le président des fabricants de vinaigre pour la région du Sud-Ouest, ce qui lui permet d'entretenir de nombreuses relations et de faire de fréquents voyages à Paris [1].

---

1. Les archives du Syndicat des vinaigriers ne sont pas antérieures à 1934. Il n'a donc pas été possible d'analyser les fonctions officielles de Jules Lorrain à l'intérieur de ce syndicat.

Néanmoins, tout cela n'est pas encore suffisant pour canaliser la surabondante énergie de cet homme.

Le citoyen actif

Jules Lorrain ne passe pas inaperçu dans la petite cité charentaise. C'est un homme de stature imposante, coiffé toujours d'un chapeau en feutre à large bord, que tous remarquent lorsqu'il se promène dans la Grand-Rue ou s'arrête sur la place du Château [1]. Unique descendant des Lorrain, bouillonnant de vie, il ne se limite pas à un seul domaine.

Pour se délasser, il adore s'entraîner au tir le dimanche. Une société de tir a été montée à Jarnac par M. Delamain, qui possède « une âme revancharde et militaire » en tant qu'ancien combattant de la guerre de 1870 et compagnon de Déroulède [2]. Jules Lorrain en est membre actif et participe aux concours tous les ans. Les vainqueurs sont honorés de prix somptueux (vases de Sèvres et argenterie massive) que remet fièrement le président Delamain sur le kiosque, place du Château. Jules Lorrain est récompensé à plusieurs reprises sous les vifs applaudissements de la foule [3].

Jules Lorrain est également membre du cercle qui se tient au-dessus du café de la Bourse, où se retrouvent les principaux notables de la ville, toutes religions et tendances politiques confondues. Il y côtoie les grands négociants de Jarnac : Laporte, « brillant Français type, à la barbe blonde », Laroche, Médéric, Tiffon [4]... Les hommes jouent au whist jusqu'à onze heures du soir. Les Hine,

1. Les personnes âgées que j'ai rencontrées à Jarnac se souviennent encore de lui et ont pu me le décrire.

2. Il s'agit du père de Maurice Delamain, éditeur, qui prit la direction de la Librairie Stock, Delamain et Boutelleau après la Première Guerre mondiale; cf. son article : « Jarnac 1895 », *La Tour de feu*, n° 117, mars 1973.

3. Dans le numéro du 22 juin 1884, *L'Écho de Jarnac* signale que Jules Lorrain a obtenu le plus de points au « Fusil gros ».

4. Cf. témoignage de Maurice Delamain, *La Tour de feu*, n° 117.

puritains, se tiennent à l'écart et ne touchent jamais une carte. En est-il de même pour Jules Lorrain? Maurice Delamain ne le précise pas. En tout cas, le vinaigrier ne peut avoir oublié le sort tragique de son grand-père et, s'il se risque à ce jeu, ce n'est sans doute que pour de faibles sommes.

Maurice Delamain précise que Jules Lorrain est « spirituel et fin diseur de patois [1] ». C'est la réputation qu'il a laissée dans la ville, à l'image de celle qu'avait imposée son père. Il est le Charentais typique, sociable, optimiste.

Portrait identique à celui qu'esquisse François Mitterrand. Son petit-fils reconnaît avoir été profondément marqué par lui dans son enfance. Il prend plaisir à évoquer cet homme qui lui paraissait fort grand, « brillant », « rieur », un excellent conteur qui avait de l'ambition et de multiples intérêts [2]. Tout cela allait de pair avec un goût profond de la vie, un enthousiasme, une ardeur qu'il sut transmettre à ses petits-enfants.

Le bouillant conseiller municipal

Toutes ces activités ne rassasient pas encore cet homme qui tient à jouer un rôle dans sa cité. A Jarnac, la vie politique n'a pas grande importance : il se produit juste un frémissement d'animation lorsque tous les quatre ans ont lieu les élections législatives.

Le département de la Charente est demeuré en majorité bonapartiste. Pour les paysans, la crise du phylloxéra est liée à la République nouvelle : ils regrettent le bon temps de la prospérité sous le Second Empire. Cunéo d'Ornano est donc régulièrement réélu député. Jarnac se

1. Il écrit « Laurain » au lieu de Lorrain, n'ayant sans doute jamais lu ce patronyme.

2. François Mitterrand se souvient que son grand-père s'intéressait également à l'architecture : « C'était une sorte d'entrepreneur »; il a bâti quelques maisons à Jarnac. Entretien du 27 juillet 1993.

veut davantage républicaine, à la différence des campagnes environnantes : c'est à ce courant que se rattache Jules Lorrain [1].

A chaque élection municipale se présentent sur la même liste des notables d'opinions diverses, toutes modérées, appartenant aux deux groupes religieux. En dépit de la « Grande Dépression », les conditions de vie demeurent relativement faciles à Jarnac : la question sociale ne se pose pas comme dans les grandes villes industrielles ou dans la capitale. Les deux paroisses rivales, catholique et protestante, se hâtent d'intervenir pour soulager une famille malheureuse dès qu'on la leur signale.

Jules Lorrain, qui a toujours une revanche à prendre sur sa cité, souhaite participer à la vie politique. Dès le mois de mai 1884, il devient membre du conseil municipal : il a trente et un ans. Il conservera ce mandat jusqu'en mai 1904, date à laquelle il y renonce définitivement.

En 1884, Louis Delamain (l'oncle de Maurice Delamain) est le maire de Jarnac. Figurent également dans ce conseil Édouard et Georges Hine, les grands négociants de la ville. Jules Lorrain a donc la satisfaction de les côtoyer ici comme s'il était leur pair.

Grâce aux comptes rendus des réunions qui ont été fidèlement conservés dans des registres manuscrits, il est possible de suivre l'action de Jules Lorrain [2]. Il se révèle un homme rigoureux, qui surveille attentivement la bonne gestion du budget de sa commune et s'oppose à toute dépense qui lui paraît inutile, tout impôt excessif. Il se montre sourcilleux quant à son honneur et n'hésite pas à défendre avec acharnement son point de vue, quitte à se retrouver isolé dans le conseil.

La séance de juillet 1899 est particulièrement intéres-

1. Les deux filles de Jules Lorrain ont été tristes de ne pas avoir été invitées au grand bal organisé à Angoulême : les idées républicaines de leur père étant connues, elles avaient été rayées des listes. Témoignage de Mme Signard.
2. Les registres se trouvent dans la cave de la mairie : M. Voiron, l'actuel maire de Jarnac, m'en a laissé la libre consultation.

sante pour observer l'attitude de Jules Lorrain. Cette année-là, la cité a été obligée de s'endetter afin d'effectuer d'importants travaux de voirie. Louis Delamain propose une imposition extraordinaire de quatre centimes « pour insuffisance de revenus communaux ». Jules Lorrain s'élève contre cette mesure. Il argumente longuement, explique que les déficits sont fréquents et que la commune a toujours su y faire face avec les ressources habituelles. Il prévoit en outre des augmentations de recettes (en particulier avec l'octroi) et préconise de faire des économies en supprimant le poste de contrôleur de l'octroi (six cents francs annuels). Jules Lorrain préfère donc licencier cet employé plutôt que créer un impôt supplémentaire, si modeste soit-il. Le maire reprend la parole pour contrer les arguments de son conseiller. Selon lui, il ne faut pas établir un budget sur d'hypothétiques augmentations de recettes ni envisager de supprimer le poste de contrôleur : « Cet emploi a été créé pour éviter les malversations... c'est un rouage nécessaire. » De ce fait, « les 4 centimes demandés sont absolument nécessaires et [...] si la situation de la ville redevient prospère, on renoncera à leur perception ». Nullement convaincu par l'intervention du maire, Jules Lorrain reprend la parole. Il conteste en particulier l'annonce de la future abolition de l'impôt supplémentaire; ne se souvient-il pas que « cette promesse a déjà été faite par M. le maire pour d'autres centimes et [qu'] ils n'ont jamais été enlevés ».

A ce moment de la séance, on frôle l'incident. M. Tiffon, l'ancien maire de Jarnac, prend la défense de Louis Delamain et déclare vertement : « Ce que M. Lorrain avance est faux. » Jules Lorrain relève ce propos comme une incorrection de langage et prie le maire de bien vouloir le faire respecter. Louis Delamain intervient pour calmer l'atmosphère mais réitère ses arguments. Finalement le budget de la commune est approuvé par tous les conseillers; seul Jules Lorrain vote contre.

Il faut reconnaître que cette séance a lieu dans un contexte bien particulier. Toute la France est agitée – le mot est faible – par ce qu'on appelle « l'Affaire », et les douces rives de la Charente ne sont nullement épargnées par les remous qui descendent depuis la capitale.

Ce soir-là, le conseil municipal proteste « avec indignation contre l'inqualifiable attentat d'Auteuil » : le président de la République a été violemment bousculé à l'hippodrome parisien par un farouche antidreyfusard. Louis Delamain propose que le conseil municipal de Jarnac lui adresse « l'expression de ses sentiments de profond respect et s'associe à l'éclatante ovation faite à Longchamp par le peuple de Paris au premier magistrat de la République ».

Jules Lorrain se démarque une nouvelle fois de l'ensemble du conseil : « Tout en affirmant sa foi républicaine, comme il est question d'émettre un vote de principe concernant les atteintes portées au régime républicain, il ne votera l'adresse qu'en tant qu'elle est impersonnelle et adressée simplement à Monsieur le président de la République, premier magistrat de l'État. » Son observation est surtout, comme il le signale, « de principe ». Cela montre en tout cas que, s'il reste attaché à l'idéal républicain, respecte la fonction la plus haute de ce régime, il n'apprécie guère l'attitude adoptée par Émile Loubet. Il refuse donc de voter un message de sympathie qui lui serait adressé « nommément ». La nuance est significative : sans aller jusqu'à renier la République, Jules Lorrain n'est pas décidé à se ranger dans le camp des dreyfusards.

Il n'est pas hostile à Déroulède, « étant proche de ses idées nationalistes » comme me l'a précisé son petit-fils [1]. Il est enclin à partager les positions de l'auteur du célèbre « clairon », sans toutefois le suivre dans son action violente et antirépublicaine, ce qui serait contraire à son tempérament modéré de Charentais. Il reste malgré tout fidèle à ce régime, respectueux de l'ordre établi, comme l'avait été son quadrisaïeul François Lorrain.

1. François Mitterrand, entretien du 31 mars 1993. Son grand-père partageait le point de vue de son ami, le président de la société de tir, M. Delamain, le frère du maire de Jarnac à cette époque.

Finalement, « M. Le Maire et M. Foucaud maintiennent les termes de l'adresse qui est votée à l'unanimité moins la voie [*sic*] de M. Lorrain ».

Ce frisson de fièvre à l'intérieur du conseil municipal de Jarnac est assez rare. Les discussions n'ont nullement le caractère passionnel et violent qui caractérisent au même moment celles de la Chambre des députés. Pas de gifles, de horions ou de duels à Jarnac! Semblables opinions farouchement défendues restent exceptionnelles : les comptes rendus des séances sont – il faut bien le reconnaître – assez fades dans l'ensemble : il s'agit d'exposés concernant le budget et les affaires courantes de la commune; fort rares sont les remarques. La scène citée n'en prend que plus de relief et révèle le caractère de Jules Lorrain, sa forte personnalité : voilà un homme qui ne craint pas de camper fermement sur ses positions, de prendre la parole seul contre tous, même les puissants négociants.

Cet incident, cependant, semble avoir horripilé Jules Lorrain. Aux séances suivantes, il est absent. Manifeste-t-il ainsi sa mauvaise humeur? En 1900, lors de l'examen du nouveau budget, il est encore le seul à faire des observations pour réclamer des économies. Comme l'année précédente, elles sont rejetées par le nouveau maire, M. Laporte-Bisquit, suivi par l'ensemble des membres du conseil. Jules Lorrain réagit de la même manière en boudant les séances pendant plus de neuf mois. Par la suite, sa présence n'est plus qu'épisodique et, en 1904, son nom ne figure plus sur la liste du nouveau conseil municipal.

A partir de cette date, Jules Lorrain estime avoir bien rempli son rôle de citoyen et se montre fier d'être chevalier de la Légion d'honneur. Désormais, il souhaite consacrer tout son temps à ses filles qui sont en âge de se marier, et surtout à son fils Robert.

3

Le « saint » de la famille : Robert Lorrain

Robert, le benjamin de la famille, est l'unique garçon puisque son frère aîné est mort en 1884. Il grandit, couvé par ses parents, ses deux sœurs, Antoinette et Yvonne, respectivement âgées à sa naissance en 1888 de onze et huit ans, et ses deux grands-mères. Les soins les plus attentifs lui sont donnés pour qu'il ne connaisse pas le même sort que son frère. C'est « un garçon intelligent et fin qui fait le bonheur de ses parents et de ses sœurs », précise Robert Mitterrand qui porte le prénom de cet oncle qu'il n'a pas connu [1]. En effet, Robert Lorrain devant mourir dans sa vingtième année, Jules et Eugénie subirent une seconde fois l'épreuve cruelle de la perte d'un fils.

Le récit de Jean Mauriac

Jean Mauriac, le frère du célèbre écrivain, rencontra Robert Lorrain au cours de ses études et devint son ami. Bouleversé par sa mort, il rédigea aussitôt une véritable hagiographie. Ce texte fut publié deux mois après le décès du jeune homme dans la *Revue Montalembert* du 25 avril 1908, mensuel des étudiants-pensionnaires du célèbre

1. *Op. cit.*, p. 25.

« 104 », rue de Vaugirard [1]. Préparant son ordination au séminaire d'Issy, Jean Mauriac séjournait dans cet établissement, sorte de pension de famille pour provinciaux tenue par les pères maristes.

Ces pages sont précieuses car elles contiennent des témoignages de l'époque, des extraits de lettres de Robert ainsi que des propos tenus par le jeune homme et des anecdotes rapportées par ses parents et ceux qui l'ont approché. Elles permettent de cerner davantage sa personnalité, d'observer également l'éducation que Jules et Eugénie Lorrain ont souhaitée pour leurs enfants.

Dès son plus jeune âge, Robert bénéficia d'une éducation particulière. Sa mère et sa grand-mère maternelle, l'ancienne institutrice de Rouillac, veillèrent à ce qu'il reçoive une instruction religieuse, afin qu'il puisse se comporter, à tout instant, en parfait chrétien.

Très tôt, l'enfant apprend à faire la charité. Il distribue les pièces de monnaie que ses parents lui donnent, achète une poule « à une pauvre femme pour qu'elle puisse manger des œufs », offre un arbre de Noël aux enfants de son quartier, etc. Jean Mauriac rapporte également une anecdote [2] : « Un jour, il avait peut-être six ou sept ans, il se trouva dans le train avec un malheureux qu'on envoyait à l'hôpital de Cognac. Robert avait à la main un petit pain frais destiné à sa collation. L'homme aigri par la misère et la pauvreté se mit à raconter sa peine et ses souffrances. Robert l'écoutait, les yeux bien grands, ne comprenant peut-être pas l'irritation de cet homme contre notre société. Il était pourtant bien sûr que cet individu souffrait; il le sentait comme si c'était lui. Alors, se levant brusquement, d'un geste enfantin bien doux, il mit dans la main de

1. François Mitterrand m'avait signalé l'existence de ce texte. Le père J. L'Ahelec qui s'occupe des archives des pères maristes du « 104, rue de Vaugirard » a eu l'amabilité de m'en remettre une copie.

2. Selon toute vraisemblance, il recopie une lettre qui lui a été adressée après la mort de Robert : sans doute est-ce Eugénie Lorrain qui l'a écrite.

l'homme le petit pain tendre qu'il s'apprêtait à manger. »

L'histoire est surtout intéressante par la façon dont elle est contée, les termes adoptés, de même que pour les faits cités auparavant. Dès les premières années, Robert apprend à conserver les « petites pièces » de monnaie qu'on lui remet pour pouvoir ensuite les distribuer aux miséreux. L'enfant est sensible au malheur qui l'entoure, ouvre « bien grands » ses yeux, lui qui a la chance de vivre dans une famille où ni l'affection ni l'argent ne font défaut. Ses parents comme ses maîtres lui expliquent également que la pauvreté peut être soulagée par la charité, et seulement par elle. L'homme rencontré dans le train est un révolté n'ayant pour tout bagage que sa détresse, sa misère, sa maladie. Il n'a pas bénéficié dès sa naissance d'un foyer uni, d'un nid douillet, de parents attentifs, de sœurs affectueuses. Comment pourrait-il poser sur la société française de cette fin du XIXe siècle le même regard que l'enfant jarnacais ? Il est « aigri » et doit prêter davantage l'oreille aux paroles de Guesde ou de Jaurès qu'aux homélies des prêtres. En revanche, Robert a appris très tôt à ne pas remettre en cause « notre société », celle des notables, des « bien-pensants » : la compassion, la charité peuvent, doivent faire barrage au « Grand Soir ». L'enfant tend son pain au déshérité sous le regard attendri de ses parents et de ses sœurs : il a bien assimilé les leçons du Christ. Robert sait que chaque geste d'attention porté à autrui est commenté ; partout, en tout, il s'efforce d'être exemplaire. Excellente éducation, mais il est possible de se demander – au risque de choquer – si ce n'est pas elle qui conduira précocement Robert à la mort ?

La foi n'est pas un rempart contre l'angoisse

Ce comportement que Robert acquiert dès la prime enfance à Jarnac, il ne le renie pas en grandissant. Jean Mauriac, avec un style profondément « saint-sulpicien », insiste constamment sur la générosité de son ami, son attitude angélique, ses sourires, sa joie sereine. Mais le récit est parfois émaillé de paragraphes qui révèlent aussi un adolescent anxieux, tourmenté, ce qui aurait peut-être dû inquiéter ses parents, les amener à s'interroger davantage sur cette mélancolie, même passagère, que sur ses accès de fièvre.

Comment en effet ne pas s'étonner de ce qui se passa le jour de sa communion, le 11 juin 1899 (il allait avoir onze ans), rapporté sans doute en ces termes par Eugénie Lorrain à Jean Mauriac : « Son examen de catéchisme l'avait beaucoup préoccupé. A l'appel de son nom, il fut saisi d'une véritable terreur. Ne sachant comment adoucir ceux qu'il croyait de farouches examinateurs, il leur avait souri tout simplement et grande avait été sa joie de voir que les bons prêtres répondaient à son petit sourire peureux par un sourire plein d'encouragement ». La conclusion de cette scène se veut rassurante, insistant une nouvelle fois sur le sourire du jeune garçon. Mais comment oublier que ce sourire a été précédé d'une profonde crise d'angoisse en un jour qui aurait dû être un des plus beaux de la vie de Robert, crise qui renvoie à certains personnages de François Mauriac? De l'enseignement catholique, Robert a retenu les dures leçons du Jugement dernier, en a été fortement imprégné. Il s'efforce d'être parfait afin de plaire à ses parents, aux adultes qui l'entourent, aux pères qui le surveillent, ce qui provoque en lui une tension constante. D'où sa « terreur » devant ceux qui, l'espace d'un instant, lui apparaissent d'abord comme de terribles inquisiteurs avant de retrouver l'aspect de « bons prêtres ».

Pareille angoisse n'est pas unique. Elle semble se renouveler fréquemment. L'année suivante, à l'automne 1900, Robert est inscrit au collège Grand-Lebrun à Bordeaux, établissement tenu par les pères marianistes où se trouvent déjà les frères Mauriac. Ce collège est infiniment plus prestigieux que celui de la ville de Pons où Jules Lorrain a fait ses études secondaires. Ce choix confirme l'ascension sociale qui s'est effectuée sur les quatre générations de Lorrain. Pour l'unique héritier, tous les sacrifices sont faits ; les deux filles aînées n'ont pas les mêmes besoins en matière d'instruction.

Robert vient d'avoir douze ans. Commence une grande aventure : c'est la première fois qu'il s'éloigne de la petite cité charentaise, qu'il doit apprendre à vivre seul en dehors du cocon familial de la rue Abel-Guy. Loin d'être exaltante, cette étape est pour lui une épreuve cruelle comme le rapporte Jean Mauriac : « Le soir de la rentrée, il fut pris d'un profond désespoir ; il se jeta dans les bras de sa mère et cria : " Maman, Maman tu me laisses dans un désert. " » Cri qui résonne en écho à l'appel désespéré de Jésus sur le Golgotha : « Élie, Élie, lema sabachtani? » Dans la grande bâtisse où Robert pénètre pour la première fois, il a le sentiment d'être abandonné, jeté au « désert ». La séparation avec sa mère lui semble intolérable. L'adolescent anxieux est empli de terreurs que sa formation religieuse n'a fait que renforcer.

Certes, beaucoup d'enfants ont connu semblable désarroi... à commencer par François Mitterrand qui tomba malade juste au moment de son entrée en sixième – il devait devenir pensionnaire au collège Saint-Paul à Angoulême où se trouvait déjà son frère Robert ; il ne s'agissait que d'un simple rhume mais ses parents, inquiets, retardèrent d'un jour cette entrée [1].

L'angoisse du premier jour se dissipa peu à peu et Robert fit d'excellentes études secondaires. Il garda un très bon souvenir du prestigieux collège, l'évoquant « toujours avec émotion ». C'est en ses murs que Jean Mauriac fit sa connaissance : « L'impression qu'il vous faisait tout

1. Anecdote rapportée dans *L'Abeille et l'Architecte*, pp. 312-313. « Ah, ce rhume ! Ah, ce jour perdu ! Je mis des semaines à m'intégrer à cette société et son ordre établi qui s'était constitué la veille. Sans doute sais-je aujourd'hui que ma timidité s'inventait des obstacles. Mais j'ai vérifié par la suite qu'un moment partagé crée une relation proprement incommunicable à qui ne l'a pas vécu. »

d'abord était celle d'un charmant camarade, plus aimable et plus gai que les autres. Que de fois cependant, même au début de nos relations, je fus surpris, presque déconcerté par ces silences révélateurs, ces mots profonds qu'il savait glisser furtivement entre deux plaisanteries, mais qui me revenaient ensuite avec une troublante insistance, lorsqu'une fois seul il me restait l'intuition que l'âme qui venait de me quitter était plus et mieux qu'un éclat de rire. »

Jean Mauriac ne s'attarde pas sur les angoisses de son ami – est-ce parce que cela serait trop dérangeant pour lui ? Le portrait qu'il esquisse dans ce texte doit être celui d'un saint. Il insiste davantage sur « ce bon sourire accueillant, cette réconfortante gaieté, cet entrain juvénile, qui faisaient que partout où il entrait, c'était la tristesse et les idées noires qui sortaient ». Propos que confirme l'abbé Plazenet, le prêtre auvergnat qui est le confesseur de Robert à Paris [1] : « Partout où notre ami passait, il mettait tout en fête. » Cette joie, ce sourire, cet entrain, Robert les a bien hérités de son père. Mais il est possible que l'excès d'angoisse qui a toujours pesé sur lui provienne de la surprotection qu'il dut subir au cours de son enfance, des craintes d'une mort hypothétique qui pourrait l'enlever aussi brutalement que son petit frère. D'autre part, il devait plaire à ses parents, et surtout à sa mère, être toujours parfait. Ce souci d'une extrême perfection devait nimber de mélancolie son regard, ce qu'a parfois saisi Jean Mauriac sans oser toutefois l'interroger sur son origine. Au reste, Robert aurait-il pu, su l'exprimer ?

1. Ce prêtre s'occupait des pensionnaires du « 104 ». Jean Guitton, dans *Le Chrétien Mauriac*, dit qu'il était « dénué de culture mais irréfragable dans sa foi ». Mauriac et lui ont prononcé son nom « pendant un demi-siècle avec crainte et tremblement » (cité par J. Lacouture, dans sa biographie consacrée à l'écrivain bordelais, p. 95).

L'ENGAGEMENT AUPRÈS DE MARC SANGNIER

Parallèlement à ses études, Robert n'oublie pas les leçons de charité qu'on lui a inculquées à Jarnac. A seize ans, il participe aux réunions qui ont lieu tous les mercredis rue Lalande dans les locaux du Sillon de la Gironde. A Bordeaux le mouvement qu'a créé Marc Sangnier a beaucoup d'émules [1]. Robert n'est plus isolé ; il peut aborder avec d'autres jeunes gens les grands problèmes philosophiques, sociaux et religieux qui le préoccupent. Il veut mettre sa foi au service de la société en conformité avec l'Encyclique *Rerum Novarum* [2]. Pour cette raison, il se tourne vers le Sillon. Il n'y a pas de rupture entre l'enfant de six ans qui donne son pain à un malheureux et le jeune homme qu'il est devenu dix ans plus tard. La lutte contre les iniquités lui semble primordiale mais sans que soient remis en cause l'ordre social, la hiérarchie des classes. Son idéal rejoint celui de Marc Sangnier, non celui de Marx ou de Jaurès.

Mais si Robert a trouvé sa voie dans ce cercle d'étudiants sillonistes, il ne connaît toujours pas l'apaisement intérieur. Une autre anecdote de Jean Mauriac le prouve : « Il exposait un jour ses idées sur la question sociale. Ses interlocuteurs ayant répondu que ce n'était là que de très belles et très nobles utopies, il s'enflamma et voulut prouver le contraire. On lui dit alors que d'ici quinze ans la vie se serait bien chargée à elle seule de modifier ses idées. Il n'insista pas, mais mettant ses deux mains sur sa poitrine, il cria avec un véritable accent de souffrance : “ Oh ! que

---

1. Marc Sangnier est né en 1873 à Paris, dans une famille de la riche bourgeoisie catholique. Reprenant les propos de Léon XIII, sensibilisé à la question sociale, il fonde une petite revue, *Le Sillon*, en 1894, pour défendre un catholicisme social ; il expose clairement son programme en 1899 et cherche à donner à son mouvement une orientation plus politique à partir de 1906. Celui-ci sera condamné par Pie X, le successeur de Léon XIII.

2. L'encyclique *Rerum Novarum*, rédigée en 1891 par Léon XIII, aborde la question ouvrière, réfute le socialisme et jette les bases d'un catholicisme social.

tu m'as fait mal, que tu m'as fait mal, de me dire que je pourrai changer. " »

Une seule remarque peut donc instiller le doute corrosif en Robert. S'il était serein, confiant dans ses idées, sûr de lui, comme le sont souvent les jeunes gens qui proclament avec assurance, voire arrogance, des certitudes qui leur permettent de se jeter dans la vie, il aurait pu répondre à son interlocuteur – avec son sourire efficace... – qu'il n'en serait rien. Au contraire, il crie, se tord les mains (attitude qui survit, en lui, à l'enfance) et cherche à culpabiliser celui qui lui a fait une observation... si dérangeante : la violence de sa réaction n'est-elle pas révélatrice du désarroi qui l'étreint, qu'il n'ose s'avouer?

Au reste, le recours au processus de culpabilisation lui semble coutumier si l'on en croit l'extrait d'une lettre qu'il adresse ultérieurement à son ami lorsqu'il se trouve à Paris : « La veuve que je secours a un fils de quinze ans, dont on ne peut venir à bout. Je ne sais pourquoi ce garçon qui n'écoute personne, écoute toujours lorsque c'est moi qui parle. Il y a quelque temps, étant allé voir sa mère, je trouve la pauvre femme désespérée. Depuis deux jours son garçon avait quitté le logis en emportant le peu d'argent qu'il avait gagné. Je lui demande quelques renseignements. Mon Dieu qu'ils étaient vagues! Ils m'ont cependant aidé à commencer mes recherches. Ce fut long, très long. Enfin, je retrouvai mon fugitif à Saint-Cloud. En me voyant, il est devenu très rouge et s'est écrié : " Oh! Monsieur Robert, comme il faut que vous m'aimiez pour être venu me chercher jusqu'ici. " Tu penses si je lui ai fait honte et si je l'ai ramené moi-même à sa mère! C'est égal ce qu'il m'a fait courir, ce petit garnement! » Nouvelle anecdote édifiante. A Paris, comme à Jarnac, Robert continue de faire le bien. Ici, il ramène à la mère l'enfant prodigue, le sermonne, mais ne s'interroge pas sur les raisons qui ont conduit le garçon à agir de la sorte.

Jean Mauriac aligne ces faits et gestes de son ami pour peindre un jeune homme exemplaire habité par la foi chrétienne, sans se rendre compte que, par là même, il dresse le portrait typique d'un jeune homme de bonne famille catholique sous la Troisième République.

Robert est encore à Bordeaux lorsqu'il lit, vers l'âge de dix-sept ans, *Fils de l'esprit*, le roman social que Georges Fonsegrive a publié en 1905 sous le pseudonyme de Yves le Querdec. Ce professeur de philosophie, ancien séminariste, essaie lui aussi de réconcilier l'Église et le siècle. Il a fondé *La Quinzaine* en 1896. Militant de l'action catholique et sociale dans la ligne d'Albert de Mun [1], il exerce une profonde influence sur une partie de la jeunesse chrétienne et des hommes émus par l'encyclique *Rerum Novarum.* Ce n'est donc pas par hasard que Robert se jette sur ce livre chaleureusement recommandé par les jeunes du Sillon : tous, ici, se souviennent de l'enseignement de Georges Fonsegrive, d'abord en poste à Bordeaux avant d'être nommé à Paris, au lycée Buffon.

Très influencé par cet énorme ouvrage, Robert écrit une lettre à Georges Fonsegrive et lui fait part de l'orientation qu'il souhaite donner à sa vie pour devenir à son tour un « fils de l'esprit ». Il lui paraît primordial de mettre en application les idées qu'il a pu développer au contact des membres du Sillon. Il aspire à s'occuper d'une grande exploitation agricole, non par souci de réussite individuelle, mais pour s'insérer au cœur de l'organisme social, le transformer du dedans, et devenir une autorité dans sa sphère professionnelle, jouer un rôle influent dans son pays. Robert ne suit pas les innovations commerciales et industrielles qui caractérisent l'entrée dans un nouveau siècle. Imprégné des idées du catholicisme social du XIXe siècle, et surtout du courant traditionaliste, il reste

1. Le comte Albert de Mun, d'une génération antérieure à celle de Marc Sangnier, avait découvert, au moment de la Commune, le fossé existant entre les classes dirigeantes, catholiques, et les classes laborieuses. Il créa en 1871 des Cercles catholiques d'ouvriers. Par la suite, devenu député, il se fit l'ardent défenseur du catholicisme social au Palais-Bourbon.

attaché aux structures économiques du passé. De la terre provient la richesse, et d'elle peut sortir le bien.

De son éducation, de ses lectures, Robert tire sa ligne de conduite. Il opère un choix dans les activités de son père : reprendre la vinaigrerie ne l'intéresse pas, sans doute parce que cette entreprise s'inscrit dans le cadre du capitalisme conquérant. En revanche, il préfère s'intéresser à la propriété rurale que Jules Lorrain a achetée au nord de Jarnac [1]. Pour Robert, pas de doute : c'est là qu'est sa place. En cette fin du XIXe siècle, ses préoccupations premières sont moins celles de la classe ouvrière que celles du monde rural. Robert se tourne vers la terre, les valeurs anciennes qu'elle représente, celles d'avant la Révolution. Par ce choix, il marque une rupture profonde avec les Lorrain, renonce au commerce, au négoce; il renoue ainsi avec ses ancêtres maternels Faure et Bernard, ceux qui, rentiers, tiraient leur titre de noblesse de la possession de biens fonciers.

Les études d'agronomie à Paris

Afin de réaliser son rêve, il monte à Paris, à l'automne 1906, pour entreprendre des études supérieures d'agronomie. L'éloignement de sa Charente natale ne provoque plus en lui le même désespoir que lors de son entrée au collège de Bordeaux. Il sait que c'est l'étape nécessaire, et provisoire, pour acquérir une solide formation. Il ne souhaite pas être un simple rentier comme l'était devenu Eugène Faure sur ses vieux jours, mais entend bien s'occuper de son exploitation, faire les innovations indispensables qui correspondent à son siècle. Il y a chez lui ce

1. Jules Lorrain a découvert, en plus de toutes ses activités, le plaisir de jouer au « gentleman-farmer » : il se plaît à faire quelques innovations agricoles. Cette occupation deviendra de plus en plus importante pour lui. Il achètera par la suite la propriété de Touvent, au sud-est du département, y effectuera de longs séjours avec sa femme Eugénie. François Mitterrand, dans son enfance, les accompagnera souvent.

mélange de maintien dans une activité traditionnelle et de souci de l'adaptation à la technologie de son époque.

A Paris, il prend pension chez les pères maristes, 104, rue de Vaugirard, retrouvant en ce lieu paisible, agrémenté d'un grand parc, l'atmosphère provinciale du collège Grand-Lebrun. Il y retrouve Jean Mauriac avec qui il se livre à de longues discussions philosophiques et religieuses [1]. Jean Mauriac croit percer le secret de la personnalité de Robert, comprenant qu'il est « tout entier dans une foi qui lutte, une foi qui aime, une foi qui s'interroge et qui se creuse ».

Robert ne se laisse pas dissiper par les divertissements, l'agitation superficielle de la capitale. Il prépare consciencieusement ses cours et continue à s'imposer l'emploi du temps rigide acquis au collège bordelais en se levant tous les jours à cinq heures et demie, même en hiver. Ce rythme qui paraît « peut-être excessif »... même à Jean Mauriac, révèle une fois de plus le souci de perfectionnement qui hante le jeune homme.

Tant d'ardeur, de persévérance, sont fort mal récompensées. Bien qu'ayant travaillé avec assiduité, Robert échoue au concours d'entrée de l'Institut agronomique en juin 1907. Le jeune homme s'est sans doute présenté aux épreuves l'estomac crispé par l'angoisse comme au jour de sa communion. Les examinateurs parisiens ne se sont pas montrés, cette fois, aussi conciliants que les prêtres charentais. L'émotion, la préoccupation de trop bien faire, sont vraisemblablement à l'origine de cet échec inattendu. Jean Mauriac lui rend visite le lendemain. « Je ne constatais pourtant aucune aigreur, à peine un peu de découragement. C'était toujours le même accueil souriant avec cependant une note d'indéfinissable tristesse que je ne lui connaissais pas. » Cependant Robert se ressaisit vite : « Il me dit en me quittant avec un ton de profonde et sérieuse conviction : “ Vois-tu mon cher, je me consolerai

1. François Mauriac ne viendra au « 104 » qu'en septembre 1907. Pour le moment, il continue de préparer sa licence de lettres à Bordeaux.

toujours de souffrir un peu; comment connaîtrais-je les âmes si je ne souffrais pas? " »

Paroles qui s'efforcent de masquer la plaie qui ronge intérieurement le jeune homme, la crainte de déplaire à ses parents qui font tant de sacrifices pour lui. Le retour à Jarnac dut être fort éprouvant.

Le récit de la mort d'un chrétien

A l'automne 1907, Robert revient à Paris tenter une nouvelle fois sa chance. Il quitte la pension des pères maristes et s'installe comme interne au lycée Henri-IV, sur les hauteurs de la montagne Sainte-Geneviève. Là, il reprend son labeur acharné. Brutalement, au cours de l'hiver, il est atteint d'une infection pulmonaire [1]. En cette Belle Époque, la phtisie est encore un fléau, un mal terriblement contagieux, qui frappe surtout les jeunes gens, et pas seulement dans les classes les plus défavorisées. Mais Robert ne s'est-il pas jeté dans les études comme un forcené, adoptant une attitude quasi suicidaire, travaillant davantage pour se faire pardonner son échec précédent, s'infligeant cette épreuve comme mortification?

Dans la nuit du 20 au 21 février 1908, il est porté mourant à l'infirmerie du lycée Henri-IV. Jean Mauriac décrit dans le détail l'agonie de son ami. A la religieuse qui se tient près de lui, Robert murmure : « Ce n'est pas dur de mourir, ce n'est dur que pour ceux qui restent. » Ses parents sont auprès de lui ainsi que sa sœur Yvonne qui est venu depuis la Bretagne où elle s'est installée après son mariage [2].

A l'aube de cette terrible nuit, il réclame son confesseur, le père Plazenet. Celui-ci dira après cette ultime entrevue : « Son regard était doux et résigné. Il m'a

1. Comme la sœur aînée de sa grand-mère Joséphine Berthelot.

2. François Mitterrand m'a confié : « Ma mère a écrit des pages déchirantes » en contant l'agonie de son jeune frère. Entretien du 31 mars 1993.

demandé si je n'avais pas de recommandation à lui faire... Il avait toute sa lucidité d'esprit... »

Vers quatre heures du matin, le dimanche 22 février, une personne de sa famille apporta sur son lit une touffe de violettes. Il les effeuilla dans ses doigts. « Elles seront au ciel avant moi », dit-il en souriant. Avant de fermer les yeux, « il unit dans une même étreinte les mains de son père et de sa mère comme lorsqu'il était petit ».

Ainsi mourut, n'ayant pas encore fêté son vingtième anniversaire, Robert Lorrain. Au moins eut-il la chance d'être entouré de ceux qui lui étaient si chers [1].

Le poids de la mort de Robert Lorrain

Le corps de Robert Lorrain fut ramené à Jarnac. Il rejoignait ainsi dans le caveau familial son grand-père et son frère. Dans le pays, l'annonce de sa mort brutale bouleversa tous ceux qui avaient bénéficié des bontés du jeune homme. Ils vinrent nombreux, rue Abel-Guy, pour présenter leurs condoléances aux parents si cruellement éprouvés : « Au lieu de nous dire " que vous avez du malheur ", ils disent " que nous avons du malheur ! "... les pauvres gens viennent en grand nombre demander sa photographie. Cette phrase accompagne invariablement leur requête : il était si bon, si aimable pour nous », confient les parents à Jean Mauriac.

---

1. Cette brève existence renvoie à une autre mort : celle d'Olivier Lorrain. Ne se sont-ils pas tous deux sacrifiés au nom d'un idéal qui les emporta dans ce qu'on appelle « la fleur de l'âge » ? Tous deux ont cédé aux chants captieux qui s'élevaient à leur époque. Dans la nouvelle ère napoléonienne, le fils du gendarme d'Aigre vibrait au son du clairon. Robert, lui, n'entendit pas les rumeurs guerrières de la fin du XIXe siècle ; grandissant dans l'atmosphère paisible des bords de la Charente, il s'enivra très tôt en écoutant les prêches du curé dans la petite église de Jarnac. Il essaya surtout de faire de sa vie un exemple pour plaire à ses proches. En s'imposant une épreuve trop rude, il a été emporté de façon aussi fulgurante que le jeune Olivier dont il ignorait sans doute l'existence, et la fin tragique en 1812.

Cette mort précoce a été « le grand drame familial » selon François Mitterrand. Son grand-père devint agnostique à la suite de cette épreuve et sa grand-mère Eugénie ne cessa plus, jusqu'à son propre décès, d'être toujours vêtue de noir.

Autre conséquence : Eugénie et ses deux filles ne vont cesser de trembler pour les enfants. François Mitterrand, petit et chétif, a été surveillé de près. Dans la propriété de Touvent, auprès de ses grands-parents, il effectue de longs séjours parce qu'il est pâle. Pendant plusieurs années, il se souvient avoir été coloré de teinture d'iode du cou jusqu'au bas de la poitrine. Yvonne, sa mère, devait à chaque instant se souvenir de la mort de ses deux frères, craindre semblable disparition brutale pour ses enfants, et en particulier ses garçons. Au reste l'aîné, qui porte le prénom de son oncle, a été lui aussi fragile et très malade les deux années qui suivirent sa naissance.

Ainsi le jeune Robert Lorrain a laissé un lourd héritage à sa famille. François Mitterrand reconnaît que son oncle « a été sublimé par les trois femmes » – sa grand-mère, sa mère et sa tante Antoinette [1]. Le flambeau des souvenirs (et donc de l'image d'Épinal) lui a été transmis. Lorsqu'il devient à son tour pensionnaire au « 104 », à partir de 1934, il loge dans une petite chambre – sorte de cellule monacale, avec pour tout mobilier un lit, une table de toilette avec cuvette et broc, un bureau éclairé par la fenêtre qui donne sur le jardin –, semblable à celle où séjourna Robert. Il rencontre aussi le père Plazenet. Il ne peut donc oublier son oncle, décédé huit ans avant sa naissance. C'est, pour lui, « un personnage très séduisant ». Ce modèle rayonnant, arraché trop tôt à la vie, il se doit de le suivre.

1. Entretien du 31 mars 1993.

4

Yvonne Lorrain épouse Joseph Mitterrand

Deux ans avant sa mort, Robert avait pu assister au mariage de sa sœur Yvonne. Des amis de la famille Lorrain qui habitaient Limoges et connaissaient également les Mitterrand avaient songé à rapprocher Yvonne Lorrain et Joseph Mitterrand.

Ce dernier, employé modèle comme son père, continuait de gravir un à un les échelons de la hiérarchie de la Compagnie Paris-Orléans : il avait été promu sous-chef de gare à Saint-Nazaire. Lorsqu'il obtenait quelques jours de congé, il retournait à Saint-Amand-Montrond où son père profitait désormais de sa retraite. Joseph n'oubliait pas non plus de se rendre à Limoges où sa tante était toujours établie, veillant à maintenir le lien avec la branche limousine, en dépit de la disparition précoce de sa mère. C'est au cours d'une de ces visites que des amis, s'inquiétant de le voir toujours célibataire à trente-deux ans, organisèrent pour lui une rencontre qui fut décisive.

Une jeune fille modèle

La jeune fille que rencontra Joseph Mitterrand n'était pas spécialement jolie. Âgée de vingt-cinq ans, elle était grande, très typée comme l'étaient les Lorrain avec le nez busqué, les paupières tombantes. Elle avait hérité de sa mère une belle chevelure brune, dont elle faisait une torsade, fixée en couronne sur la tête à l'aide d'épingles : ce geste fait en un tour de main impressionna vivement ses enfants par la suite. Elle était surtout intelligente, cultivée, alliant l'esprit gai et vif de son père à la profonde piété de sa mère, qualités qui ne manquèrent pas de toucher Joseph Mitterrand. Plus tard, il recommanda à plusieurs reprises à ses fils de s'attacher davantage aux richesses intérieures d'une femme qu'à son aspect physique.

Très jeune, Yvonne s'était imposé une ligne de conduite précise comme sa mère le lui avait appris. François Mitterrand a découvert un jour, dans des papiers de famille, les règlements qu'elle avait établis. Le premier remonte à 1902 – elle avait alors vingt-deux ans. Il s'agit d'un règlement d'hiver : le lever est à 6 heures du matin; une heure plus tard, messe ou bien moment de prière et de méditation avant le petit déjeuner. La matinée est consacrée à la « récréation avec récitation de leçons » jusqu'au déjeuner à 11 h 30. Le temps de l'après-midi est aussi scrupuleusement organisé : « Travail de bureau, piano et travaux de maison » jusqu'au goûter à 16 heures, celui-ci étant accompagné d'une « méditation » puis d'un « travail intellectuel » jusqu'au dîner à 17 h 30. Les « travaux pour les pauvres » (couture et tricot) occupent toute la soirée jusqu'au coucher à 22 heures, celui-ci étant précédé de prières. Dans une note, Yvonne précise qu'elle doit élever son cœur vers Dieu quatre fois par heure [1]. Comme son frère Robert, elle veille à ne pas s'accorder de trop longs moments de réelle détente. Suivant les préceptes de l'éducation catholique, elle doit se consacrer avant tout à Dieu et aux autres.

A cause de sa santé fragile, Yvonne n'a pu aller dans un pensionnat. Elle s'est donc cultivée seule suivant les conseils de ses parents et de son confesseur. Elle est une

1. Cités par Charles Moulin, *op. cit.*, p. 16. François Mitterrand lui a montré ce règlement ainsi que le Journal qu'a tenu sa mère.

lectrice passionnée, tournée essentiellement vers les auteurs classiques : Balzac, Chateaubriand et Lamartine. Elle connaît toute l'œuvre de Barrès, dont certains passages par cœur, de même qu'elle peut réciter *L'Aiglon.* A cela s'ajoutent des lectures mystiques qui fortifient sa foi : *L'Imitation de Jésus-Christ*, les textes de saint Jean de la Croix ainsi que les ouvrages recommandés par l'Église : *Jésus* du R.P. Didon, les romans de René Bazin – elle lit *Les Oberlé* par exemple en 1902 [1]. Il lui arrive aussi de peindre, et ses proches lui reconnaissent un talent artistique.

Avec ses parents, elle est allée plusieurs fois à Paris et a gardé le souvenir d'avoir vu jouer Mounet-Sully. Parfois, elle voyage seule avec son père. Elle l'accompagne de temps en temps en voiture à cheval jusqu'à Saumur pour rendre visite à la famille Berthelot. Elle est également à ses côtés lorsqu'il se rend en Espagne, à Saint-Sébastien, pour rencontrer Paul Déroulède : l'ancien député d'Angoulême a été banni de France après avoir tenté, lors des obsèques du président Félix Faure en 1899, de soulever l'armée française. Yvonne note dans son Journal que les paroles du chantre nationaliste « ont éveillé [en elle] des sensations délicieuses [2] ».

Un mariage convenu

Lorsqu'elle est mise en présence de Joseph Mitterrand, Yvonne n'a aucune hésitation. Cet homme, aussi croyant qu'elle, sérieux, employé modèle, correspond à l'époux idéal, celui qu'elle attend depuis de longues années. Ses parents sont du même avis.

Tout se déroule par la suite comme pour les générations précédentes, suivant le rituel habituel. C'est Me Cattelain, le successeur de Me Mestrand, qui rédige le contrat de

1. Charles Moulin, *op. cit.*, p. 17.
2. *Ibid.*

mariage [1]. Théodose Mitterrand est venu assister son fils pour la circonstance et faire ainsi la connaissance de sa future belle-fille et des époux Lorrain.

L'apport des futurs époux est conforme à ce qu'il était d'usage de fournir en ce début de siècle dans la petite bourgeoisie. Joseph possède une somme de 9 000 francs et deux obligations de 500 francs chacune, provenant de l'héritage de sa mère, ainsi qu'un lit garni, deux fauteuils, une armoire à glace et une table de toilette, le tout estimé à 230 francs [2].

Les parents d'Yvonne Lorrain, de leur côté, s'engagent à verser à leur fille une rente annuelle de 1 000 francs et lui offrent une salle à manger complète (un buffet, une table à rallonges, une desserte, six chaises et une glace) d'une valeur de 580 francs. A cela s'ajoute ce qui appartient déjà à la future mariée : son piano (500 francs) et le mobilier d'une chambre estimé à 625 francs (une « armoire ancienne », un lit en cuivre garni, une table de nuit, une table de toilette, une table en noyer, deux fauteuils, trois chaises, une glace). Son trousseau proprement dit se compose de 24 draps (120 francs), douze taies d'oreillers, deux services de table « ouvrés » de douze couverts chacun et un de six couverts, six nappes, trois douzaines de serviettes, trois douzaines d'essuie-mains et 24 torchons, le tout d'un montant de 315 francs, plus « douze couverts avec louche le tout en Christofle évalués à 25 francs ». Cette liste, qui eût ravi Boris Vian, montre bien l'importance des objets, le sens de leur valeur, du linge en particulier (parmi lequel les draps conservent toujours la première place). Semblable à toutes les jeunes filles de son époque et des décennies antérieures, Yvonne a passé maintes heures à la confection, aux broderies de ce trousseau, si soigneusement détaillé par le notaire.

Huit jours plus tard, le 17 avril, Jules Lorrain est fier de conduire sa fille cadette à la mairie de Jarnac. L'occasion

1. Voir note 3, p. 284.
2. Soit environ la moitié de l'apport de Jules Lorrain en 1876.

lui est ainsi offerte, comme à sa femme, de revivre son propre mariage qui a eu lieu au même endroit trente ans auparavant. Tout se déroule pour le mieux : Yvonne est radieuse, son jeune frère Robert poursuit de brillantes études, et le danger d'une guerre avec l'Allemagne à propos du Maroc vient d'être écarté grâce à la conférence internationale d'Algésiras qui s'est achevée le 7 avril.

Après la cérémonie civile, le cortège se rend à l'église Saint-Pierre. Celle-ci a subi encore de fâcheuses réparations depuis le mariage de Jules et Eugénie. En 1898, comme la façade primitive se lézardait, elle a été démolie et remplacée – en cent vingt jours ! – par une mauvaise copie de celle de l'abbatiale de Châtres [1]. Subsistent encore, accolées au côté gauche de l'église, une suite de maisons misérables qui ne seront rasées qu'après la Première Guerre mondiale.

Qu'importe si le mariage n'a pas lieu dans une authentique église romane ! Yvonne est émue de pénétrer dans la nef, de se retrouver face au prêtre qui la connaît si bien et se réjouit d'une union entre deux chrétiens sincères. Heures exquises qui se gravent en sa mémoire. Dans son Journal, l'année suivante, elle n'a aucune peine à se souvenir « des émotions profondes de ce jour et de la marche de Tannhaüser qui scanda leur sortie de l'église sous la pluie [2]... »

Un couple heureux

Après cette cérémonie, Joseph Mitterrand emmène sa jeune épouse en Bretagne. Yvonne peut ainsi découvrir cette contrée nouvelle pour elle, l'explorer, se familiariser avec les contes et légendes celtiques. Mais son bonheur conjugal se nimbe peu à peu de la tristesse de ne pas avoir

---

1. Cf. article de Maurice Delamain, *La Tour de feu, op. cit.*
2. Extrait de Journal cité par Charles Moulin, *op. cit.*

encore d'enfant. Elle craint de connaître le même sort que ses deux belles-sœurs dont les unions sont restées stériles [1].

Survient la terrible épreuve de la mort de son frère en février 1908. Heures cruelles... La douleur ne peut s'atténuer que lorsque Yvonne s'aperçoit, au cours de l'été, qu'elle est enfin enceinte. Elle s'empresse d'annoncer cette nouvelle à ses parents pour leur apporter une lueur d'espoir.

Yvonne revient à Jarnac pour son premier accouchement. Elle tient à être auprès de sa mère pour cet événement si important et souhaite être assistée par la brave Mme Camus, la sage-femme qui habite juste en face de la demeure des Lorrain. Elle a également besoin de la présence du médecin de famille, le Dr Jules Hubert qui appartient à une vieille souche protestante de Jarnac.

L'enfant qui pousse son premier cri dans la maison des Lorrain est une fille qu'Yvonne prénomme Antoinette, comme sa sœur [2]. Joseph obtient un bref congé pour cette naissance mais doit bientôt repartir en Bretagne tandis que sa femme et sa fille demeurent à Jarnac.

Après Antoinette, Yvonne a deux autres filles, Marie-Josèphe et Colette; la naissance de cette dernière survient le 9 juin 1914, soit trois semaines avant que le geste de l'étudiant Prinzip ne jette l'Europe dans le chaos de la guerre.

En tant que père de famille, Joseph Mitterrand – il a quarante et un ans – est mobilisé sur place. Promu chef de gare à Nantes en 1912, c'est à ce poste qu'il demeure, retrouvant les mêmes gestes que son père à Limoges pendant la guerre de 1870.

Au cours de l'été 1915, sa femme le quitte une nouvelle fois avec les trois petites filles. Elle est encore enceinte et revient rue Abel-Guy comme elle en a pris l'habitude. Eugénie a fort à faire cet été-là car sa fille aînée, qui s'est

1. Voir chapitre suivant.
2. Les autres prénoms : Eugénie et Zelma, sont ceux des deux grands-mères.

enfin mariée en 1912, est également enceinte. Antoinette accouche la première d'un fils, au début du mois de juillet. Yvonne peut bientôt partager sa joie en mettant au monde en septembre son premier garçon. Joseph a obtenu un nouveau congé et va déclarer à la mairie la venue de celui qui est prénommé Robert – lourd héritage – ainsi que Jules, Théodose et Joseph; par ce choix, l'enfant est fermement inscrit dans la lignée des Lorrain et des Mitterrand.

La naissance de François Mitterrand

L'année 1916 est marquée par le terrible affrontement qui oppose autour de Verdun les troupes ennemies. Falkenhayn est décidé à « saigner à blanc » l'armée française. Le général Pétain entend lui résister coûte que coûte.

Cette année-là, Yvonne est une nouvelle fois enceinte. Elle se trouve avec son mari à Montluçon où Joseph vient d'être nommé chef de gare. Si ce nouveau poste permet à ce dernier de se rapprocher du berceau des Mitterrand – il est tout près de l'endroit où est né son père – et de Bourges – où Théodose habite maintenant –, il n'en est pas de même pour Yvonne. Sa famille est toujours aussi éloignée.

Au cours de l'été, elle retourne dans sa petite cité charentaise avec ses enfants pour se préparer à son cinquième accouchement. Tout se passe comme pour les précédents. Le Dr Hubert a été appelé dans la nuit du 25 au 26 octobre ainsi que la sage-femme. Dans une chambre située au premier étage de la maison familiale, à quatre heures du matin, naît celui à qui Yvonne va donner le prénom de son saint préféré : François. « Ma mère a interrompu la tradition qui consistait à donner des prénoms usuels des membres de la famille. Pourtant elle aimait bien les traditions. Je pense qu'elle n'aimait pas le nom de Gilbert. En revanche, elle adorait saint François d'Assise; elle le tenait pour le plus grand saint... donc elle m'a prénommé ainsi [1]. »

A la différence de son frère aîné, aucun des prénoms de l'enfant n'a de références familiales : « François, Marie, Adrien, Maurice », le dernier étant celui de son parrain, l'ami fidèle de Joseph, Maurice Gaveau qui s'est installé à Lille. Cet enfant est vraiment le leur, le précédent ayant davantage joué le rôle d'offrande aux grands-parents maternels pour remplacer le disparu.

En appelant son nouveau-né François, Yvonne ignore qu'elle lui confie un prénom que maints aïeux ont déjà porté, et en particulier plusieurs quadrisaïeux : paradoxalement, des quatre garçons de la lignée, François Mitterrand est celui qui se rattache le plus étroitement à ses ancêtres directs depuis au moins cinq générations...

Mais pour cette cinquième naissance, Joseph Mitterrand n'a pu revenir à Jarnac, sa présence étant nécessaire à la gare de Montluçon. C'est Jules Lorrain qui le remplace pour la déclaration à la mairie et se fait accompagner par deux amis, dont le capitaine Auclair.

De cet accouchement, le principal intéressé n'a bien évidemment conservé aucun souvenir, sauf ce qu'on lui a rapporté. Il sait qu'il est né au domicile familial comme tous ses frères et sœurs, ce qui lui paraît naturel. François Mitterrand se déclare choqué de voir que cette coutume s'est perdue par la suite : il n'apprécie guère que les naissances aient lieu couramment en clinique ou à l'hôpital [2].

Mais, si autrefois les accouchements se déroulaient en famille, les enfants étaient soigneusement tenus à l'écart : ce moment était entouré, pour eux, d'un grand mystère. La sœur aînée de François – elle avait alors sept ans – en a conservé un « souvenir noir ». Les trois filles et Robert furent fréquemment malades au cours de ce triste automne 1916 : aussi le nouveau-né fut-il maintenu hors

1. Entretien du 27 juillet 1993.
2. *Ibid.*

de leur présence pendant plusieurs mois afin de ne pas être contaminé [1]. Par la suite, les deux garçons furent surveillés attentivement par Eugénie et Yvonne. Sur eux planait sans cesse la menace de la mort, celle qui avait emporté le petit Jules et Robert Lorrain. Leur fragilité suscitait bien des angoisses et des prières.

Yvonne préfère ses enfants à sa santé

La mère se remettait de ses couches. Elle pouvait être fière d'avoir cinq enfants dont deux garçons. Le Dr Hubert lui renouvela le conseil de ne plus avoir d'enfant. Très tôt, il avait décelé chez elle un problème cardiaque. Sans doute était-ce héréditaire : la sœur de sa grand-mère Joséphine Berthelot était morte d'une maladie de cœur. Cette dernière, du reste, avait peut-être veillé à ne pas prendre de risque, se contentant de son unique fille Eugénie.

Yvonne pouvait estimer avoir bien accompli son devoir de chrétienne. Sa mère avait eu quatre enfants, dont deux garçons morts jeunes; ses belles-sœurs Mitterrand ne pouvaient avoir d'héritiers. Sa sœur Antoinette avait deux enfants, mais elle n'en aurait plus puisque son mari venait de mourir. Ainsi, de toute la famille, Yvonne était celle qui avait le mieux rempli son rôle en tant que mère et qui, grâce à ses deux garçons, permettait au patronyme Mitterrand de perdurer. Pourtant cela ne lui paraissait pas encore suffisant. Elle ne jugea pas utile d'écouter les conseils de son médecin : qu'importe si sa vie était menacée, elle faisait confiance à Dieu... Après François, elle eut encore trois enfants, les naissances se succédant régulièrement. Ainsi entre 1909 et 1921, Yvonne Lorrain accoucha huit fois : quatre filles et quatre garçons, le double de sa mère. En 1921, elle avait quarante et un ans : il ne lui restait plus que quatorze ans à vivre...

1. Témoignage de Mme Signard.

Mais, agissant ainsi, n'a-t-elle pas adopté un comportement suicidaire semblable à celui de son frère? François Mitterrand ne le pense pas : pour lui, il s'agit avant tout de l'attitude de la parfaite chrétienne, « attitude romaine » précise-t-il [1]. Son désir le plus cher était d'avoir beaucoup d'enfants sans se soucier de la fragilité de son organisme. Attitude rigoriste qui manifeste en tout cas le même souci que Robert de ne pas défaillir sous le regard des parents et surtout l'œil sévère de Dieu. Comme la jeune fille qu'elle a été, la mère de famille tient à suivre à chaque instant une conduite exemplaire. Même si ses charges nc cessent de s'alourdir, elle continue à se lever tôt et à aller prier chaque matin à l'église avant de revenir s'occuper de ses enfants. Elle trouve le temps de ne pas négliger l'entretien de la maison et la confection d'ouvrages, accomplit également son devoir de dame patronnesse, veille sur les pauvres de la commune. Il lui reste même encore un peu de temps pour lire et parfois peindre... Débordant de l'énergie que lui ont léguée ses parents, elle ne s'accorde aucun repos, ne voulant pas prêter attention à la menace de la mort qui pèse sur elle.

LA MORT D'YVONNE MITTERRAND EN JANVIER 1936

Ses enfants grandissent. Elle les surveille attentivement sans toutefois avoir d'intimité avec eux, surtout avec ses filles : comme on le lui a appris, elle ne se confie jamais, pas même à sa fille aînée. Elle est surtout très ambitieuse pour ses garçons, souhaite qu'ils fassent de brillantes études. Malheureusement, elle ne pourra en voir les résultats. Ses grossesses l'ont épuisée. Sa santé se détériore très vite au début des années trente : elle connaît une longue et éprouvante agonie.

Cet épisode est particulièrement déchirant pour Fran-

1. Entretien du 27 juillet 1993.

çois Mitterrand. Étudiant à Paris, il revenait pendant les vacances à Jarnac et suivait les ravages de la maladie. « Ma mère a mis longtemps à mourir, comme mon père... Elle était parfaitement consciente de sa condamnation à mort. Elle a montré une fermeté incroyable... Pendant le dernier mois, elle a eu une sorte d'œdème général... c'était monstrueux. » Plus de cinquante ans après, François Mitterrand n'a pu effacer ces heures terribles de sa mémoire : « C'est un sort injuste pour une femme qui a été autant présente [1]. » C'est tout ce qu'il peut dire. Sur l'émotion ressentie à la mort de sa mère, pas un mot. Déjà, lors d'un précédent entretien, évoquant le fait que sa mère était morte lorsqu'il avait dix-neuf ans, qu'il se trouvait alors vivre le même drame que son père, je n'avais pas obtenu de commentaire. Mais il y a des silences qui sont plus lourds que bien des mots : il faut savoir les entendre, arrêter le flot des questions [2]...

Yvonne Mitterrand a affronté stoïquement sa dernière épreuve comme elle avait affronté la vie. Pour cet ultime combat, elle peut se remémorer son frère chéri qu'elle avait veillé dans l'infirmerie du lycée Henri-IV. A Jarnac, entourée de ses enfants, elle n'a pas une seule parole d'amertume et leur dit avant de mourir : « C'est vous qui m'avez apporté l'expérience [3]. » Elle a cinquante-cinq ans.

La mort d'Yvonne Mitterrand est également un grand malheur pour son mari. La loi de Dieu est cruelle mais le fidèle chrétien ne songe pas à la révolte : il fait déposer cet ex-voto, « *Calicem salutaris accipiam* », dans l'église Saint-Pierre, là où, trente ans auparavant, il avait passé

1. Entretien du 27 juillet 1993.
2. Même discrétion dans tous ses livres : alors que François Mitterrand évoque à maintes reprises son pays natal, ses grands-parents, son père, il ne fait allusion à sa mère que deux fois, et fort brièvement. N'a-t-il pas averti ses lecteurs au début de *La Paille et le Grain* : « Je fais le tri qu'imposent mon peu de goût pour l'indiscrétion et mon dégoût de l'exhibition. »
3. Témoignage de Mme Signard.

l'anneau d'or au doigt de celle qui acceptait d'être sa femme [1].

Ce deuil le crucifie d'autant plus qu'il réveille en lui la blessure ancienne, celle profondément enfouie, dont il n'a jamais parlé à ses enfants, la disparition de sa mère au moment où il entrait dans l'âge d'homme. En ce triste début du mois de janvier 1936, il se tient debout près de ses enfants, de ses beaux-parents.

Tous reprennent la route vers le cimetière, comme ils l'ont fait cinq ans auparavant pour la grand-mère Eugénie avec le même cérémonial : le « corbillard tiré par un cheval et que [suit] tout un village, vêtu de noir, avec, pardevant, le curé qui [chante] à voix forte le rituel latin [2]... »

1. François Mitterrand m'a dit que cet ex-voto et tous les autres ont été enlevés par « un prêtre moderne ». La famille a trouvé « triste cet enlèvement » et a placé l'ex-voto dans le caveau Lorrain.

2. François Mitterrand se souvient de ce cérémonial en croisant un cortège semblable, dans le Limousin, au retour d'une mission dans le camp de Dachau (*L'Abeille et l'Architecte, op. cit.*, p. 21).

5

Joseph Mitterrand à Jarnac : le rôle imposé

Joseph Mitterrand est amené à démissionner de la Compagnie Paris-Orléans en 1919. Cette décision est prise sous la pression de sa femme et de sa belle-mère. Yvonne est épuisée par ses nombreuses grossesses. A chaque escale à Jarnac, elle peut profiter de la maison spacieuse, de l'aide de sa mère et des domestiques – en particulier de la « laveuse » qui vient tous les jours faire une lessive abondante –, sans oublier le climat délicat de son pays natal. De ce fait, et malgré la joie des retrouvailles, le retour auprès de son mari est toujours une épreuve, les conditions matérielles étant plus difficiles.

Quelque temps après la naissance de François, Joseph Mitterrand est nommé chef de gare à Angoulême, ce qui a l'avantage de rapprocher le couple et les enfants de Jarnac. Néanmoins, le 21 mai 1918, Yvonne préfère accoucher dans l'appartement situé au premier étage de la gare et non plus au domicile de ses parents : voici un autre garçon, prénommé Jacques – François a dix-sept mois et Robert deux ans et demi. Cette nouvelle naissance accroît les charges de la mère qui, en dépit de ses efforts ingénieux pour bien organiser son temps, doit s'occuper de six enfants, dont les derniers sont de santé fragile.

Or Joseph Mitterrand est un employé exemplaire comme l'ont constaté ses supérieurs. Au sortir de la guerre, un avancement lui est proposé sous la forme d'un poste à Paris. Que désirer de plus lorsqu'on appartient depuis près de vingt ans à la Compagnie Paris-Orléans? Mais cette promotion implique pour Yvonne un nouvel éloignement de sa famille. Elle insiste, et elle n'est pas la seule, pour le convaincre de refuser et de venir s'établir définitivement à Jarnac [1]. Joseph Mitterrand n'est-il pas le seul à pouvoir prendre la relève de Jules Lorrain? Ce dernier a perdu son fils en 1908. Son second gendre, le Dr Francis Sarrazin, a soigné sans relâche les blessés sur le front et est mort d'épuisement en 1917. En attendant que ses petits-enfants grandissent, Jules Lorrain ne peut donc se tourner que vers Joseph : même s'il paraît encore robuste, commence à se faire sentir le poids de l'âge. En janvier 1919, il vient de fêter son soixante-sixième anniversaire. Il est temps pour lui de se retirer des affaires et de confier sa vinaigrerie à son gendre...

Quel dilemme pour Joseph Mitterrand : il lui faut soit renoncer à une carrière qui a fait l'orgueil de son père soit imposer à sa femme des conditions de vie moins satisfaisantes que celles qu'elle retrouve chaque été à Jarnac. Après avoir sans doute mûrement réfléchi, il donne sa démission. Une fois encore, il se retrouve placé dans une situation qu'il n'a pas choisie, comme lorsque son père lui avait conseillé de ne pas devenir journaliste et d'opter pour un emploi plus sûr dans les chemins de fer. Depuis longtemps, cet homme a pris l'habitude de ne pas déplaire à ceux qui lui sont chers, d'éviter le moindre affrontement et de se plier à leurs désirs.

Ainsi, après François Lorrain et Claude Touzet, Joseph Mitterrand est le troisième homme de cette famille qui vient se fixer définitivement en Saintonge, comme si cette terre recelait un charme particulier...

---

1. Témoignage de Mme Signard et de François Mitterrand. Robert Mitterrand dans son livre rapporte aussi ce fait en des termes à peu près identiques.

L'installation des Mitterrand rue Abel-Guy

La famille Mitterrand s'installe dans une vaste bâtisse, bien abritée des regards indiscrets derrière de hautes grilles, juste à côté de la demeure des Lorrain.

Quel changement pour eux tous, accoutumés aux appartements situés au-dessus des gares, envahis par la fumée des trains, les bruits incessants de la circulation ferroviaire ! Ici, il y a la douceur de l'air, le silence de la nuit, de nombreuses chambres, le grenier, sans oublier les jardins...

Joseph Mitterrand est heureux auprès d'Yvonne et de ses enfants, mais il constate bien vite qu'il se retrouve dans une situation inconfortable, contrairement à ce que sa femme et sa belle-mère lui avaient annoncé. Son beau-père n'est pas encore décidé à passer la main à son gendre : il ressemble en cela au grand-père de Jacques Chardonne [1].

Jules Lorrain continue à se comporter comme le seul maître de cette famille qui ne cesse de croître autour de lui. Antoinette, sa fille aînée, est également installée avec ses deux enfants dans leur maison. Cette femme, assez autoritaire comme l'est sa mère, à l'ironie cinglante, n'a guère eu le temps de mener une vie indépendante. Jeune fille, elle avait éprouvé un grand amour pour un Anglais, mais le mariage n'avait pas été envisagé. Antoinette s'était résolue, sur le tard, à épouser un docteur franc-comtois : elle avait trente-quatre ans en 1912. Veuve, elle était venue chercher refuge auprès de ses parents [2]. Par la suite, elle ne se remaria pas. Pourtant son ancien amoureux, ayant appris son veuvage, s'était enfin décidé à venir demander sa main à son père : celui-ci refusa sans même

1. Celui-ci n'était pas pressé de céder son négoce à son fils aîné :« Gustave eut quarante ans, une barbe grise, et il ignorait tout de la gestion paternelle dont il était tenu éloigné. Les chefs se méfient souvent de leurs fils qu'ils ont vus enfants. » *(Le Bonheur de Barbezieux.)*

2. Comme la mère de Jean-Paul Sartre : rares étaient les femmes à cette époque qui osaient envisager d'élever seules leurs enfants.

songer à demander l'avis à la principale intéressée [1]. Triste anecdote qui révèle un aspect de la personnalité de Jules Lorrain : le clan Lorrain est fermement structuré autour du patriarche.

Les activités de Joseph Mitterrand à Jarnac

Mais dans ce clan, Joseph Mitterrand a beaucoup de mal à se faire une place... et précisément il n'en a pas puisque son beau-père continue de gérer seul la vinaigrerie. L'illustre parfaitement une photographie de la famille au grand complet, en 1923. Yvonne est assise au premier plan, tenant le dernier-né, Philippe, sur ses genoux. Autour d'elle la grappe compacte de ses sept autres enfants. Tous, comme elle, fixent l'appareil avec des expressions différentes. Seul le père, debout au deuxième rang, à l'extrême gauche, a détourné le regard. Très belle photo de famille qui révèle tant de non-dits... François Mitterrand, qui a sept ans, se tient bien droit près de sa mère, les yeux braqués sur l'objectif : il n'est pas l'aîné mais il se détache un peu du groupe, se tenant seul à la gauche de sa mère : il a posé sa main sur elle, en protecteur. Il est infiniment plus présent que ne l'est son père [2]...

Pour ne pas rester inactif, être à la charge de ses beaux-parents, Joseph installe un bureau d'assurances agréé par la compagnie « L'Union », qui a son siège principal à Paris et est spécialisée dans le vol et les accidents [3]. Ce travail n'étant pas suffisamment rémunérateur pour couvrir toutes les charges du ménage et surtout les études des enfants, il crée ensuite, quelques années plus tard, une petite fabrique de balais à laquelle il donne pour nom commercial « Mitterrand Félix » : il utilise ainsi son pre-

1. Anecdote confiée par Mme Signard.
2. Photographie figurant dans l'album central.
3. Joseph Mitterrand a fait son inscription en date du 14 décembre 1920 au tribunal de commerce de Cognac.

mier prénom comme s'il tenait à marquer une certaine distance. L'établissement est installé tout près de la demeure familiale, rue Sainte-Croix-du-Lô. Joseph Mitterrand veille à la qualité de ces balais fabriqués en paille d'Italie; il a déposé sa marque sous le nom de « l'As du carreau », ce qui témoigne également de « son penchant pour les jeux de mots [1] ».

Tout cela ne parvient pas à masquer son malaise. Bien souvent, dans la solitude de son bureau, Joseph Mitterrand se remémore son passé, lorsqu'il était chef de gare et jouait un rôle de premier plan. Celui qu'il tient à Jarnac n'est pas à la hauteur de ses espérances. Dure épreuve pour lui : « Il fallait vivre, mais il détestait tout ça... mon père avait huit enfants, pas de fortune et dans l'attente de la vinaigrerie, il y a eu quelques années pendant lesquelles il s'est débattu [2]. »

Quelques années... dix ans pendant lesquels Joseph Mitterrand se « débattra », camouflant ses pensées secrètes, rongeant son ambition personnelle, acceptant ce sacrifice pour le bonheur de sa femme et de ses enfants. La maison retentit des cris joyeux de cette progéniture qui grandit dans l'insouciance. Joseph Mitterrand ne veut pas mettre en péril ce bonheur. Un jour, le parrain de François, Maurice Gaveau, installé dans le Nord à la tête d'une entreprise, et père également de huit enfants, lui propose de venir le rejoindre : se souvenant des confidences que son ami lui faisait autrefois, il lui a trouvé un poste de rédacteur en chef dans un journal à Lille [3]. Joseph refuse cette proposition qui pourtant lui permettrait de s'épanouir enfin, de se réaliser pleinement. Il n'a pas le cœur d'arracher sa famille au bonheur de Jarnac.

Joseph Mitterrand peut enfin renoncer à son entreprise de balais le 25 mars 1929. Jules Lorrain accepte de passer

1. Robert Mitterrand, *op. cit.*, p. 29.
2. Entretien du 27 juillet 1993.
3. Entretien du 31 mars 1993.

le relais à son gendre. A dater du 1er juillet, la fabrique de vinaigre porte comme nom commercial : « F. MITTERRAND-J. LORRAIN CIE [1]. » Jules Lorrain a soixante-seize ans et son gendre va bientôt fêter son cinquante-sixième anniversaire. Tous deux ne peuvent se douter que germent déjà les signes d'une crise profonde qui va ébranler l'économie américaine et se répercuter ensuite en Europe. Joseph Mitterrand prend la relève de son beau-père au pire moment ; comme Jules Lorrain qui avait créé son négoce de cognac lorsque le phylloxéra s'abattait sur le vignoble charentais.

Ces difficultés économiques, Joseph Mitterrand ne les pressentait pas. Il voyait sa patience récompensée, après dix années d'attente dans l'ombre du patriarche [2].

JOSEPH MITTERRAND ATTIRE LE RESTE DE SA FAMILLE À JARNAC

A Jarnac, depuis son installation en 1919, Joseph Mitterrand s'est toujours senti un peu « dépaysé », selon l'expression de son fils [3]. Les berges de la Charente ont beau être accueillantes, Joseph a la nostalgie de son « Berri », de la terre de ses ancêtres. Il a grandi dans une famille austère, peu expansive, où régnait la rigueur constante du jansénisme (il a emmené avec lui le Christ aux bras levés évoqué dans *Ma part de vérité*). Pour François Mitterrand qui ne les a pas connus, c'étaient des catholiques très traditionalistes, attachés autrefois à la monarchie : « On dirait aujourd'hui des intégristes [4]. »

1. Joseph Mitterrand conserve l'initiale de son premier prénom Félix pour cette entreprise comme pour les précédentes, maintenant ce désir (conscient/inconscient?) de distanciation. Ce faisant, c'est le nom de son fils François qui apparaît...
2. Longue attente qui semble rappeler celle que connaîtra plus tard François Mitterrand, sous la Ve République, lorsqu'il combattra Charles de Gaulle.
3. Entretien du 27 juillet 1993.
4. *Ibid.*

Pour ne pas se sentir trop isolé, Joseph Mitterrand demande, dès qu'il le peut, à son vieux père de venir le rejoindre à Jarnac : finalement, il est le seul adulte à porter ici le patronyme Mitterrand, patronyme inconnu aux autochtones alors que tous connaissent parfaitement celui des Lorrain et des Faure.

Après le mariage de son fils, Théodose Mitterrand s'est installé dans la vieille demeure familiale de Bourges, boulevard Saint-Paul. Seul, gardé par une gouvernante, il reçoit parfois la visite de sa petite-fille Antoinette et est ravi de l'emmener avec lui assister à la messe dominicale dans la prestigieuse cathédrale. Celle-ci a conservé le souvenir de la sombre maison berruyenne, en particulier des vitraux et du dallage du sol. Quel contraste avec la blancheur des maisons jarnacaises, les parquets, les fenêtres s'ouvrant sur un jour lumineux [1] !

Après la Première Guerre mondiale, Théodose Mitterrand fait son ultime voyage en train. Comme son grand-père Martin, il va vivre ses derniers jours auprès de ses petits-enfants. Lui est donnée cette joie ultime de voir son fils bien établi dans sa nouvelle famille, de savoir qu'il a déjà sept enfants dont trois garçons. Il est donc assuré que son nom ne disparaîtra pas.

Son petit-fils François l'a fort peu connu : il avait trois ans au moment de sa mort. Il ne se souvient que d'un « vieux monsieur qu'on allait voir, qui bougeait à peine ». Seule Antoinette, l'aînée, l'avait davantage approché.

Le 12 janvier 1920, le lendemain de son soixante-seizième anniversaire, Théodose ferme les yeux. Toute la famille réunie le conduit au cimetière de Jarnac. A cette occasion, Gustave Lirand, l'époux de la sœur aînée de Joseph Mitterrand, est remarqué : il est le seul à porter

1. Témoignage de Mme Signard. C'était la maison d'Anne Mitterrand, construite au début de la Restauration. Mise en vente après la mort de Théodose Mitterrand, elle fut détruite par la suite.

des chaussettes rouges alors que tous les autres membres de la famille sont vêtus de noir de la tête aux pieds... Cela lui vaut aussitôt la réputation d'être un original [1]. Marie et lui repartent ensuite pour Quimper où ils continuent de vivre à l'écart du reste de la famille. Ils souffrent de ne pas avoir d'enfant : Marie a eu plusieurs grossesses (peut-être cinq) mais aucune menée à terme [2].

Adrienne Thirion, la seconde sœur de Joseph, elle non plus n'a jamais pu avoir d'enfant. Lorsque son mari peut prendre sa retraite [3], tous deux viennent s'établir à leur tour à Jarnac, dans un appartement que Joseph et Yvonne leur ont aménagé sur le côté de leur maison. Adrienne peut ainsi couver de tendresse ses neveux et nièces, masquer sa frustration, ignorant qu'elle reproduit en cela le destin de son aïeule, Anne Mitterrand. Mais, si cette situation la ravit, il n'en est pas de même pour la famille Mitterrand, du moins pour Yvonne et ses enfants.

En effet, Adrienne et Eugène Thirion ont pris très vite l'habitude de faire une visite quotidienne à leur belle-sœur, sans doute pour la remercier de son hospitalité. François Mitterrand en a conservé un souvenir cocasse : « Mon oncle et ma tante venaient faire tous les jours une visite à ma mère que cela insupportait. Ils se présentaient en toilette spéciale, gants et tout... Ma mère était obligée de les recevoir au salon, de leur faire la conversation [4]. » Le caractère aussi guindé des Thirion l'irrite, quoiqu'elle

1. L'anecdote diffère : chaussettes rouges pour Mme Signard, chaussettes de couleur différente pour François Mitterrand, mais ce dernier était bien trop petit pour en conserver un souvenir direct. Ce détail rapporté par eux montre l'importance de l'événement : les familles épinglent souvent leurs membres sur ce genre de petits faits qui se transmettent dans les générations suivantes.

2. Témoignage de Mme Signard. C'est peut-être ce qui est arrivé au siècle précédent à Anne Mitterrand qui expliquerait que, dans cette famille, le nombre d'enfants soit aussi limité; voir *supra*.

3. Eugène Thirion, contrairement à son beau-frère, est toujours resté en poste dans la Compagnie Paris-Orléans.

4. Entretien du 31 mars 1993. Adrienne Mitterrand, épouse Thirion, a hérité de ses parents – et surtout de sa mère Zelma Laroche – austérité et absence de fantaisie. Sa nièce Antoinette (Mme Signard) se souvient encore aujourd'hui, avec agacement, de ces moments où il fallait toujours faire attention à elle, être d'une parfaite exactitude.

ne dise rien par politesse. Pour elle, les habits « du dimanche » sont réservés à ce jour uniquement ! Dans la semaine, les tenues sont très simples : elle n'a jamais gaspillé l'argent du ménage dans de frivoles toilettes. De plus, elle n'est pas accoutumée à interrompre ses travaux de couture ou son tricot lorsqu'elle reçoit ses amies : ses mains ne cessent d'être actives. Or, avec le couple Thirion, il faut s'en tenir à la seule conversation. Pour cette femme, habituée depuis l'enfance à l'enchaînement des activités, cette pause futile est insupportable : elle est choquée de voir que sa belle-sœur ne sait rien faire de ses dix doigts.

Mais auprès de ce couple austère Joseph Mitterrand peut néanmoins retrouver le souvenir de son univers familial d'autrefois. Avec eux, il préserve un fief Mitterrand dans la riante cité charentaise.

Les Lorrain, cependant, lui apprennent à se débarrasser de cette rigueur excessive. L'emploi du temps strict édicté par Eugénie et Yvonne alterne avec la gaieté des repas, les jeux, l'étonnante liberté laissée aux enfants. Il y a le doux moment des veillées, celles dont se souvient François Mitterrand : « J'entends encore le murmure des conversations du soir, dans le noir, ma grand-mère immobile, les doigts noués sur son ouvrage un moment délaissé, regardant la nuit s'étendre sur le jardin et peu pressée de se lever pour allumer le manchon à gaz du plafonnier. Les paroles s'élevaient, sur un ton grégorien, avec, entre elles, des épaisseurs d'ombre. Cela finissait par des oui et des non qui ne répondaient à rien ni à personne. Chacun partait en voyage sur les étriers de l'imagination et hop ! franchissait les frontières du temps [1]. »

1. *L'Abeille et l'Architecte*, *op. cit.*, p. 13.

Le Berrichon isolé dans cette cité où règne un « code proprement brahmanique »

Joseph Mitterrand n'en continue pas moins d'être isolé. Les Jarnacais se souviennent de lui comme d'un homme effacé, parlant peu, ne souriant guère et qui ne sortait jamais sans son chapeau, un grand feutre noir en hiver, un panama en été, ce qui lui permettait de cacher sa calvitie [1]. Pour eux, le contraste était saisissant avec Jules Lorrain.

Mais, comme son beau-père, Joseph Mitterrand s'occupe avec un soin extrême de la vinaigrerie. Avec ses employés, il se comporte en patron attentif. Il a entière confiance en son principal employé et le laisse faire à sa guise. Au début des années trente, il n'est pas hostile aux nouvelles lois sociales concernant l'assurance-retraite et veille à les appliquer, bien que cet employé n'y tienne guère : il ne voyait que la retenue immédiate sur son salaire sans se soucier de la protection future [2]. Sous le ciel de Jarnac, Joseph Mitterrand adopte le comportement d'un patron attaché au catholicisme social. Il a subi la forte influence de sa femme : c'est elle qui l'a ouvert à tous les problèmes sociaux, se souvenant des lectures, des propos, des projets de son jeune frère Robert.

A l'instar des Lorrain, il veille également à participer aux bonnes œuvres catholiques de la cité. Avec d'autres pères de famille, il s'occupe en particulier de l'école Sainte-Marie, établissement catholique, où ses enfants ont

1. J'ai demandé à François Mitterrand s'il portait lui aussi un chapeau par référence à son père. Non, m'a-t-il répondu. S'il l'a fait, c'est parce qu'un jour, devant la glace, il s'est aperçu que ses cheveux commençaient à se raréfier... Néanmoins il retrouvait ce réflexe de coquetterie masculine que son père et son grand-père avaient eu avant lui, lié également à la mode de l'époque et de la région. Cette explication me paraît plus plausible que celle de Catherine Nay qui pense que François Mitterrand s'est mis à porter un chapeau pour imiter Léon Blum (*Les Sept Portraits de François Mitterrand*).

2. Témoignage de la fille de cet homme qui m'a demandé de ne pas citer son nom.

suivi leur premier apprentissage scolaire [1]. Cela lui donne une occasion de plus d'échanges avec M. Bordage. Ce Vendéen s'est fixé lui aussi à Jarnac et tient une quincaillerie près de la place du Marché. Monarchiste, lisant régulièrement *L'Action française*, il défend la présence du courant catholique à Jarnac et en discute fréquemment avec Joseph Mitterrand dans sa boutique [2].

La ville continue à être partagée suivant les religions – le souvenir des guerres du XVIe siècle étant toujours très vif dans le pays – et les classes sociales. Les opinions sont assez tranchées : il y a le peuple (les domestiques, les ouvriers, les petits commerçants) et au-dessus le monde des « bourgeois » : les négociants et les entrepreneurs. Parmi ceux-ci s'opère encore une distinction suivant la foi, comme l'a noté François Mitterrand dans *Ma part de vérité* : « A l'époque, quand on était catholique dans une petite ville de province, on se classait automatiquement à droite... la haute société protestante, très assise dans le négoce des eaux-de-vie, penchait à gauche et fournissait d'excellents maires aux majorités radicales-socialistes [3]. »

Ces grandes familles protestantes abordent cependant le petit peuple jarnacais avec morgue. Daniel Suire, cheminot socialiste comme l'avait été son père, aujourd'hui à la retraite, a été profondément marqué par le clivage social existant à Jarnac avant la Seconde Guerre mondiale. Il travaillait alors comme apprenti chez un menuisier, M. Bechade. Celui-ci, appelé un jour chez les Laporte-Bisquit pour y exécuter quelques travaux, fut reçu par la maîtresse de maison qui l'accueillit par un « Bonjour Bechade », lancé sur un ton sec, et ne daigna même pas saluer le jeune apprenti. Quant à « Madame »

1. Les familles catholiques de la ville ont ouvert cette école juste après la Première Guerre mondiale pour que leurs enfants ne soient pas obligés d'aller à l'école communale.
2. Témoignage de Mlle Bordage : elle se souvient que Joseph Mitterrand enfumait cette boutique avec la pipe qu'il ne lâchait pas.
3. *Ma part de vérité, op. cit.*, p. 15.

Haviland, autre représentante de la « high society » jarnacaise, elle convoqua un jour le menuisier et lui tint ce discours : elle voulait bien lui donner du travail à condition qu'il renvoie l'ouvrier communiste qu'il employait. M. Bechade refusa [1]...

Dans une société aussi cloisonnée, Joseph Mitterrand a beaucoup de mal à se faire une place : « [...] mon père savait qu'il vivait à la fin d'une époque et s'irritait, en silence, des rites désuets, des quiproquos compassés qui accompagnaient cette agonie. Il attendait les temps futurs comme on regarde un enfant grandir. Frondant les hiérarchies, détestant les privilèges mais respectant l'ordre spirituel auquel il a donné sa foi, il n'y avait pas de place pour lui dans la province de ce temps-là. Mais comme il possédait la paix par la beauté d'un ciel ou l'affection d'un chien, cela était sans conséquence... Il considérait avec un détachement ironique le code proprement brahmanique qui régissait les relations humaines dans ce coin de Saintonge où ma famille maternelle habitait depuis des temps immémoriaux [2]... »

Le Berrichon doit s'habituer à ce nouvel environnement. Il s'y efforce, ce qui ne veut pas dire qu'au fond de son cœur il puisse accepter de se conformer à ce type de comportement cher aux Saintongeais. Comment pourrait-il se montrer aussi expansif, jovial et sociable que Jules Lorrain? Cette forte personnalité est à l'opposé de la sienne. Même à la tête de la vinaigrerie, il ne parvient pas à imiter son beau-père en faisant, comme lui, de fréquentes visites aux clients. François Mitterrand se souvient que son grand-père avait souligné une fois ce fait, mais fort discrètement : « Mon grand-père ne se serait jamais permis de faire une remarque à mon père [3]. »

Joseph Mitterrand trouvait répugnante l'idée de vendre un article. Toutes les activités auxquelles il se livrait à Jar-

1. Entretien en juillet 1992 : Daniel Suire n'a pas oublié ces détails-là.
2. *Ma part de vérité, op. cit.*, pp. 15 et 16.
3. Entretien du 7 avril 1993.

nac relevaient certes de la vente mais se distinguaient du commerce de détail. Pour lui, cela faisait « l'objet du mépris [1] ». Ce qui n'empêchait pas toute la famille de se moquer du comportement hautain des riches négociants. Pour les Lorrain/Mitterrand, la situation sociale était inchangée : comme au temps de la Belle Époque, le clan se trouvait dans cette position toujours aussi inconfortable de « l'entre-deux ». A défaut de la fortune qui aurait permis de rivaliser avec les Laporte-Bisquit ou les Hine, il fallait s'imposer dans la cité. Ce qu'avait fait toute sa vie Jules Lorrain, Joseph Mitterrand devait le faire maintenant, puis ses enfants : « Tout l'environnement familial était un environnement orgueilleux, où l'on aurait pu croire que nous étions d'une origine importante », se souvient François Mitterrand [2]. D'où les sacrifices considérables pour que les garçons accèdent aux plus grandes écoles et poursuivent l'ascension sociale.

Le drame secret de Joseph Mitterrand

A Jarnac, Joseph Mitterrand continue d'assumer un rôle qu'il n'a pas choisi. A aucun moment de sa vie, il n'a exprimé un seul reproche : rue Abel-Guy, il n'y a jamais eu la moindre querelle entre les époux, le moindre affrontement entre le gendre et ses beaux-parents.

Joseph Mitterrand s'abandonne au confort de la vie charentaise mais le voile de la nostalgie se pose sur lui : il n'a pas oublié ses rêves de jeune homme, ses ambitions refoulées : « Il s'était réfugié dans la réflexion loin de l'action qui le tentait et le repoussait à la fois. L'un des esprits les plus libres que j'eusse connus, il ne pouvait user de cette liberté qu'en tête-à-tête avec lui-même, ou avec nous, ses huit enfants, pendant les vacances à la maison. Il aurait aimé le mouvement des villes, le mouvement des

1. *Ibid.*
2. Entretien du 27 juillet 1993.

idées. La solitude et le silence furent ses compagnons [1]. » Il peut rester immobile des après-midi entiers, surveillant à peine le bouchon de sa canne à pêche ou bien, dans le jardin, arroser longuement les fleurs à l'aide d'un tuyau de caoutchouc. Activités silencieuses que rien ne peut troubler et qui impressionnent ses enfants. Moments paisibles au cours desquels l'homme s'isole pour mieux se retrouver... François Mitterrand les évoque en 1975, lors d'un voyage en Irlande : « Je me souvenais d'heures semblables, à Jarnac, quand j'allais rejoindre mon père qui pêchait sur la Charente, sa barque plate cachée dans les roseaux, à trois cents mètres de la maison. J'avais remarqué qu'il ne s'occupait guère du poisson. Je l'avais interrogé là-dessus et il m'avait dit que la vie était souvent comme la rivière. Il ne s'y passait rien à première vue. Les heures se répétaient de jour en jour, les jours aussi, un peu plus longs, un peu plus courts, et à leur tour les saisons. Mais si l'on y regardait de plus près, avec des yeux qui à force de voir, loin de s'user, s'ouvraient, on apprenait que tout changeait à tout instant. Rien ne changeait et tout changeait... J'écoutais. Mon père parlait peu. Il jetait les mots comme il lançait l'appât [2]. »

Cette leçon de vie, l'homme politique l'a retenue par la suite pour son combat personnel. En mars 1977, il constate la progression de la gauche : « C'est sans doute de cette volonté profonde que je tire la tranquillité qui m'habite, une tranquillité du dedans, au creux des agitations du dehors. J'ai renoncé une fois pour toutes à l'impatience du lendemain pour ne considérer que la patience du temps [3]. »

Joseph Mitterrand n'a jamais éprouvé le besoin de parler de lui, d'évoquer ses états d'âme. Pas un mot sur sa

---

1. *Ma part de vérité, op. cit.*, p. 15.
2. *L'Abeille et l'Architecte, op. cit.*, p. 49.
3. *Ibid.*, p. 274. Cela deviendra un des thèmes de sa campagne présidentielle en 1981. Tous les Français ont pu lire sur les panneaux publicitaires que François Mitterrand incarnait « la force tranquille ».

mère, sa jeunesse. Une chape de silence repose sur son passé, tout ce qu'il a vécu avant son mariage. Dès qu'il le peut, il se réfugie dans son bureau : c'est là qu'il tient son journal intime, lit, regarde de vieilles photos. De ces heures secrètes, de cette vie intérieure, il ne reste rien : Joseph Mitterrand avait placé tous ces documents dans un bureau qui brûla quelques années avant sa mort...

La mort de sa femme en janvier 1936 le frappe cruellement [1]. L'année suivante, Jules Lorrain meurt à son tour à l'âge de quatre-vingt-quatre ans, après avoir vu partir avant lui sa femme et sa fille Yvonne. Désormais, Joseph Mitterrand se retrouve seul avec sa fille cadette qui n'est pas encore mariée. Dans la vaste maison, en dehors des périodes de vacances, plus de cris joyeux, de rires insouciants, de contes et de chansons. Le silence épand son voile pesant sur le décor quotidien. Joseph Mitterrand est seul, face à ses pensées que personne ne vient contrarier. A plus de soixante ans, il se retrouve pour la première fois sans tuteur, sans entraves, ayant pour unique préoccupation le destin de ses huit enfants.

Ses trois grands fils font leurs études à Paris. Il leur rend fréquemment visite, peut même leur parler plus librement qu'à Jarnac, comme si, hors de la ville des Lorrain, il découvrait un peu de liberté, renouait avec sa jeunesse, ses désirs secrets, tout ce qu'il n'avait pas osé faire. Et parce qu'il se souvient des décisions importantes qu'on l'a amené à prendre à son insu, il laisse ses enfants libres de leur choix, ne cherche pas à peser sur leur décision [2]. Toutefois, il multiplie les conseils et leur recommande en particulier de se tourner vers le service de l'État : « Le service public, c'était son refrain [3]. »

C'est à cette époque que son fils François le découvre vraiment. L'enfant, à Jarnac, était davantage ébloui par la stature imposante de Jules Lorrain, sa faconde, l'impor-

1. Voir chapitre précédent.
2. Témoignages concordants de François Mitterrand et de Mme Signard.
3. Entretien du 27 juillet 1993.

tance qu'il avait acquise dans la cité. A vingt ans, il s'aperçoit que son père est « un homme impressionnant » qui possède « une très belle intelligence et beaucoup de générosité [1] ». Désormais, il se sent en étroite communion avec lui, même si le cours de l'Histoire allait les amener à prendre des routes divergentes.

Le président du syndicat des vinaigriers

A Jarnac, Joseph Mitterrand s'occupe toujours de la vinaigrerie avec un soin attentif. Il s'efforce également de suivre l'exemple de son beau-père et devient à son tour le président du syndicat des fabricants de vinaigre de l'ouest de la France. Cette fonction, il la remplit avec le zèle et la compétence que tous lui reconnaissent. Lorsque le président de la fédération nationale, Jean Larrue, négociant à Bordeaux, est amené à choisir un vice-président en septembre 1938, il se tourne tout naturellement vers Joseph Mitterrand qu'il connaît bien et lui confie en particulier le soin d'assumer son mandat en cas d'impossibilité de sa part [2] : ces mesures sont prises dans le contexte de tension qui précède la conférence de Munich.

Au début de l'année suivante, Jean Larrue présente sa démission. Un des membres du conseil propose que Joseph Mitterrand prenne la relève. Ce dernier « se refuse à accepter cette fonction qu'il voudrait voir remise à une personnalité plus jeune, mais sur l'insistance de tous les membres présents... finit par consentir à accepter d'être Président [3] ».

Joseph Mitterrand est une nouvelle fois porté à une place qu'il n'a pas particulièrement désirée. Il invoque son âge, pressentant peut-être les premiers signes de la maladie qui allait l'emporter en 1946, mais ne se dérobe pas.

1. Entretien du 31 mars 1993.
2. Compte rendu du Conseil de la fédération des fabricants de vinaigre : séance du 16 septembre 1938 (archives de la Fédération).
3. Réunion du 26 janvier 1939; *ibid.*

Ce poste de président, il va l'occuper pendant trois ans. En janvier 1941, Joseph Mitterrand manifeste encore son intention de confier son poste à une personnalité plus jeune. Le conseil s'y oppose et le réélit. L'année suivante, en janvier 1942, Joseph Mitterrand réitère sa demande et, « malgré l'affectueuse insistance des membres présents... refuse de revenir sur sa décision ».

Le conseiller municipal pendant la guerre

A cette époque, comme s'il devait en tout imiter son beau-père, et en particulier à Jarnac, il a accepté une autre fonction : il est membre du conseil municipal qui a été désigné après la mise en place du nouveau régime de Vichy.

Le précédent conseil municipal, présidé par le maire André Royer, a été démissionné d'office. Par un arrêté du préfet en date du 18 mars 1941, Maurice Lacroux est nommé maire; ses adjoints sont Jacques Laporte-Bisquit et Marcel Prodeau. Figure aussi sur l'arrêté la liste des quinze nouveaux membres : Joseph Mitterrand en fait partie ainsi qu'une femme, Marie Haviland, et seulement trois membres du précédent conseil destitué, Georges Hubert, Eugène Joyeux, René Monichon [1].

Le 29 mars 1941, Maurice Lacroux ouvre la première séance par cette allocution : « Le chef respecté que la France s'est donnée, qui a mis au service du pays, quand tout croulait autour de lui, l'immense prestige que lui ont valu et ses magnifiques services pendant la Grande Guerre et une longue vie toute d'honneur, de droiture et de dignité, nous demande de l'aider à créer un ordre nouveau dans lequel il y aura plus de justice, plus d'équité et aussi plus de bonté, une France où le foyer familial sera

1. Maurice Lacroux avait remis une liste de trente-quatre personnes qui avaient accepté de participer à ce nouveau conseil : le préfet en a choisi 15. (Compte rendu manuscrit de cette séance; archives de la mairie de Jarnac.)

mieux protégé, où la sollicitude du gouvernement permettra à la jeunesse de trouver l'emploi de ses activités dans les joies saines des émulations sportives, où les vieux travailleurs au soir de leur vie seront débarrassés de l'inquiétude du lendemain, une France enfin où le travail, la famille, la patrie seront à l'honneur.

« Je vous remercie, madame et vous messieurs, d'avoir accepté d'être tous avec moi derrière le chef de l'État. »

Il rappelle ensuite aux conseillers que « la question politique a été délibérément mise de côté » lorsqu'il les a sollicités pour figurer sur la liste requise par le préfet. « J'ai voulu ignorer les questions de parti et de classe pour que tous, oubliant ce qui peut nous diviser, nous communions dans un seul et même sentiment d'amour de la patrie, derrière celui qui l'a soutenue et sauvée du désastre, aux jours sombres de juin dernier.

« Mon unique souci a été de rechercher de bons administrateurs, des hommes qui, par leur passé d'activité intelligente, par leur droiture commerciale, la dignité de leur vie familiale, par les mandats qu'ils remplissent déjà dans les organisations artisanales, commerciales ou industrielles, m'ont paru particulièrement aptes à gérer au mieux les intérêts de notre ville, sans préoccupations démagogiques ou politiques. [...] Je vous demande de m'aider à réaliser dans notre petite patrie jarnacaise l'union de tous les hommes de bonne volonté. »

Le maire présente ensuite au conseil municipal le vœu suivant qui est adopté à l'unanimité : « Le conseil municipal de Jarnac réuni le 29 mars 1941 pour son installation adresse à monsieur le maréchal Pétain, chef de l'État, l'hommage de son respect et de son dévouement. Il le remercie d'avoir mis au service du pays, à l'heure la plus tragique et la plus difficile de son histoire, le haut prestige attaché à son glorieux passé.

« Il fait des vœux pour que, sous sa haute et paternelle autorité, se reconstruise une France régénérée qui puisse sortir de l'épreuve, libre, laborieuse, pacifique et respectée. »

Diverses commissions sont constituées. Joseph Mitterrand participe à celles qui s'occupent des finances, de l'hygiène, de l'instruction, du bureau de bienfaisance et de la commission du ravitaillement.

Ainsi la vie à Jarnac continue à se dérouler normalement... enfin à peu près. Depuis la signature de l'armistice, la ville se trouve en zone occupée. Les troupes allemandes résident dans l'école communale et chez des habitants. Dans la cité se renforce le clivage entre ceux qui ont voté pour le Front populaire en 1936, ceux qui se trouvent écartés du pouvoir municipal, et ceux qui redoutaient la poussée des « Rouges », le danger du communisme, qui redressent la tête, se sentent en accord avec cet État français incarné par le maréchal Pétain et son « ordre nouveau ».

Le programme proposé par son ami Maurice Lacroux ne comportait aucun élément qui pouvait déplaire à Joseph Mitterrand. « La question politique était mise de côté », non évoqué le décret du 3 octobre pris à l'encontre des Juifs. Rien ne pouvait gêner le catholique sincère, le père de huit enfants, l'homme respectueux de l'ordre et de la loi qu'il avait été, sa vie durant.

Dans Jarnac, depuis les guerres de Religion, il n'y a plus eu de violents affrontements. La Charente coule toujours paisiblement. Pourtant, au mois d'août suivant, un grave incident parvient à sortir la ville de sa torpeur habituelle : près de la place du Marché, René Monichon tient ouvertement des propos hostiles au chef de l'État français, propos qu'un mouchard s'empresse de rapporter aux autorités allemandes [1]. Il est aussitôt arrêté et le préfet de la Charente le démissionne d'office de son poste de conseiller municipal en raison de « propos offensants à l'égard du Maréchal et de son gouvernement ».

Maurice Lacroux organise une séance exceptionnelle le

1. Témoignages de M. Maurice Voiron et M. Daniel Suire recueillis à Jarnac en juillet 1992.

20 août 1941 à laquelle participe Joseph Mitterrand. Il donne lecture de la lettre qu'il a adressée au préfet pour l'inciter au « penchant pour la clémence » et du rapport du 31 juillet, suite à l'enquête personnelle de l'inspecteur de police d'Angoulême « faisant ressortir l'honorabilité et la considération de M. Monichon ». Ces démarches sont inutiles : René Monichon est déporté à Dachau... Il ne reviendra pas...

Après ce drame, le conseil municipal continue de s'occuper de la bonne gestion de la cité. Les réunions sont fidèlement consignées; seul le nom de René Monichon a disparu de la liste des présents !

Joseph Mitterrand assiste irrégulièrement aux séances de ce conseil jusqu'au 13 mai 1944; ensuite, il est porté comme démissionnaire. Sur les vingt-cinq séances du conseil municipal qui ont eu lieu du 29 mars 1941 au 13 mai 1944, il a été dix-huit fois présent. Cependant, il n'a pris la parole qu'en novembre 1941, et seulement pour signaler « l'état de saleté de la rue du Chail après le passage des animaux qui se rendent à l'abattoir ». Au reste, pas un seul propos vraiment politique n'est échangé dans ce conseil durant ces années noires... La seule notification de la guerre et de ces horreurs quotidiennes est apparue lors de l'arrestation de René Monichon : tous les conseillers ne se préoccupent que de veiller au ravitaillement, à l'entretien des chaussées et à pourvoir les familles démunies...

La dernière séance présidée par Maurice Lacroux a lieu le 28 août 1944. Le 16 septembre, une municipalité provisoire est instaurée avec, à sa tête, André Royer, l'ancien maire. Maurice Lacroux est arrêté ainsi que le curé; quelques femmes sont tondues puis tout rentre dans l'ordre. Pas de règlements de compte excessifs : cela n'a jamais été la coutume du pays. Joseph Mitterrand, lui, n'est pas inquiété.

Que conclure de cette page de la vie de Joseph Mitterrand en cette fin de siècle, au moment où le cinquantième anniversaire de la rafle du « Vel' d'Hiv », le procès Touvier, ont soulevé tant de polémiques? Ici, il s'agit de comprendre et non d'émettre des jugements sommaires. L'historien n'est pas un procureur. Il est nécessaire de se replacer dans le contexte de l'époque, ne pas dresser une vision par trop simpliste. Certes, Joseph Mitterrand a participé pendant trois ans à ce conseil nommé par les autorités de Vichy. L'homme n'avait jamais caché ses opinions politiques. Au moment du Front populaire, il avait fait connaître son aversion pour le rassemblement de la gauche. L'arrivée au pouvoir du maréchal Pétain, le héros de Verdun, l'a satisfait. Figurant sur la liste parce que son ami Maurice Lacroux le lui a demandé, il ne s'est pas dérobé, pas plus qu'en 1939 lorsqu'il a été désigné à la tête de la présidence de la fédération des fabricants de vinaigre. Sa présence au sein du conseil municipal a été aussi discrète que sa présence dans la cité : à aucun moment il ne se comporte comme son beau-père lors de l'affaire Dreyfus.

Interrogé sur cet épisode, François Mitterrand explique ainsi l'attitude de son père : « Le maire était un de ses amis, ses fils étaient nos amis, a priori le Vichy de la première époque était quelque chose qui ne choquait pas mon père. C'était un homme de droite assez classique... il s'est retiré dans sa coquille peu à peu [1]... »

Joseph Mitterrand a soixante-huit ans en 1941. C'est un homme de plus en plus rongé par la maladie et qui, de surcroît, cette année-là, est très inquiet pour son fils François, prisonnier en Allemagne [2]. Il lui envoie régulièrement des colis dans lesquels il camoufle de minuscules cartes de géographie qu'il a fabriquées pour faciliter l'évasion envisagée par son fils... et aussi du cognac dissimulé dans de petites bouteilles de médicaments pour maintenir son ardeur [3].

1. Entretien du 21 juillet 1993.

2. Aucune comparaison possible par exemple avec l'attitude d'un Drieu La Rochelle qui, au même moment à Paris, publie des textes faisant l'apologie de l'Allemagne nazie, côtoie le milieu collaborationniste... et encore moins avec un chef milicien comme Paul Touvier.

3. Témoignage de M. Voiron.

Tout cela n'est pas inutile et François Mitterrand parvient, après deux essais infructueux, à revenir clandestinement à Jarnac fin décembre 1941. Il est heureux de retrouver son père. L'expérience de la guerre, du camp, l'a sorti du cocon familial, lui a permis de devenir un homme. Doit-il pour autant rejeter son père ? Ressent-il une coupure avec sa famille ? *Coupure* : le mot lui paraît excessif [1]. A aucun moment il n'a eu le sentiment de s'éloigner de celui qui restera toujours pour lui l'incarnation d'un « homme juste [2] ».

François Mitterrand est auprès de son père pour sa dernière nuit après une lente et douloureuse agonie. « Longue à venir, la nuit l'avait emporté juste avant les premières blancheurs du jour [3]. » C'était le 5 mai 1946. La date restera gravée en sa mémoire. Le 27 mai 1973, sur la terrasse du Trocadéro, observant le coucher de soleil, il se souvient de certains mois de mai qui eurent leur « déchirure. La drôle de guerre qui, un 10 mai, cessa de rire. La mort de mon père un 5 mai [4]... ».

En accédant au poste suprême de serviteur de l'État – de surcroît un 10 mai –, François Mitterrand n'a-t-il pas réalisé le souhait le plus cher de son père ? Peut-être est-ce plus en songeant à ce dernier qu'il a continué de faire déposer une gerbe sur la tombe de Pétain à l'île d'Yeu, jusqu'au jour où ce geste a soulevé trop de controverses, que pour rendre hommage à un régime dont il a été lui-même pour un temps le serviteur ? Condamner de façon catégorique cette sombre période de l'État français, ne serait-ce pas aussi condamner son propre père, celui qu'il évoque encore aujourd'hui avec un sentiment de profond attachement filial ? Parfois les gestes des grands de ce monde ont des significations secrètes qu'il ne faut pas toujours rechercher du côté de la grande Histoire mais plutôt du côté de l'histoire personnelle...

1. Entretien du 21 juillet 1993.
2. *Ma part de vérité, op. cit.*, p. 16.
3. *La Paille et le Grain, op. cit.*, p. 173.
4. *Ibid.*

L'ENVOL
DE FRANÇOIS MITTERRAND

De cette longue histoire familiale, François Mitterrand n'a eu connaissance que de quelques éléments, souvent disparates.

Son enfance s'est déroulée uniquement dans le décor saintongeais. « Mon pays à moi est celui de ma mère, celui de mon enfance. J'ai grandi sous le ciel mouillé d'Aquitaine [1]... » La terre de son père, le « Berri », il ne la découvrira que plus tardivement, et c'est près d'elle qu'il bâtira son ascension politique.

Né pendant la Première Guerre mondiale, il reconnaît que son enfance s'est déroulée « dans un autre siècle », ce qui l'a obligé à « faire un effort pour sauter dans le nôtre [2] ».

Il a été élevé dans un univers paisible et surtout dans un foyer étroitement uni. Aucune tension entre ses parents, un amour constant fait d'estime et d'admiration réciproques. Les enfants ont tous été désirés et profondément choyés. La présence des grands-parents maternels complète le couple des parents, offre une image similaire. Tous vivent en clan, prenant plaisir à se retrouver le soir à la veillée pour échanger des idées, mais sans jamais le moindre affrontement. Quelle différence entre sa famille et celle de Pierre Drieu La Rochelle : le contraste ici n'est

1. *Ma part de vérité, op. cit.*, p. 14.
2. *Ibid.*, p. 17.

pas en fonction de l'origine des ancêtres – dans les deux cas, il s'agit de familles provinciales de la petite bourgeoisie –, mais de la relation entre les parents. Celui qui devait se tourner vers le fascisme a subi dès son plus jeune âge les scènes quotidiennes qui déchiraient ses parents. En revanche, François Mitterrand n'a jamais connu l'assaut des cris, la vague des reproches; dans les yeux de ses parents et de ses grands-parents, il n'a toujours lu qu'attention affectueuse et sereine. C'est le premier atout pour réussir sa vie...

Aujourd'hui encore, assis dans son bureau présidentiel, François Mitterrand évoque avec des mots embués d'émotion les êtres chéris qui ont accompagné ses premiers pas, et son souhait le plus cher serait de les rejoindre dans le cimetière de Jarnac [1].

Dans toute famille, les adultes expriment leur préférence. Il a été dit, et écrit, que François Mitterrand avait été le préféré de sa mère. L'intéressé – comme sa sœur aînée – ne le pense pas. S'il était le préféré, c'était de sa grand-mère Eugénie parce qu'il ressemblait à son fils Robert, celui qu'elle ne pouvait oublier, dont elle portait toujours le deuil : elle prit plaisir à le retrouver en cet enfant, le seul qui osât lui tenir tête [2].

Cette attitude révèle sa personnalité mais n'est pas signe de rébellion. A Jarnac, l'enfant grandit dans une atmosphère d'« ambition ambiante [3] ». Il a fort bien saisi ce qu'on attend de lui et s'efforce, comme ses frères et sœurs, de rapporter des carnets de notes toujours satisfaisants. Aux sacrifices que font ses parents pour payer de coûteuses études, il faut répondre par un dévouement filial et la réussite sociale.

Pour construire cette réussite, François Mitterrand a

1. Mais il ne reste plus qu'une seule place dans le caveau des Lorrain et François Mitterrand reconnaît qu'elle est « très convoitée » (entretien du 27 juillet 1993).
2. Témoignage de Mme Signard.
3. Entretien du 27 juillet 1993.

pour modèle son oncle Robert, celui dont l'ombre ne cesse de planer dans la maison familiale. Il recueille l'héritage, comprend que pour plaire à sa mère et à sa grand-mère – celles qui ont une profonde influence sur lui dans son enfance – il doit continuer l'œuvre interrompue par la mort précoce.

A cette figure idéalisée s'ajoutent les ancêtres illustres dont on parle le soir à la veillée, ainsi que les modèles découverts dans les livres d'histoire. L'homme politique se souvient de « l'odeur de poussière et de papier piqué qui me donnait un coup de bonheur au cœur quand, enfant, j'entrais dans le petit grenier où mes parents avaient rangé, vingt ans plus tôt, les œuvres complètes d'auteurs (définitivement oubliés) qui parlaient des croisades, de l'Église, des girondins, des guerres du Premier Empire et m'enfiévraient l'imagination [1]... ».

Pour l'enfant, tout cela constitue une panoplie qui lui offre la possibilité d'envisager son rôle futur avec assurance : « Veut-on savoir si je me voyais roi ou pape? Pour peu que cette idée m'eût jamais visité, elle a duré moins d'un été [2]. » Moins d'un été, peut-être... mais les adultes autour de lui ne trouvent pas péremptoire ce genre d'affirmation. Son grand-père maternel ainsi que le curé de Laprade [3] répètent fréquemment : « Cet enfant fera parler de lui » : ils n'avaient pas tort! Quant à sa première institutrice à l'école Sainte-Marie, Mlle Boucant – qui devait ressembler à Marie-Rose Touzet –, elle s'était exclamée en le voyant : « Celui-là, il sera un jour évêque ou président de la République [4]. » L'autorité naturelle qui se dégage de sa posture, de son regard, sur la photographie de 1923, n'est donc pas passagère : les adultes la ressentent bien, la reconnaissent, ne s'en gaussent pas, ce qui permet à l'enfant de la conforter...

---

1. *La Paille et le Grain, op. cit.*, p. 145-146.
2. *L'Abeille et l'Architecte, op. cit.*, p. 13.
3. Celui qui lui donnait des cours lorsqu'il séjournait à Touvent.
4. Témoignage de Mlle Bordage.

François Mitterrand n'a pas gardé de souvenirs précis de son père, agent de la Compagnie d'Orléans – il n'avait que deux ans et demi lorsque celui-ci a démissionné –, mais il a perçu assez tôt le malaise secret de Joseph Mitterrand. L'adolescent puis l'étudiant entend bien son « refrain » au sujet du service de l'État. Il a pu observer également son grand-père, la première figure masculine qui l'impressionne. Il remarque comme les chapeaux se lèvent sur son passage dans les rues de Jarnac : celui qui n'est pas parvenu à devenir un riche négociant a su se tailler une place par ses fonctions dans la cité. Ainsi le pouvoir politique peut pallier le manque d'argent, être aussi efficace, sinon plus... ; et l'argent, au reste, a toujours eu une odeur indélicate au foyer des Lorrain et des Mitterrand.

*

François Mitterrand fait ses études à Angoulême au collège Saint-Paul puis monte à Paris. Installé au 104, rue de Vaugirard, côtoyant le père Plazenet, il se retrouve dans les mêmes murs que son oncle Robert ; comme lui, il bénéficie dans cette pension de la quiétude feutrée de sa province.

Ses projets ne sont pas clairement définis à cette époque. Inscrit à la faculté de droit et à Sciences Po, il aspire à devenir professeur de droit international. Il cherche sa voie, s'informe, écoute, lit : « Je ne distinguais pas les forces en présence. Je ne possédais pas de clef [1]. » En arrivant dans la capitale, ses deux « idées-forces » étaient d'aller au « Vel'd'Hiv' » et de rencontrer des écrivains [2]. S'il suit les débats de *L'Action française*, apprécie la plume de Charles Maurras, il n'adhère pas à ce mouvement : « C'était à cent lieues de l'ordre de pensée de ma famille [3]. » Il a bien recueilli l'héritage républicain des

1. *Ma part de vérité, op. cit.*, p. 19.
2. *L'Abeille et l'Architecte, op. cit.*, p. 18.
3. Entretien du 12 janvier 1994.

Lorrain, l'intérêt pour un catholicisme social, est donc plus enclin à se tourner vers le colonel de La Rocque.

Au début de l'année 1936, il retourne à Jarnac pour la mort de sa mère. C'est un épisode sur lequel il reste discret, qu'il ne veut pas évoquer [1]. N'ayant pas encore vingt ans, il est écrasé par le chagrin.

Il continue ses études. 1938 : le temps du service militaire et du premier amour... tandis que Hitler se lance dans une politique agressive et destructrice. Le 1er septembre 1939, la France déclare la guerre à l'Allemagne : François Mitterrand est mobilisé [2].

Après la longue oisiveté forcée de la drôle de guerre survient l'offensive allemande du printemps 1940. Par le hasard de l'Histoire, François Mitterrand se trouve à Verdun en juin et se bat dans le même décor que les soldats de la Première Guerre mondiale. Voici un point qui n'a pas été assez signalé : ce que représente pour lui le nom de cette ville martyre. Il ne faut pas oublier qu'il est né le 26 octobre 1916, précisément au moment où la bataille de Verdun occupe tous les esprits. Il a entendu dans son enfance maints récits concernant cette guerre, cette bataille, le rôle prestigieux du maréchal Pétain, notamment de la part de ses grands-parents Lorrain, vibrants tous deux de patriotisme.

Or, c'est à la cote 304, près du lieu-dit « Mort Homme » tristement célèbre pour ses violents affrontements vingt-quatre ans plus tôt, qu'il reçoit un éclat d'obus dans l'omoplate droite. Traîné sur une carriole au hasard de routes encombrées de fuyards et de soldats hagards, il se retrouve bientôt hospitalisé à Lunéville.

Autre coïncidence, Drieu La Rochelle dont il avait beaucoup apprécié les ouvrages – en particulier *Gilles* –

---

1. Voir chapitre 4.
2. Il ne s'agit pas ici de retracer tout le vécu de François Mitterrand pendant la guerre, pas plus que nous ne l'avons fait pour ses années de jeunesse, mais de noter simplement quelques éléments déterminants pour conclure cette étude.

avait été lui aussi blessé à la redoute de Thiaumont en février 1916, tout près de la cote 304. De ses différents combats, de ce premier conflit du XXe siècle, Drieu avait tiré une leçon qui le conduisait à magnifier une guerre idéale et à espérer une régénération de l'Europe grâce à l'œuvre purificatrice des nazis. François Mitterrand, s'il vit sa « première expérience d'homme [1] » par cette initiation guerrière, n'en arrive nullement aux mêmes conclusions que Drieu après Charleroi et Verdun. Le patriotisme de sa famille ne l'entraîne pas vers des eaux aussi troubles. Aucune fascination de la guerre ni de la virilité chez lui; n'avait-il pas écrit aux siens, au début du conflit : « Je me porte bien, mais pas tout à fait, car un uniforme blesse qui aime la vie [2]. »

*

« Paris avait à peine décapé l'éducation reçue dans ma Saintonge en demi-teinte, j'avais peu voyagé mais je crois avoir davantage appris de ce commando refermé sur lui-même que des maîtres de mon adolescence [3]. » C'est au stalag IX A, près de Cassel, sous le matricule 27 716, que se retrouve François Mitterrand au début de l'été 1940. Sept ans plus tard, devenu ministre des Anciens Combattants et Victimes de la Guerre dans le cabinet de Paul Ramadier, il relate cet épisode, le 16 mai 1947, au théâtre Marigny [4].

Moment crucial dans sa vie. Au stalag, il est en compagnie de quelque trente mille hommes. Comme la douceur de Jarnac paraît loin! Ici, il faut vivre toujours en groupe, pas un seul instant d'isolement. Pour celui qui, dès l'enfance, a développé le goût de l'introspection, cette

1. Entretien du 21 juillet 1993.
2. Extrait d'une lettre du 5 novembre 1939, citée par Robert Mitterrand, *op. cit.*, p. 174. Phrase qui a dû faire se retourner dans sa tombe son quadrisaïeul François Lorrain!
3. *La Paille et le Grain*, *op. cit.*, p. 25.
4. Conférence qui a été publiée sous le titre : *Leçons de choses de la captivité*; tous les passages cités maintenant sont extraits de cette conférence.

cohabitation permanente est déjà un premier supplice. Avant que Sartre ne jette sa célèbre formule « l'enfer, c'est les autres », François Mitterrand tire de son expérience de prisonnier cette leçon : « Il est beaucoup plus difficile de vivre avec ceux que toutes les conditions du hasard mettent à votre porte qu'avec ceux dont on sait qu'ils sont vos adversaires. »

Mais cette promiscuité lui permet également de découvrir des hommes de tous milieux. Ce n'est plus la société cloisonnée de Jarnac : ici se déroule la « grande illusion » de la fraternité. François Mitterrand y noue de profonds liens d'amitié, qu'il ne reniera pas, quoi qu'il .rrive [1].

Il y a surtout l'heure du repas, moment terrible au départ : les Allemands placent au centre du camp quelques baquets de soupe sur lesquels se ruent, dans une cohue épouvantable, tous les prisonniers. Naturellement, ceux qui savent le mieux jouer des coudes l'emportent : triomphe la loi du plus fort, celle de la jungle. Mais bientôt celle-ci est détrônée par le « contrat social » : leçon capitale pour François Mitterrand. A Jarnac, on n'avait cessé de lui parler de la charité chrétienne; ses parents, ses grands-parents, les curés, renouvelaient la même maxime : celui qui possède doit donner au démuni. On lui avait rapporté à maintes reprises le bien qu'avait essayé de faire son oncle Robert. Mais dans le stalag, les mots vont tout à coup se concrétiser : « Il a fallu à quelques hommes beaucoup de courage et aussi un sentiment réel ou un réflexe d'autorité pour s'emparer de ces quelques nourritures et pour procéder à cette opération extraordinaire qui s'appelle un partage. »

Derrière les barbelés du stalag IX A, François Mitterrand fait l'apprentissage de la démocratie : « Il y avait ce geste de prendre un couteau et de partager une croûte de pain en six parts égales, ce geste contrôlé par ceux qui allaient bénéficier des parts... »

---

1. C'est le cas de Patrice Pelat, d'origine modeste, qui dès l'âge de 13 ans a dû travailler, a été communiste, est parti se battre en Espagne.

L'expérience du socialisme est apparue à François Mitterrand par ce partage égalitaire du pain. Quelle différence avec la leçon de bonté apprise à Jarnac et au collège des frères maristes à Angoulême ! Quelle différence entre ce pain partagé équitablement et celui que son oncle avait donné à un vagabond croisé dans le train menant à Cognac [1] ! Le geste généreux du petit chrétien n'avait pu adoucir le cœur à juste titre aigri de celui que la société de la Belle Époque avait marginalisé. Il était condamné à tendre la main, nourrissant humiliation et colère, guettant la venue du Grand Soir.

Ici, dans le stalag, tous les prisonniers portent la même tenue, sont soumis au même régime austère. Le pain que leur octroie le vainqueur, ils apprennent à se le partager, donnent précisément une leçon aux Allemands en ne se précipitant plus au centre de la cour en hordes sauvages.

Participant à ce partage, François Mitterrand commence à trouver sa voie. Cependant il ne souhaite pas prolonger son séjour dans un tel lieu, si formateur soit-il ! L'horizon, ici, ne s'aperçoit qu'à travers l'écran des barbelés. Pour l'homme qui, dès son plus jeune âge, a été habitué aux libres promenades dans la nature, cette détention est intolérable. Certains prisonniers s'y habituent pourtant, avec ce sentiment de propriété dont les hommes ne peuvent jamais ne départir totalement, en quelque lieu que ce soit, en quelque circonstance que ce soit. François Mitterrand se gausse du réflexe de « l'homme escargot » : un colis peut faire retarder une évasion et il reconnaît que ça lui est arrivé...

Néanmoins, l'appel de la liberté est plus fort que tout. Il se remémore les couleurs, les odeurs de son pays natal dont il se languit ; il découvre ainsi « la conception charnelle de la patrie ». De même la liberté ne se présente pas à lui sous forme d'allégorie : c'est la possibilité de marcher librement au milieu d'une route et surtout « cette maison

1. Voir chapitre 3 : Robert Lorrain.

blanche, dans une petite ville d'Aquitaine... » qu'il revoit avec émotion, et sur le seuil de laquelle se tient « le vieillard » qui est son père.

*

Réussissant sa troisième tentative d'évasion, François Mitterrand revient clandestinement à Jarnac, fin décembre 1941. S'il retrouve la maison qui lui est chère, son père, ses frères et sœurs, il sait que l'expérience qu'il vient de vivre doit conduire ses pas au-delà de la douce ambiance familiale. Il demeure silencieux sur les mois de captivité vécus en Allemagne. Que peuvent comprendre ceux qui ne sont pas passés par une telle épreuve?

Grâce à des relations, François Mitterrand peut bientôt régulariser sa situation et obtenir au printemps 1942 un emploi au Commissariat aux prisonniers de guerre, à Vichy, que dirige Maurice Pinot, acquis à la Résistance. Derrière sa fonction officielle, il s'emploie avec d'autres à fabriquer de faux papiers pour les évadés. Il n'est pas le seul à mener ce double jeu dans les bureaux de la nouvelle administration vichyssoise.

Lorsque, après le 11 novembre 1942, les Allemands occupent la zone libre, le régime se durcit à Vichy. Maurice Pinot est limogé, remplacé par André Masson acquis, lui, à la collaboration. François Mitterrand démissionne et se lance dans l'action clandestine.

Celui qui va désormais s'appeler Morland a trouvé sa voie dans la Résistance. Elle le conduit en Bourgogne auprès des Gouze, une famille aux antipodes de la sienne : farouchement laïque et socialiste. Le père, instituteur, a eu le courage, fort peu partagé en octobre 1940, de ne pas signer le formulaire au moment du recensement des Juifs et des francs-maçons dans le corps enseignant. Ce refus entraîna sa révocation. Il n'avait pas voulu renier ses idées, ses principes, même si cela l'obligea à mener une existence extrêmement difficile pendant toute la durée de la guerre [1]. Ses deux filles avaient été élevées dans l'intransigeante morale républicaine. Danielle, la cadette, était née à Verdun en 1924; elle fut élue sur-le-champ par François Mitterrand [2]. Il ignorait en rendant visite à ses parents à Cluny qu'il se trouvait tout près de la ville d'où était parti son trisaïeul Jean Touzet en 1814... Les histoires familiales sont truffées de ces hasards étonnants...

François Mitterrand se retrouve dans un clan qui est à l'opposé du sien. Il ne le fuit pas, s'y intègre. Comme certains hommes de sa lignée, il accepte librement de suivre ce cours nouveau donné à sa vie. Les femmes de sa famille ont joué un rôle souterrain [3]. Suzanne Cachet, Marie-Thérèse Bernard ont fixé leurs maris sur la terre accueillante de Saintonge; Yvonne Lorrain a amené Joseph Mitterrand à s'ouvrir à plus de générosité, plus d'aspirations sociales. Ce rôle de discrète conseillère, Danielle Gouze va le poursuivre dans l'ombre : en épousant la jeune résistante, François Mitterrand retrouve encore à son insu le chemin de son père [4].

Il n'était revenu à Jarnac que pour prendre son envol, se libérer de ses racines sans toutefois les renier. François Mitterrand n'est pas un homme qui rompt avec ses attaches. Il dessine son destin en homme libre, sans rejeter les désirs que ses parents et ses grands-parents lui ont transmis. A la différence de Drieu La Rochelle, il n'a pas

1. Il continua de prendre des risques en hébergeant, en 1943, Henri Frenay et Bertie Albrecht.

2. L'anecdote a été maintes fois rapportée. En février 1944, il se trouve avec des amis dans l'appartement de Christine Gouze. Il aperçoit une photographie posée sur un meuble. « Qui est-ce? demande-t-il. – Ma sœur, répond Christine Gouze. – Elle me plaît. Je l'épouse. » Ce qu'il fera effectivement le 27 octobre suivant.

3. C'est fréquemment le cas, bien que cela soit difficile à établir (à moins de posséder lettres et journal intime) : les femmes glissent des pensées que les hommes reprennent et qui tissent la trame de leurs livres ou de leur comportement politique.

4. Analysant son itinéraire politique au début de *Ma part de vérité*, n'avait-il pas écrit : « Ainsi ai-je quitté le chemin de mon père afin de mieux le retrouver. »

été noué dès sa naissance dans une tragédie qui ne pouvait que le conduire au suicide. L'amour de sa mère et de sa grand-mère a été son premier viatique. Il a su prendre des risques pour conquérir le pouvoir, appliquant à l'échiquier politique les règles du jeu d'échecs que lui avait apprises son grand-père maternel. De son père, il a surtout retenu la leçon qu'il ne faut pas se laisser détourner de son ambition. L'énorme frustration qui a nourri et dévoré Joseph Mitterrand, le futur président de la République l'a recueillie pour mieux la dépasser. Enfin, grâce à l'expérience du stalag et la rencontre de sa femme, il s'est engagé dans le camp du socialisme, a radicalisé la voie qu'avait ouverte son oncle Robert. Tous ceux qui l'ont précédé dans sa lignée lui ont transmis le flambeau : il a su le saisir pour laisser la trace de son patronyme dans l'Histoire.

ANNEXES

La généalogie c

La branch

Berry

QUADRISAÏEUX							
Gilbert Mitterrand	Françoise Robert	Jean Lesestre	Anne Tarray	? Desjean	?	Aubin Gauriat	?
TRISAÏEUX							
Martin Mitterrand		Marie Lesestre		Jean Desjean		Marie Gauriat	
BISAÏEUX							
Charles Mitterrand				Augustine Desjean			
GRAND-PÈRE							
Gilbert Théodose Mitterrand							
PÈRE Mitterrand Josep							

La branch

Charente (en majorité)

QUADRISAÏEUX							
*François Lorrain	Suzanne Cachet	Jean Saisit	Marie Bersiaud	*Pierre Berthelot	*Marie Bouchetaut	François Dhiersat	Mari Farge
TRISAÏEUX							
Jules Lorrain		Marie Saisit		*René Berthelot		Marie Dhiersat	
BISAÏEUX							
Léon Lorrain				Marguerite Joséphine Berthelot			
GRAND-PÈRE							
Jules Lorrain							
MÈRE Lorrain Yvon							

François Mitterrand

aternelle

Limousin

QUADRISAÏEUX							
Pierre la Roche	Claudine Quinque	Jean-Baptiste Robert	Anne Pastier	Gaspard/Fçs du Soulier	Anne de Marcillat	Pierre Saderne	Catherine Chatard
TRISAÏEUX							
François Laroche		Pétronille Robert		Jean-Baptiste Dusoulier		Catherine Saderne	
BISAÏEUX							
Joseph Laroche				Marguerite Dusoulier			
GRAND-MÈRE							
Pétronille Zelma Laroche							

naternelle

Charente (en majorité)

QUADRISAÏEUX							
François Faure Bouharderie	Anne Baud	René Couturier	Marie-Magd. Gorget	*Claude Touzet	*Françoise Trémeaux	Alexandre Bernard de Javrezac	Marie-Th. Raby
TRISAÏEUX							
Pierre Faure		Marie-Magdelaine Couturier		*Jean Touzet		Marie-Thérèse Bernard	
BISAÏEUX							
Pierre François Faure				Marie-Rose Touzet			
GRAND-MÈRE							
Eugénie Faure							

* nés hors de la Charente

La famille Mitterrand depuis le XVIIe siècle

Sylvain Mitterrand 1625 Saint-Éloi-de-Gy † ap. 1680	x env. 1650 Vasselay	Noëlle Corneau ?
Claude Mitterrand 1650-51 Vasselay † ?	x 1680 Vasselay	Marie Trouvé 1659 Vasselay † ?
Mathurin Mitterrand 1681 Vasselay † 1743 Bourges	x 1704 Vasselay	Marie Rouzeau 1676 Vasselay † 1745 Bourges
Martin Mitterrand 1717 Bourges † 1783 Bourges	x 1738 Bourges	Françoise Giraudon 1717/1720 Bourges † 1789 Bourges
Gilbert Mitterrand 1744 Bourges † 1813 Bourges	x 1766 Bourges	Françoise Robert 1738 Bourges † 1814 Bourges
Martin Mitterrand 1773 Bourges † 1852 Parnay	x 1793 Bourges	Marie Lesestre 1770 Bourges † 1847 Bourges
Charles Mitterrand 1810 Bourges † 1886 Bourges	x 1840 Bourges	Augustine Desjean 1813 Saint-Baudel † 1897 Bourges
Théodose Mitterrand 1844 Audes † 1920 Jarnac	x 1869 Séreilhac	Zelma Laroche 1848 Séreilhac † 1897 Poitiers
Joseph Mitterrand 1873 Limoges † 1946 Jarnac	x 1906	Yvonne Lorrain 1880 Jarnac † 1936 Jarnac

François Mitterrand
26 oct. 1916
Jarnac

Bibliographie

• Ouvrages de François Mitterrand utilisés pour cette étude

L'Abeille et l'Architecture, chronique, Paris, Flammarion, 1978.

Leçons de choses de la captivité, Paris, les Grandes Éditions françaises, 1947.

La Paille et le Grain, chronique, Paris, Flammarion, 1975.

Ma part de vérité, Fayard, 1969.

• Ouvrages sur François Mitterrand et sur sa famille

Franz-Olivier GIESBERT, *François Mitterrand ou la tentation de l'Histoire*, Paris, Seuil, 1977.

Claude MANCERON, Bernard PINGAUD, *François Mitterrand, l'homme – les idées – le programme*, Paris, Flammarion, 1981.

Robert MITTERRAND, *Frère de quelqu'un*, Paris, Laffont, 1982.

Charles MOULIN, *Mitterrand intime*, Paris, Albin Michel, 1982.

Catherine NAY, *Le Noir et le Rouge ou l'histoire d'une ambition*, Paris, Grasset, 1984.

Michel SEMENTERY, *Les Présidents de la République française et leur famille*, Paris, éd. Christian, 1982.

• Ouvrages utilisés pour l'étude des Mitterrand dans le Berry

H. de MARANSANGE, *Dictionnaire des anciennes familles, historique, généalogique et héraldique du Berry*, Bourges, 1926.

Marie-Thérèse MORLET, *Dictionnaire étymologique des noms de famille*, Perrin, 1991.

Jean-Yves RIBAULT et Philippe GOLDMAN, *Contribution à la généalogie de Monsieur François Mitterrand*, étude dactylographiée, Archives départementales du Cher, avril 1987.

Olivier SCHILTZ, *Le Patronyme Mitterrand*, étude dactylographiée, Archives départementales du Cher, 1992.

ARDOUIN-DUMAZET, *Voyage en France* (tome 1 : *Sologne, Beauce*), Paris, Berger-Levrault, 1893.

François BAUDOUIN, *Bateaux des fleuves de France*, éd. de l'Estran, 1985.

Daniel BERNARD, Gérard COULON, *Vieux Métiers et Pratiques oubliées en Berry et ailleurs*, Le Coteau, Horvath, 1989.
A. BESSON, *Le Canal de Berry* (1808-1955), Montluçon, Cahiers du Musée, n° 4, 1982.
Auguste FRÉMONT, *Le Département du Cher* (ouvrage topographique, historique, statistique et archéologique), Bourges, Imp. E. Piyelet, 1862.
Émile MESLÉ, *Histoire de Bourges*, Le Coteau, Horvath, 1988.
Brigitte PERRICHON, Jean ROJAT, *La Vigne dans le Cher*, Bourges, Archives départementales du Cher, 1982.
Roger RICHET, *Bourges pas à pas*, Le Coteau, éd. Horvath, 1984.
–, *Bourges au fil des ans*, Bourges, éd. Richet, 1989.
François ROTH, *La Guerre de 1870*, Paris, Fayard, 1990.

• Ouvrages utilisés pour l'étude des Laroche dans le Limousin

Claude BAILHÉ, Jean-Paul MALAVAL, Alain SACRISTE, *Auvergne et Limousin au temps des lâchers de ballons*, Toulouse, éd. Milan, 1984.
René BRISSAUD, *Limoges-Bénédictins : histoire d'une gare*, Limoges, L. Souny, 1988.
G. DAUGER, D. DAYEN, *Histoire du Limousin contemporain*, Limoges, éd. L. Souny, 1988.
Pierre DAUZET, *Le Siècle des chemins de fer en France (1821-1938)*, Fontenay-aux-Roses, impr. Bellenand, 1948.
Paul DUCOURTIEUX, *Limoges d'après ses anciens plans*, Limoges, éd. Ducourtieux, 1883.
–, *Limoges et ses environs* (*guide du voyageur*), Limoges, Ducourtieux et Gout, 1905.
René FAGE, *Autour du mariage* (*coutumes rurales en Limousin*), Limoges, impr. Perrette, 1922.
–, *Les Calamités publiques en Limousin*, Limoges, Ducourtieux et Gout, 1911.
Yves GAULUPEAU, *La France à l'école*, Paris, Gallimard, 1992.
Pierre GILLIER, *Tableau descriptif de la ville de Limoges*, Limoges, Impr. Martial Darde, 1838.
Pierre GIOLITTO, *Abécédaire et Férule, maîtres et écoliers de Charlemagne à Jules Ferry*, Imago, 1986.
Claude LACAN, *Histoire du chemin de fer en Limousin*, Limoges, R. Dessagne, 1984.
Alfred LEROUX, *Géographie historique du Limousin depuis les origines jusqu'à nos jours*, Limoges, Ducourtieux et Gout, 1909.
Pierre LOUTY, *Sur les sentiers du Limousin*, Tulle, éd. Les Monedières, 1987.
Louis PEYGNAUD, *La Vie quotidienne de nos pères*, Limoges, 1893.
Georges VERYNAUD, *Histoire de Limoges*, Limoges, C.R.D.P., 1973.

• Ouvrages utilisés pour l'étude de la branche maternelle en Charente

Sophie APERT, *Les Rues de Jarnac*, La Croix du Lô, 1991.

ARDOUIN-DUMAZET, *Voyage en France* (tome 15 : *Les Charentes et la plaine poitevine*), Paris, Berger-Levrault, 1898.

Henri BEAUCHET-FILLEAU, *Dictionnaire historique et généalogique des familles du Poitou*, Poitiers, éd. Filleau, 1891-1898.

H. BLAZE DE BURY, *Épisode de l'histoire du Hanovre*, Paris, Lévy frères, 1855.

COCHET DE SAVIGNY, *Mémorial de la gendarmerie*, Paris, Léautey, 1851.

Cognac à l'heure de la révolution de 1789, Cognac, musée municipal de Cognac, 1989.

Abel COGNASSE, *Le Département de la Charente*, Angoulême, Librairie du Collège Royal, 1848.

Robert DELAMAIN, *Jarnac à travers les âges*, Angoulême, éd. Coquemard, 1954.

A. HUGO, *Le Département de la Charente, description pittoresque, topographique et statistique*, Angoulême, 1835.

« Jarnac et ses poètes », *La Tour de feu*, nº 117, mars 1973.

Adolphe JOANNE, *Dictionnaire des communes du département de la Charente*, 1879.

Lt-colonel LE MAÎTRE, *Historique de la gendarmerie*, Paris, Laloux fils et Guillot, 1879.

F. MARVAUD, *Géographie physique, politique... du département de la Charente*, Angoulême, impr. Girard, 1850.

–, *Guide du voyageur à Angoulême*, Angoulême, Lib. Baillarge, 1861.

François PAIRAULT, *La Charente autrefois*, Le Coteau, Horvath, 1990.

Général SUSANE, *Histoire de l'infanterie française*, Paris, J. Dumaine, 1876.

Remerciements

A François Mitterrand qui n'a opposé aucune restriction à cette recherche et a supporté avec patience l'indiscrétion de mes questions;

à sa sœur aînée, Mme Antoinette Signard, qui m'a aimablement reçue dans sa maison en Ardèche et a pu me donner quelques renseignements complémentaires;

à sa sœur cadette, Mme Geneviève Delachenal, qui a ouvert l'album de famille et m'a confié les photos reproduites dans ce livre;

à Christiane Dufour, au secrétariat de l'Élysée, qui a fait beaucoup d'efforts pour me trouver une place dans l'emploi du temps très chargé du Président chaque fois que je sollicitais un rendez-vous;

à Mme Georgette Elgey qui s'occupe des Archives de l'Élysée ainsi que Mmes Françoise Carle et Inès Klein;

à MM. les procureurs de la République près du tribunal de grande instance d'Angoulême, de Bourges, de Limoges, de Poitiers, de Paris et de Blois, qui m'ont autorisée à consulter tous les registres de l'état civil;

à M. Maurice Voiron, le maire de Jarnac, qui m'a ouvert les archives de sa ville et Mlle Odile Germain, sa secrétaire, au sourire chaleureux; à M. Rebier, le maire de Séreilhac et ses secrétaires, Mmes Buisson et Lathière; à toutes les secrétaires de mairie qui m'ont accueillie aimablement : Mme Fourgeaud à Dournezac, Mme Maurelet à Limoges, les secrétaires des mairies d'Audes, de

Bourges, de Poitiers, de Saint-Amand-Montrond, de Saint-Macaire, ainsi que Mlle Martine Vallon qui s'occupe avec beaucoup d'efficacité du service du patrimoine de Romorantin;

aux directeurs et aux personnels des Archives départementales : M. Michel Ollion, directeur des Archives départementales de la Haute-Vienne (lors de mes recherches), Mme Lacroix, sa secrétaire, et Mlle Enart; M. Jean-Yves Ribault, directeur des Archives départementales du Cher et son collaborateur Philippe Goldmann; M. Gérard Moyse, directeur des Archives départementales de la Haute-Saône; Mme Ducluzeau, directrice des Archives départementales de Charente, et Élisabeth Bonnet, Didier Genini; tous m'ont apporté leur aide, et leurs auxiliaires n'ont jamais rechigné à m'apporter les lourdes piles de registres et dossiers que je demandais à chaque séance, en dépassant bien souvent le quota autorisé!

au Service historique de l'armée de terre (SHAT) au château de Vincennes où j'ai toujours été fort bien reçue : les dossiers sont très bien classés et le personnel d'une efficacité remarquable; m'ont également permis d'y voir un peu plus clair dans ce domaine qui m'est si étranger le commandant Chaduc et le commandant de Varax, au musée de l'Armée; l'adjudant-chef Duplan, chargé de la conservation du musée de la Gendarmerie à Melun, un homme passionné par sa fonction, et le gendarme auxiliaire Hestault;

à tous ceux qui m'ont apporté une aide ponctuelle avec une générosité touchante : M. René Chambareau, directeur du musée de Magnotte, M. Eugène Chantaraud, généalogiste à Saint-Laurent-sur-Vienne, Mlle Isabelle Chèze, historienne à Mâcon, M. Hubert Bonnet-Eymard, directeur du Forum, et le père J. L'Ahelec, responsable des archives des pères maristes du 104, rue Vaugirard à Paris, M. Jean Ducros, chef de la section de documentation du service de l'état-major de la marine; M. A. Ribeyron-Montmartin, secrétaire général du Syndicat national des fabricants de vinaigre; Me Chipault, notaire à Jarnac ; ainsi que M. Daniel Suire, Mlle Jeanne Bordage et M. Jean Bordage qui m'ont apporté leur témoignage sur Jarnac pendant l'entre-deux-guerres;

à Sophie Feltmann et Christian Bontzolakis qui, grâce à leur amical et précieux soutien, m'ont aidée à relire ces pages et m'ont apporté ce regard extérieur qui permet plus de lucidité;

enfin à **Hubert Stérin** qui m'avait initiée à la psychogénéalogie et, quelques semaines avant sa mort, m'avait encore encouragée à aller au bout de cette entreprise.

Cet ouvrage a été composé et réalisé par la
SOCIÉTÉ NOUVELLE FIRMIN-DIDOT (Mesnil-sur-l'Estrée)
pour le compte de LA LIBRAIRIE PLON
76, rue Bonaparte, 75006 Paris

Achevé d'imprimer le 15 septembre 1994

Imprimé en France
N° d'impression : 27927 – N° d'édition : 12467
Dépôt légal : septembre 1994